W0067720

Ann-Marlene Henning & Anika von Keiser

MAKE MORE LOVE
Ein Aufklärungsbuch für Erwachsene

Mit Fotografien von

Ruth Erdt
Tobias Kruse
Marlene Marino
Robi Rodriguez
Lina Scheynius

ROGNER & BERNHARD

2. Auflage, Oktober 2014

© 2014 by Rogner & Bernhard GmbH & Co. Verlags KG, Berlin
ISBN 978-3-95403-070-5
www.rogner-bernhard.de

Alle Rechte vorbehalten, insbesondere das Recht der mechanischen,
elektronischen oder fotografischen Vervielfältigung, der Einspeicherung
und Verarbeitung in elektronischen Systemen, des Nachdrucks in
Zeitschriften oder Zeitungen, des öffentlichen Vortrags, der Verfilmung
oder Dramatisierung, der Übertragung durch Rundfunk, Fernsehen oder
Internet, auch einzelner Text- und Bildteile.

Lektorat: Michael Hein
Kreativ-Direktion: Andreas Wellnitz
Gestaltung: Grafikbüro Kerstin Riedel, Berlin / Mitarbeit: Philipp Arnold
Umschlagfoto: Ruth Erdt
Fotoredaktion: Frauke Schnoor
Infografiken: Ole Häntzschel, Recherche: Hannes Ulbrich, Gesa Johannsen
Litho: twentyfourseven Mediaservices, Berlin
Herstellung: Leslie Driesener, Berlin

Gesetzt aus der Sentinel
Druck und Bindung: CPI – Ebner & Spiegel, Ulm
Printed in Germany

INHALT

VORWORT

LIEBE MACHEN ...

kann man lernen! Mit dieser Überzeugung nahm ich Ende 2010 *Make Love. Ein Aufklärungsbuch* in Angriff. Seitdem ist viel geschehen. Das Buch wurde ein Bestseller und in acht Sprachen übersetzt. Es wurde zum Buch, das die Jugendlichen verstecken mussten, damit es nicht verschwand – um später in Mamis Handtasche oder auf Papis Nachttisch wieder aufzutauchen. Schnell war also klar, dass nicht nur Heranwachsende Bedarf hatten, mehr über Sex zu erfahren. Immer häufiger erreichten mich auch Fragen von Eltern und Großeltern, und dann hörte ich oft: »Warum ist es eigentlich so wichtig, dass wir offen über Sex sprechen können? Ist das nicht Privatsache?« Ist es, aber Sex ist auch eine Form von Kommunikation, eine sehr wichtige sogar und wohl die intimste, die es gibt. Der Sexualpsychologe C. J. Ahlers hat dazu bemerkt: »Es ist eine Möglichkeit, Liebe leiblich zu erleben. Das fängt weit vor genitaler Interaktion an. Es beginnt damit, dass wir uns auf eine Art anfassen, die uns etwas bedeutet.« Leider haben die meisten von uns für diese besonders schöne Art der Kommunikation sehr wenig Bewusstsein.

DIESES BUCH MÖCHTE ETWAS BEWEGEN.

So beschloss ich, ein weiteres Buch zu schreiben, das sich mit der großen Bedeutung von physiologischem Basiswissen und sexuellen Lernprozessen beschäftigt, besonders in Bezug auf die sich verändernden körperlichen Bedingungen, Stichwort Älterwerden. *Make More Love* ist ein Buch für junge Alte ab Mitte vierzig, die noch lange Sex haben wollen, und auch für alle anderen, die wissen möchten, was sie – früher oder später – erwartet, ein Aufklärungsbuch für Erwachsene also, das sich besonders an Menschen in der zweiten Lebenshälfte wendet, deren Körper wieder im Umbruch ist. Denn spätestens mit Mitte vierzig kommt es wie schon in der Pubertät zu einem tief greifenden hormonellen Umbau im Körper: Bei den Männern sinkt der Testosterongehalt im Blut, was sich vor allem auf die Erektionsfähigkeit auswirkt, während das abnehmende Östrogen bei den Frauen einiges durcheinanderbringt: Beide werden von ihrem veränderten Hormonhaushalt auf den Weg in die Wechseljahre gebracht. In dieser Nachreife – einer Art zweiter Pubertät – bleibt kaum etwas, wie es war, und vieles funktioniert nicht mehr so »automatisch« wie früher einmal.

DIESES BUCH SOLL ANTWORTEN GEBEN UND WISSENSLÜCKEN SCHLIESSEN.

Warum wird sexuell Gelerntes ab fünfundvierzig besonders wichtig, und wieso sollte man spätestens jetzt darüber Bescheid wissen, wie das eigene sexuelle System funktioniert? Weil Menschen, die ihren Körper und dessen Möglichkeiten gut kennen, weniger Probleme mit den verschiedenen »Störfällen« im Alter haben. Auf den Punkt gebracht: »Was ein Mensch in der Sexualität genital gelernt hat, bekommt Einfluss darauf, ob und wie eine Diabetes, eine erektile Dysfunktion oder andere Beeinträchtigungen im Alter die Sexualität beeinflussen.« Ich arbeite in meiner Praxis nach dem Konzept von *Sexocorporel*, das von einem Modell sexueller Gesundheit ausgeht und nicht sexuelle Probleme in den Vordergrund stellt. Es basiert auf der Annahme, dass viele sexuelle Fähigkeiten und auch der Genuss am Sex nicht angeboren sind, sondern erst gelernt werden.[*]

Oft höre ich zum Beispiel von Klientinnen, die sich beim Sex eher passiv verhalten und »einfach mitmachen«, dass sie eigentlich nicht viel dabei spüren und kein besonders intensives körperliches Empfinden haben, geschweige denn einen Höhepunkt. Kein Wunder, denn auch der Weg zum Orgasmus muss erst gelernt werden! Viele Frauen sind genau deswegen in meiner Praxis – um kommen zu lernen. Männer hingegen haben eher damit zu tun, Orgasmusverzögerungsstrategien zu trainieren; auch dabei kann Übung den Meister machen.

Es gibt eine Vielzahl von Fächern, die auf dem sexuellen Lehrplan stehen könnten. »Das Spüren an sich« könnte der Titel eines Grundkurses lauten, in dessen Verlauf man lernt, sich selbst genital wahrzunehmen und auch schöne Gefühle damit zu verbinden. Weitere Themen: »Zeige ich mich gern als weibliches beziehungsweise männliches sexuelles Wesen«, aber auch »Wie lerne ich, das Geschlecht des anderen mit Lust zu verbinden?« oder »Wie verführe ich meinen Partner nach allen Regeln der Kunst?«. Nicht zu vergessen: »Kann ich meine Wünsche mitteilen und Intimität aufbauen?« Die Entwicklung dieser und vieler anderer Fähigkeiten verhilft zu mehr sexueller Selbstsicherheit.

---

[*] An dieser Stelle möchte ich mich, wie schon beim ersten Buch, bei Dr. Karoline Bischoff vom Züricher Institut für klinische Sexologie und Sexualtherapie für die fachliche Durchsicht des Manuskriptes bedanken.

Weil jeder Mensch sich seine sexuellen Unterrichtseinheiten im Laufe des Lebens selbst zusammenstellt, ist das System ganz individuell entwickelt, genau wie bei allen anderen Fertigkeiten, die gelernt werden, soziale Kompetenz etwa, sportliche Fähigkeiten oder Musizieren. Diese Erkenntnis zieht eine weitere nach sich: Man kann fortwährend dazu- und umlernen, immer gibt es Möglichkeiten zur persönlichen Entwicklung.

DIESES BUCH SOLL AUFKLÄREN UND ANREGEN.

Das klingt zunächst alles ganz einfach, doch leider verläuft dieser schöne und notwendige Lernprozess in den wenigsten Fällen wie im Lehrbuch. Im Gegenteil: Überall auf der Welt suchen Menschen Hilfe in sexual- und paartherapeutischen Praxen. Im Bett wird über die natürlichste Sache der Welt nicht gesprochen, und viele Menschen kennen den eigenen Körper und dessen Möglichkeiten noch immer nicht genau. Emotionale Barrieren wie Schuld und Scham verhindern bis heute einen freien Umgang mit der eigenen Sexualität. Wer allerdings meint, das beträfe eher die älteren Semester, der irrt. Sie mögen etwas stärker davon berührt sein, weil sie diesbezüglich oft sowohl von elterlicher als auch von gesellschaftlicher, insbesondere aber auch von kirchlicher Seite strengere Maßregeln und Moralvorstellungen vermittelt bekommen haben. Aber die Sexualtherapeuten sind sich längst einig, dass diese Themen Menschen der unterschiedlichsten Altersstufen angehen. In einem größeren gesellschaftlichen Zusammenhang gesehen sind wir nämlich, was frei gelebte Sexualität angeht, auch heute noch fast alle Anfänger – trotz der »sexuellen Revolution« der 1960er Jahre. In der Vergangenheit fand Sexualität fast immer nur unter der eigenen (ehelichen) Bettdecke statt, in der Hauptsache zu dem Zweck, Kinder zu zeugen und männliche Triebe zu befriedigen. Die Libido der Frau wurde mehr oder weniger ignoriert. Es ist nur ein paar Generationen her, dass genussvoller Sex offiziell undenkbar war. Allmählich erst geriet etwas in Bewegung, jede neue Generation öffnet sich ein wenig mehr. In hundert Jahren wird die Welt hoffentlich ganz anders aussehen. Für jeden Einzelnen könnte es hingegen schon heute oder morgen besser werden. Denn dort fängt es an: in dir selbst!

Darüber hinaus kommen viele mit der Vorstellung in die Praxis, dass sie in puncto Sexualität irgendetwas können oder leisten müssen. Dieser Druck entsteht unter anderem durch die Medien, die uns

in pornografischen Klischees und hollywoodtauglichen Schmuse-
romanzen vorführen, was und wie Sex und Liebe sein sollten. Es ist
nicht nur schambehaftet, über das eigene sexuelle Nichtkönnen und
Versagen zu reden, sondern den eigenen Sex überhaupt zur Sprache
zu bringen. Leider kommt kaum jemand auf die Idee, das alles in
Frage zu stellen. Kaum einer scheint darüber nachzudenken, dass
die Wirklichkeit vielleicht anders ist, dass die meisten Menschen
eben *nicht* so sind und *nicht* so können, wie in den Medien behauptet
und vermittelt wird.

DIESES BUCH SOLL FREUDE MACHEN.

Apropos »du«: Die meisten meiner Klientinnen und Klienten duze ich.
Nicht weil ich als Dänin ohnehin unkonventionellere Umgangsfor-
men pflege, sondern weil bei Gesprächen über Sex eine entspannte
Stimmung wichtig ist. Ein »Sie« würde oft von vornherein das nötige
Maß an Intimität verhindern: Es ist schließlich dazu da, einen gewissen Abstand zwischen Menschen zu wahren. Mir gelingt es in der
Praxis, trotz und mit dem Du, respektvolle Grenzen einzuhalten. Deswegen habe ich mich auch in diesem Buch wieder fürs Duzen ent-
schieden und hoffe, dass sich damit auch Lesende arrangieren können, denen ein »Sie« vielleicht lieber wäre. Genauso bitten wir um
Verständnis, dass wir auf geschlechterneutrale Wortungetüme und
quotierte Sprache verzichtet haben. Das ist keineswegs diskriminie-
rend gemeint. All den Menschen, die sich in dieser Hinsicht mit der
Unfreundlichkeit der deutschen Sprache auseinandersetzen, sei hier
ausdrücklich Dank gesagt. Es ist unser Wunsch, dass sich jede Frau
und jeder Mann, unabhängig von der jeweiligen Anrede, ganz persönlich angesprochen, wahrgenommen und miteinbezogen fühlt. So
steht »sie« an vielen Stellen im Text nicht nur für Frauen, und das »er«
meint nicht bloß Männer, sondern sie sind an das Weibliche und das
Männliche in uns allen gerichtet, in jeder beliebigen Partnerschaft.
    In der Hoffnung, dass dieses Buch für Aha-Effekte, Neu-Erkennt-
nisse und für mehr und längeren Genuss beim Sex sorgen wird *Let's
Make More Love!*

LET'S TALK ABOUT SEX!

Wir leben in einer Zeit, in der Jugendlichkeit und Attraktivität hoch geschätzt werden, das Alter und Altern hingegen eher negativ besetzt sind. Sie werden gleichgesetzt mit körperlichem und geistigem Verfall, Krankheit und Pflegebedürftigkeit. Doch im Bereich der Sexualität regt sich etwas: Wo noch vor wenigen Jahrzehnten nur einzelne Ratgeber zum Thema »Sex für Fortgeschrittene« – der Titel bezieht sich auf die Zahl der Lebensjahre – zu haben waren, gibt es inzwischen eine Vielzahl solcher Werke. Bücher wie *Silver Sex* von Ruth Westheimer, *Guter Sex trotz Liebe: Wege aus der verkehrsberuhigten Zone* von Ulrich Clement regen dazu an, sich dem Thema Sexualität unverkrampft und ohne Scham zu nähern. Und in dem Roman *Nacktbadestrand* der Österreicherin Elfriede Vavrik schildert die 80-jährige Erzählerin detailliert, selbstsicher und ohne Kompromisse oder falsche Hemmungen ihre sexuellen Begegnungen mit Männern, die sie nach vierzig freud- und orgasmuslosen Jahren endlich ein erfülltes Sexualleben genießen lassen.

Auch Filme wie *Wolke 9*, *Was das Herz begehrt*, *Last Vegas* oder *Best Exotic Marigold Hotel* beschäftigen sich mit der Sexualität und dem Älterwerden. Bemerkenswert ist dabei, dass namhafte Schauspieler mitwirken, die allesamt etwas zu verlieren hätten, sich aber trauen, ihre nackte faltige Haut zu zeigen und darzustellen, dass und wie Sex im Alter nicht jederzeit und immerfort reibungslos abläuft. Auffallend ist außerdem, dass es oft die gleichen Schauspieler sind, die sich an entsprechende Rollen wagen, so etwa Robert Redford, Clint Eastwood und Jack Nicholson bei den Männern oder auf Frauenseite Diane Keaton, Susan Sarandon, Judi Dench und der aktuell vielleicht bekannteste Star aus dieser Gruppe, Meryl Streep. Ihre Filme, darunter *Mamma Mia!*, *Wie beim ersten Mal* oder *Wenn Liebe so einfach wäre*, drehen sich um bevorstehende oder erlebte Scheidungen, enttäuschte Lieben, langjährige Ehen, das Leben als unfreiwilliger Single, fehlende Zärtlichkeit, das Ausleben von leidenschaftlich ersehnter Sexualität, aber auch um ein spätes, reifes Verlieben – in einen zum Glück *älteren* Mann und vor allem in das Leben. Diese Schauspieler gehören alle zu einer neuen Art der gealterten Hollywood-Prominenz, die im Lauf ihrer langen Karriere immer wieder auch sich selbst gespielt hat und gerade dadurch bestimmte Botschaften besonders überzeugend zu vermitteln versteht. Sie haben eine Meinung zu polarisierenden Themen, die sie öffentlich vertreten und mit der sie ihrem Publikum den einen oder anderen Gedankenanstoß geben.

Mein Vater gab mir den besten Rat meines Lebens. Er sagte: »Was du auch tust, auf keinen Fall darfst du mit fünfundsechzig aufwachen und darüber nachdenken, was du versäumt hast.«
George Clooney

Inzwischen tauchen auch im öffentlichen Raum der Städte immer mehr Kampagnen mit älteren Gesichtern und sich umarmenden Paaren in deutlich vorgerücktem Alter auf, nicht nur in der Werbung, sondern auch in publikumswirksamen Kampagnen gemeinnütziger Organisationen oder Ärzteverbänden, zum Beispiel die »Helden der Liebe«, die das Thema Erektionsstörungen öffentlich angehen. Längst gelten Ältere der Werbeindustrie als wachsende und lohnende Zielgruppe, deren Bedürfnisse zu bedienen sind – auch in sexueller Hinsicht. Aber das heißt noch nicht, dass diese Bedürfnisse tatsächlich ernst genommen werden, im Gegenteil. Tenor und Bildauswahl rufen nämlich oft Verunsicherung und Druck bei den Angesprochenen hervor. Schön und gut, dass jeder per Pille die Möglichkeit zur Erektion hat, aber bedeutet das automatisch, dass auch jeder sie ausschöpfen muss? Und wer kann und möchte wirklich Sex auf Rezept? Vor allem die Suggestion, es gebe für jede »Störung« stets eine technische Lösung, macht skeptisch.

Liebe ist die Antwort, aber während man auf sie wartet, stellt der Sex ein paar ganz gute Fragen.
Woody Allen

Eines ist jedoch sicher, und zahlreiche Untersuchungen bestätigen es: Wer, aus welchen Gründen auch immer, Sex hat, lebt länger – und der Sex mit sich selbst zählt ausdrücklich dazu. Sexuelle Aktivitäten sind gut für den allgemeinen Gesundheitszustand, weil sie einen natürlichen Aspekt des Menschseins ausmachen und eine gesunde Art sind, sich mitzuteilen und Nähe, Intimität zu leben. Idealerweise könnte das letzte Mal einfach so aufregend und herbeigesehnt stattfinden wie das erste Mal.

WAS IST SEX, UND WER IST HIER ALT?

»Nein, ich hatte nie Sex mit Monica Lewinsky.« Diesen Satz wiederholte der frühere Präsident der Vereinigten Staaten von Amerika, Bill Clinton, Ende der 1990er dermaßen überzeugt, dass man davon ausgehen muss, seine Definition von Sex habe nicht weiter gereicht als von Geschlechtsverkehr bis zum Geschlechtsverkehr. Dabei ist Sex so viel mehr als Koitus! Küssen, Spüren, Genießen, Riechen, Streicheln, Nähe, Liebe, Wärme und, und, und gehören dazu, genauso wie selbstverständlich auch Blowjob und Cunnilingus. Es gibt 60-Jährige, die weitaus agiler und sexhungriger sind als so mancher 30-Jährige. Kein Wunder, denn wenn der quirlige Mann mit den sechs Jahrzehnten Lebenserfahrung frisch verliebt ist, hat er schon rein statistisch deutlich häufiger Sex als ein alleinstehender junger Mann.

Mit zwanzig erscheint es kaum vorstellbar, jemals Sex mit einem 45-jährigen Partner zu haben. Irgendwann aber ist es auf einmal doch passiert, weil man selbst diese Altersgrenze überschritten hat. Noch vor 50 Jahren galt man mit vierzig als überreif, weil dann der körperliche Verfall einsetzt. Hormonschwankungen, Menopause, Sinnkrise bedeuteten ganz sicher: kein Sex mehr. Heute zählen auch 50- oder 60-Jährige in dieser Hinsicht noch immer nicht zum alten Eisen, Tendenz steigend. Sex ist nicht mehr nur jungen Menschen mit knackigen Körpern vorbehalten. Bis zum 60. Lebensjahr haben etwa 90 Prozent der Menschen Sex. Danach fällt die Zahl der Praktizierenden allmählich ab, besonders rapide allerdings erst nach Überschreiten der siebzig. Was bedeutet das jedoch konkret für jeden Einzelnen? Und was ist grundsätzlich los im Körper? Mediziner erklären, sowohl die sexuelle Ansprechbarkeit als auch die Reaktionsfähigkeit nähmen ab, während Erregungs- und Orgasmusfähigkeit, Lust, Wünsche und Fantasien in jedem Fall erhalten blieben. Das klingt zunächst trocken wissenschaftlich, macht aber gleichzeitig Hoffnung. Was die Mediziner mit Ansprechbarkeit und Reaktionsfähigkeit sexueller Art meinen, hat einfach etwas mit sexueller Erregung zu tun, und genau die kann bewusst beeinflusst werden. Das Lernen, ebenso wie das Nach- und Um-Lernen, von Sexpraktiken ist für alle nötig, ein Leben lang. Was aber vor allem die Älteren stärker betrifft, ist das Nachlassen der »automatischen« Sexfunktion. Das hört sich danach an, als ob viele gerne wollen, aber nicht mehr so können wie früher oder wie gewünscht. Bemerkenswert ist in diesem Zusammenhang, dass die meisten Menschen sich nie mit ihrer Erregung und ihrem sexuellen Genuss auseinandergesetzt haben, weil von Anfang an alles von allein, jedoch sehr individuell und mehr oder weniger erfolgreich lief. Daraus lässt sich schließen, dass bei vielen noch Potenzial schlummert, das bei altersbedingten Ausfallerscheinungen ausgeschöpft werden könnte. Tröstlich ist dabei, dass diese Vernachlässigung der Erregungsmöglichkeiten ein verbreitetes Phänomen ist und fast jeden betrifft. Die Zauberformel heißt also: Lernen, lernen, lernen und üben, üben, üben! Wenn auch im ersten Moment ungewohnt und ohne den erhofften Erfolg, lohnt es sich weiterzumachen. Es funktioniert genauso wie das Lernen einer Sprache oder eines Instruments: Auf einmal ist der Durchbruch da – und vor allem der Spaß! Wer sich spätestens in der zweiten Lebenshälfte eingehend und umfassend mit dem eigenen Körper und seinen Möglichkeiten auseinandersetzt, könnte auf einmal noch mehr spüren, mehr als je zuvor.

»Jeder Geburtstag ist doch ein persönlicher Triumph.«
»Triumph, wieso?«
»Über alle, die jünger gestorben sind.«
Giulias Verschwinden

SPASS WIE NOCH NIE – ABER WIE?

Gibt es denn nun ein »zu alt« für Sex? Sollte wirklich irgendwann endgültig Schluss damit sein? Wäre das vielleicht sogar gesünder? Schließlich dauert es mit vierzig, fünfzig nach einer durchgemachten Nacht schon mal ein paar Tage, um wieder auf die Beine zu kommen. Ist Sexualität im Alter vielleicht sogar eine Lebensbedrohung, weil dabei ein Herzinfarkt ausgelöst werden kann? Verschlimmert sich durch Sex die Arthrose?

Das Alter macht sich bei jedem Menschen ganz individuell bemerkbar, der eine sieht älter aus, ein anderer wird ständig jünger geschätzt, als er tatsächlich ist. Faltenverteilung, Grauhaarigkeit und körperliche Gebrechen sind von Mensch zu Mensch unterschiedlich ausgeprägt, und das gilt für seine sexuellen Betätigungsmöglichkeiten ganz genauso. Und: Jeder geht anders mit dem Altern und dessen Begleiterscheinungen um. Manche unternehmen bekanntlich geradezu krampfhafte Vertuschungsversuche in Form von Kosmetik oder Schönheitschirurgie. Ein anderer Weg, der etwas mehr Erfolg verspricht, jedoch auch nur Symptome behandelt, ist Hormonsubstitution; zumindest können damit Beschwerden in und ab den Wechseljahren bei beiden Geschlechtern gelindert werden. Wirklich erfolgreiche Mittel gegen das Altern gibt es nicht. Das mag lästig sein, aber das Älterwerden gehört zum Leben dazu, und was viele auf Teufel komm raus hinauszuzögern versuchen, bringt durchaus auch Vorteile mit sich. Obgleich kaum jemand dem Älterwerden entspannt entgegensieht, ist es den Versuch wert, das Unvermeidliche einfach auf sich zukommen zu lassen, es anzunehmen und das Beste daraus zu machen.

> Ich habe mir meine Falten ehrlich verdient.
> *Meryl Streep*

Andreas Dresen, Regisseur von *Wolke 9*, hat das folgendermaßen zusammengefasst: »Früher dachte ich selber, dass im Alter alles vorbei ist, dass man dann keinen Sex mehr hat, weil das gar nicht mehr geht. Für mich war es total überraschend, Geschichten von Leuten zu hören, die mit siebzig ihre Sexualität überhaupt erst richtig entdecken, weil plötzlich der Leistungsdruck wegfällt. Denn man überträgt ja den Stress des Alltags ins Bett: Und immer muss man einen Orgasmus haben! Wenn man älter wird, nimmt man sich offensichtlich viel mehr Zeit für den Sex, es gibt mehr Zärtlichkeit. Da hat man doch direkt noch was, worauf man sich freuen kann!«

Sexualität wird in den Medien verzerrt dargestellt. Die eigene, selbst gefühlte und erlebte will nicht dazu passen. Die meisten Probleme in der Sexualität resultieren aus der Unterschiedlichkeit dieser

SKANDALE

Die Sexualmoral hat sich im Laufe der Zeit
erheblich geändert, wie man an diesen Ereignissen
sehen kann, die die Gemüter erhitzten

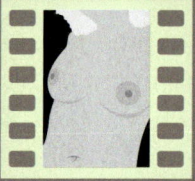

1896
Erster erotischer
Stummfilm:
*Le Coucher
de la Marie*

1962
Der Minirock wird
in der britischen
Vogue abgebildet
und erobert darauf
den Modemarkt

1970
Erster explizit
pornografischer
Film, der offiziell in
US-Kinos gezeigt
wurde: *Mona*

1970
*Schulmädchen-
Report*,
Film und Buch

1971
*Boys in the
Sand*, war der
erste allgemein
erhältliche homo-
sexuelle Pornofilm

1971
374 Frauen im Stern:
»Selbstbezichtigungs-
kampagne« gegen
den § 218 GG

1998
Bill Clinton und
der Skandal im
»Oral-Office« mit
Praktikantin
Monica Lewinsky

1998
Die erste Folge
der Serie
Sex and the City
wird gedreht

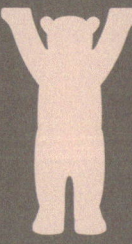

2001
Klaus Wowereit
macht seine
Homosexualität
öffentlich: »Ich bin
schwul – und das
ist auch gut so!«

2003
Skandalkuss von
Britney Spears
und Madonna bei
den MTV Awards

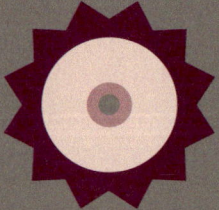

2004
Janet Jacksons
»Nippelgate«
beim Superbowl

1946
Louis Réard zeigt
den ersten
Bikini in Paris

1948/53
Der Sexualforscher
Alfred Kinsey
veröffentlicht die
nach ihm benannten
Kinsey-Reports

1951
Skandal um
Nacktszene in
Die Sünderin mit
Hildegard Knef

1953
Erster *Playboy*
erscheint mit
Marylin-Monroe-
Centerfold

1960
Die Antibabypille
kommt auf
den Markt

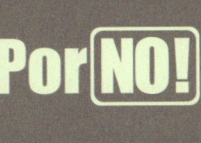

1972
Die Pornofilme
Deep Throat und
*Behind the Green
Door* erscheinen

1978
Der erste Teil
von *Eis am
Stiel* erscheint

1987
Start der »PorNo-
Kampagne« durch
das feministische
Magazin *EMMA*

1991
Demi Moore nackt
und schwanger
auf dem Cover
der *Vanity Fair*

1992
Sharon Stone
verdreht in *Basic
Instinct* weltweit
Männern den Kopf

2004
Paris Hiltons
Sex-Tape
1 Night in Paris

2008
Feuchtgebiete
von Charlotte
Roche erscheint

2011
Erster Band
der Trilogie
Shades of Grey
von E.L. James
erscheint

2012
Erste Femen-
Proteste in
Deutschland

2013
Der Film
Nymphomaniac
von Lars von Trier
wird auf der
Berlinale gezeigt

Quelle: Eigene Recherche

Bilder – hier das individuelle, persönliche, dort das medial vermittelte, gesellschaftlich vorherrschende. In der sexologischen Praxis fällt auf, dass Menschen oft eine diffuse Vorstellung von der eigenen Sexualität haben und wie ferngesteuert versuchen, den Katalog der vermeintlichen Anforderungen zu bedienen. So halten zum Beispiel viele Frauen ihren Orgasmus bei der Selbstbefriedigung nicht für einen »richtigen« Orgasmus und behaupten: »Ich kann leider nicht kommen …«, wozu der Mann dann erklärt: »Sie ist ja frigide.« In Wirklichkeit meinen beide nur, dass ihr ein Kommen durch bloßen Geschlechtsverkehr nicht möglich ist. Interessant ist auch die mitunter gestellte Frage: »Haben wir eigentlich guten Sex, wenn wir keine Lust auf Sado-maso haben?« Viele Männer und Frauen berichten auch, dass sie beim Sex nicht gerne ihren Körper zeigen – das Licht solle dabei lieber ausbleiben. Ob hierfür nun das Gefühl eigenen Ungenügens im Vergleich zu den medialen Vorbildern oder aber das altbekannte Paar »Schuld und Scham« die Erklärung sind, mag an dieser Stelle offenbleiben. Fest steht, dass es zahlreiche weitere Beispiele für derartigen psychischen Druck gibt, aus dem Verunsicherung und Selbstzweifel resultieren: Entspreche ich dem gesellschaftlich vermittelten Bild? Stattdessen sollte die Frage lauten: Entspricht das Bild überhaupt den eigenen Wünschen und Bedürfnissen? Diese Frage stellt sich aber kaum jemand, denn eigene Bedürfnisse wahrzunehmen bedarf eines Blickes nach innen, der gescheut wird. Es scheint den meisten einfacher, beim Äußerlichen zu bleiben und scheinbar das tradierte Anforderungsprofil zu bedienen, als den Spieß umzudrehen und auf die eigenen Defizite und Unzulänglichkeiten zu schauen – dann müsste man sie nämlich anpacken.

Darüber hinaus geistert ein Phänomen durch die Gesellschaft, das als *double Standard of Aging* bezeichnet wird. Demzufolge gilt für weibliche Wesen das Junge, Mädchenhafte als anzustrebendes Schönheitsideal und Maß aller Dinge, maximale Halbwertszeit bis zum Stadium des Vollweibs. Perfekt gestylt und möglichst schlank wie ein Teenager soll ihr Erscheinungsbild sein, ohne eine Spur von grauen Haaren oder Falten. Kein Wunder, dass viele Frauen unter dem Gefühl leiden, sich im Alter nicht mehr attraktiv zu fühlen. Hingegen werden Männer entweder als junge Knaben, verantwortungsbewusste Väter im besten Alter oder Daddys mit grau melierten Schläfen als attraktiv empfunden. Oft wird sogar behauptet, sie würden mit den Jahren immer interessanter. Es wird eben geschlechterabhängig mit zweierlei Maß gemessen: Die Frau taucht ausschließlich als

Es gibt keinen verlässlicheren Gradmesser für das Altern als die Stufen einer Treppe. Außer man benutzt die Rolltreppe.
Ephraim Kishon

Lustobjekt auf, weswegen sie nach den für sie geltenden Kriterien ab einem gewissen Alter keinen sexuellen Wert mehr habe, der Mann hingegen als sexuelle Persönlichkeit mit verschieden alten, aber immer interessanten Gesichtern.

Jeder beginnt als Grünschnabel mit dem Sex, übt, probiert aus und findet sich peu à peu auf dem noch unbekannten Terrain zurecht. Im Laufe der Zeit werden Erfahrungen gemacht, Techniken entwickelt und verfeinert. Die Entwicklung der sexuellen Persönlichkeit geht weiter, und der tiefere Sinn der sexuellen Begegnung wird immer wichtiger. Ist er einmal gefunden, lässt sich die Sexualität noch inniger genießen. Sexuelle Reife entsteht mit den Jahren. Also von wegen: Schluss mit Sex. »Jetzt erst recht!« lautet die Devise. Verglichen mit den Lebensumständen vor hundert Jahren geht es der Mehrheit in unserer westlichen Gesellschaft heute gut. Medizinischer und wirtschaftlicher Fortschritt sorgen für Wohlstand. Hygiene- und Arbeitsbedingungen kosten im Allgemeinen niemanden mehr das Leben. In den meisten Industrieländern stieg die durchschnittliche Lebenserwartung gegenüber dem Beginn des 20. Jahrhunderts um mehr als 30 Jahre, und jedes zweite seit 2007 in Deutschland geborene Kind wird laut dem dänischen Altersforscher Kåre Christensen voraussichtlich mehr als 100 Jahre alt werden. Wenn der Alltag sich nicht länger ums bloße Überleben, Arbeit und die Aufzucht von Nachwuchs zur eigenen Alterssicherung dreht, stehen auf den ersten Blick mehr Zeit und Mittel für alles Mögliche zur Verfügung – Zeit, die sich mit Leben und Genuss füllen lässt und in der auch Liebe und Sexualität ihren Platz haben sollten – warum denn auch nicht?

Die Jugend wäre eine schönere Zeit, wenn sie erst später im Leben käme.
Charlie Chaplin

Jede und jeder sollte und kann Sex haben, solange sie und er mögen. Die Rolle, die Liebe, Erotik und Sexualität im eigenen Leben spielen sollen, muss aber jeder für sich selbst definieren. Ob es mit der körperlichen Liebe und dem Sex im Alter klappt oder nicht, wird im Wesentlichen, wie viele Untersuchungen gezeigt haben, von den Antworten auf die folgenden Fragen bestimmt:

Sind beide Partner gesund, also körperlich zur Sexualität imstande?
Es gibt altersbedingt körperliche Beeinträchtigungen, die ein Sexleben, wie man es zuvor gekannt hat, mehr oder weniger unmöglich machen. Bekannte Beispiele sind Erektionsstörungen, Gelenkprobleme wie Arthrose oder Arthritis, schwerwiegende Krankheiten, die Kräfte rauben und Operationen erfordern, oder psychische Beeinträchtigungen wie Alzheimer und Demenz. Nicht die Krankheit selbst

und deren Auswirkungen sind das Problem, sondern wie jemand damit umgeht. Gesundheit ist relativ: Was den einen stark beeinträchtigt, ist für den anderen noch lange kein Grund zur Klage.

Ist überhaupt noch ein Sexualpartner vorhanden?
So trivial es klingt, dass für Sex das Vorhandensein eines Partners von Vorteil ist, so traurig sieht oft die Realität aus, besonders für Frauen. Dem ausgeglichenen Geschlechterverhältnis steht mit fortschreitendem Alter die sehr unterschiedliche durchschnittliche Lebenserwartung von Frauen und Männern entgegen. So kommen auf einen rüstigen Rentner um die achtzig gleich zwei Damen seines Alters. Und während Männer im Allgemeinen dazu neigen, jüngere Partnerinnen zu suchen, halten Frauen eher nach etwas älteren Männern Ausschau. Das erklärt die Einsamkeit vieler Frauen über fünfundsechzig: 28 Prozent haben einen Ehemann. Bei den Männern dieser Altersgruppe leben noch 75 Prozent in einer Partnerschaft. Viermal so viele Frauen wie Männer über 65 Jahre sind verwitwet. Insofern ist es für ältere Frauen tatsächlich schwieriger, einen neuen Partner zu finden, als für ältere Männer.

Waren beide Partner auch in jungen Jahren gern sexuell aktiv?
Wer früher schon Spaß am Sex hatte, wird ihn nicht durch ein paar Jahre mehr auf dem Buckel verlieren. Ein guter Start ins Sexleben ist eine gesunde Basis, und das Glück, dabei auf einen ebenso unerfahrenen, aber durchaus offenen Sexualpartner getroffen zu sein, macht fortwährende Freude an der Sexualität wahrscheinlich, während schlechte Erlebnisse von Anfang an den Genuss verderben. Sexualität und die dazugehörigen Gefühle werden durch die persönlichen Erfahrungen gelernt, positiv wie negativ. Apropos »Lernen«: Hier ist es von großer Bedeutung, ob Sexualität in der eigenen Familie als ein unverfängliches Thema behandelt wurde oder nicht. Wer früh beigebracht bekommt, sich zu schämen, hat es später in sexueller Hinsicht schwerer – ist daran aber ganz und gar nicht selbst schuld!

ZEIT FÜR EINE ENT-SCHULDIGUNG

Schuld und Scham, zum Beispiel in Form eines schlechten Gewissens, weil man irgendwie etwas Verbotenes zu tun scheint, stehen noch immer vielen Menschen für ein entspanntes Sexleben im Weg. Sei es als selbst erlebte Erziehung oder als Resultat tradierter, über Jahrhunderte weitergegebener Moralvorstellungen, die sexuellen Genuss verbieten – sie haben Einfluss auf das heutige sexuelle Denken und Handeln jedes Einzelnen. Körperfeindlichkeit gehörte lange zur gängigen Gesellschaftsmoral und geht bis heute mit einer Art inneren Zensur einher. Wie soll da entspannt gelernt werden, die eigene Lust genussvoll zu erleben, zu entwickeln und zu zeigen?

Sex ist nach wie vor ein Tabuthema. Und es ist tabu zu behaupten, dass er eines ist. Die allgegenwärtige mediale Präsenz von Sex bis hin zur Pornografie vermittelt den Eindruck, dass alle mittlerweile entspannt und frei über Sex reden könnten. Wir haben alles gesehen – aber wer traut sich, die intimen Fragen zu stellen, die ihn oder sie wirklich interessieren, und wen sollte man fragen? Kaum einer redet über den eigenen Sex. Wir trainieren Sportarten und schalten erfahrene Trainer ein, um die besten Tipps, Tricks und Techniken zu lernen. Für jede Facette des täglichen und nicht alltäglichen Lebens gibt es Experten und Spezialisten. Nur in der Sexualität wissen wir über grundlegende Zusammenhänge nicht Bescheid. Dabei gibt es Menschen, die weiterhelfen können. Vor über 80 Jahren vor den Nazis aus Deutschland emigriert, trieb die Sexualwissenschaft im 20. Jahrhundert in den Vereinigten Staaten neue Blüten. Mag dieses Land auch in vieler Hinsicht verklemmt und prüde wirken, in puncto Sexualtherapie ist es uns in Deutschland um eine Nasenlänge voraus.

> Wo man am meisten fühlt, weiß man am wenigsten zu sagen.
> *Annette von Droste-Hülshoff*

Inzwischen gibt es aber auch bei uns ausgebildete Sexualtherapeuten, die in vollen Praxen gute Arbeit leisten, und sogar einige, die den Mut und die Muße aufbringen, allen »Peinlichkeiten« zum Trotz mit dem Thema Sex in die Öffentlichkeit zu gehen. Uns geht es darum, eine überfällige Diskussion anzustoßen, um mit Vorurteilen und Halbwissen aufzuräumen und vor allem dem Überfluss an pornografischen Abziehbildern eine selbst-bewusste Anschauung wirklicher Sexualität entgegenzusetzen. Unsere Hoffnung ist, dass auf diese Weise immer mehr Menschen ihre sexuelle Sprachlosigkeit überwinden können und das vorherrschende Bild von Sexualität in Frage stellen, bei sich ankommen und eigene Vorstellungen entwickeln –

> If you want a boxer / I will step into the ring for you / And if you want a doctor / I'll examine every inch of you.
> *Leonard Cohen*

23

frei von Druck und Scham, mit Humor und Gelassenheit. Dieses Buch soll der Scham ein Schnippchen schlagen. Jede Leserin, jeder Leser kann bei der Lektüre ganz privat über sich und die schönste Sache der Welt etwas dazulernen. Dafür braucht es keine Therapie, nur etwas Information und den Mut, bei den eigenen Empfindungen zu bleiben. Let's talk about Sex!

SCHAM-LIPPEN & PENIS-PROTZ

Geht man davon aus, dass der Name Programm ist, haben Hemmungen und Verklemmtheit offenbar bis heute eine Existenzberechtigung. Um dem zu begegnen, heißen die »Schamlippen« der Frau in diesem Buch *Geschlechtslippen*. Dadurch ändert sich hoffentlich gleich von Anfang an die Art, wie wir uns ihnen nähern. Und auch das ganze weibliche Geschlecht hat einen anderen Namen verdient: Wie wäre es mit *Vulvina* – außen Vulva und innen Vagina. Die wenigsten wissen, dass hier ungeahnte Ressourcen vorhanden sind.

Wenn es um ihr Genital geht, haben Frauen von Anfang an schlechtere Karten als Männer. Kleinen Mädchen wird früh beigebracht, dass sie weder an sich hinunterschauen noch sich unten anfassen sollen – es sei denn zum gründlichen Abwischen, denn Hygiene gilt an dieser Stelle als besonders notwendig, weil sie für Bakterien besonders empfänglich sei. Das Gegenteil ist der Fall. Viele Frauen bekommen auf diese Weise früh eine Art inneren Polizisten, der bei Annäherung an gewisse Körperregionen mit erhobenem Zeigefinger warnt: »Achtung, Sie begeben sich in die verbotene Zone, bitte umkehren!« Männer haben es in dieser Hinsicht viel leichter. Bei ihnen befindet sich genital alles gut sichtbar außen am Körper, wird gern kommentiert, oftmals bewundert und schon beim Pinkeln mehrmals täglich in die Hand genommen. Auf diese Weise entstehen bei Jungen wichtige Nervenverbindungen zu sensorischen Bereichen des Gehirns, die für das Spüren und Wahrnehmen bis hin zum Lustempfinden von wesentlicher Bedeutung sind. Hier entwickelt sich von Anfang an Körperbewusstsein. Bei vielen Frauen hingegen bildet der Genitalbereich, insbesondere der vaginale Innenraum, einen weißen Fleck auf der Körper-Landkarte in ihrem Gehirn. Und gesellschaftlich ist es sogar statthaft, Bemerkungen über die Geschlechtsteile kleiner Jungen zu machen – und auch bei größeren Kerlen kommen Komplimente zu ihren Kronjuwelen gut an. Bei Mädchen und Frauen ist das im Allgemeinen nicht so; weder sprechen sie selbst über ihre Genitalien, noch wollen sie ihre Vulvina bei einem intimen Rendezvous auf dem Laken bewertet wissen, selbst wenn ihnen gesagt wird, dass sie auch dort hübsch sind.

Jede Unwissenheit ist bedauerlich, aber Unwissenheit auf einem so wichtigen Gebiet wie der Sexualität ist eine ernste Gefahr.
Bertrand Russell

SCHAM-LIPPEN & PENIS-PROTZ

DER WEIBLICHE ORT DER ENTZÜCKUNG

Im Lauf der Jahrhunderte wurde die Klitoris von Wissenschaftlern ebenso oft neu entdeckt, wie man sie wieder verschwinden ließ. So stellten bereits die Gelehrten der Antike beim Vergleich der weiblichen und männlichen Genitalien viele Ähnlichkeiten und einander entsprechende Strukturen fest. Sie hielten die Vagina für das weibliche Äquivalent zum Penis, nur eben ins Innere des Körpers gewölbt. Während manche meinten, die Klitoris diene zum Urinieren, schrieben andere ihr eine maßgebliche Funktion für die Fruchtbarkeit der Frau zu. Noch bis ins Mittelalter erhielten Ehemänner deshalb mitunter den ärztlichen Rat, die Finger mit parfümiertem Öl zu bestreichen und die Vulva ihrer Frau mit kreisförmigen Bewegungen zu reiben.

Ende des 16. Jahrhunderts sorgte die Klitoris dann erneut für Diskussionen unter Wissenschaftlern, als der Anatom Realdo Colombo mit *De re anatomica* eine Abhandlung über die weibliche Anatomie veröffentlichte. Darin beschrieb er die Klitoris – *amor veneris*, wie er sie nannte – als »ein sehr hübsches und nützliches Organ«. Die Antwort eines anderen, noch berühmteren Mediziners ließ nicht lange auf sich warten: Andreas Vesalius, kaiserlicher Leibarzt und Begründer der neuzeitlichen Anatomie, bezeichnete die Klitoris als »Laune der Natur« und als ein nutzloses Organ, das nur in seltenen pathologischen Fällen überhaupt im Körper aufzufinden sei. Es könne dabei keine Rede sein von einem gesunden weiblichen Körper, sondern es handle sich vielmehr um den eines Zwitters, der einen rudimentären Phallus aufweise. Vesalius räumte der Klitoris auf seinen anatomischen Tafeln keinen Platz ein, und da seine Lehren bis ins 18. Jahrhundert das Verständnis der menschlichen Anatomie bestimmten, wurde, was Colombo als »weiblichen Ort der Entzückung« bezeichnet hatte, mit Stillschweigen übergangen. Schlimmer noch: Nachdem der französische Mediziner Jacques Daléchamps die These aufgestellt hatte, Frauen mit einer »unnatürlich großen« Klitoris könnten durch das Reiben der Kleidung auf ihrem Genital so »erhitzt« werden, dass sie sich mit erigierter Klitoris anderen Frauen näherten, wie das eigentlich nur Männern anstand, wurden solche »abnormalen« Organe beschnitten. Eine derartige Operation hieß *Nymphotomia*. Was allerdings als »unnatürlich groß« zu gelten hatte, blieb natürlich im Ermessen des betreffenden Arztes.

Erst der niederländische Forscher Reinier de Graaf, Autor einer bahnbrechenden Untersuchung der weiblichen Geschlechtsorgane, brachte die Klitoris 1672 wieder auf den Plan. Und es dauerte bis 1844, ehe sie, detailliert gezeichnet von Georg Kobelt, Einzug in medizinische Standardwerke hielt. Hatte man mittlerweile erkannt, dass die Klitoris für die Fortpflanzung keine Rolle spielte, wurde sie nun immer häufiger als Wurzel vieler Übel angesehen und unter anderem für »Anomalien« wie Nymphomanie oder lesbische Neigungen verantwortlich gemacht. Auch Krankheiten von Hysterie bis Epilepsie wurden ihr zugeschrieben. Der Mediziner Isaac Baker Brown entfernte deswegen, wie drei Jahrhunderte zuvor Daléchamps, bei der entsprechenden Diagnose kurzerhand die Klitoris seiner Patientinnen – auch gegen deren Willen. In den USA gab es Klitorisbeschneidungen noch bis in die 1950er Jahre bei Mädchen, die zu heftig masturbierten, und noch heute verschreiben Kinderärzte in solchen Fällen mitunter anästhesierende Salben, um die Klitoris zu betäuben.

Hysterisch zum Orgasmus *Hysteria* (deutscher Titel: *In guten Händen*) ist der Titel einer Filmkomödie aus dem Jahr 2011, die zeigt, welche sonderbaren Umstände gegen Ende des 19. Jahrhunderts in England zur Erfindung des Vibrators führten. Tatsächlich entspricht der Film in vieler Hinsicht der historischen Realität. Hysterie war damals eine häufig gestellte Diagnose für aufmüpfige Frauen aus dem Bürgertum. Unter Medizinern herrschte die Auffassung vor, Ursache der psychischen Störung sei die Gebärmutter, der, wenn sie verrücktspielte, gut durch das Auslösen einer hysterischen Krise – nichts anderes als ein Orgasmus – durch einen Arzt beizukommen sei. Scharenweise begaben sich die prüden Damen der besseren Gesellschaft folglich in die »guten Hände« von Spezialisten, die ihnen manuell zu rosigen Wangen und der ersehnten Entspannung ihrer Nerven verhalfen. Im Film erfindet der Mediziner Mortimer Granville den Vibrator, weil seine rechte Hand, müde der täglichen Anstrengung, den Anforderungen nicht mehr standzuhalten vermag.

Der echte Granville entwickelte den *Granville Hammer* ursprünglich als Massagegerät für Männer. Zahlreiche seiner Kollegen waren begeistert von dem Gerät und setzten es erfolgreich bei hysterischen Patientinnen ein. Durch den Erfolg avancierte der Vibrator rasch zur medizinischen Wunderwaffe gegen Arthrose, Haarausfall, Fettleibigkeit und vieles andere. Auf der Pariser Weltausstellung 1900 wurden diverse Modelle gezeigt, und bald danach hieß es aus Fachkreisen: »Alles Leben basiert auf Vibration!«

Mitte der 1960er Jahre, in der Dekade der »sexuellen Revolution« also, hatte sich am wissenschaftlichen Schattendasein der Klitoris kaum etwas geändert. Zwar publizierten Sexualwissenschaftler wie William Masters, Virginia Johnson und Shere Hite über die Bedeutung der Klitoris, aber damit rückte sie noch längst nicht ins Bewusstsein der Allgemeinheit. Und auch als Josephine Lowndes Sevely 1987 in ihrem Buch *Eve's Secrets* Klitoris und Vagina wissenschaftlich als Teile eines größeren Ganzen erklärte, wurde der Klitoris kaum mehr Beachtung zuteil. Erst die australische Urologin Helen O'Connell rückte schließlich 1998 die Perle mit Tiefgang anatomisch ins rechte Licht: Sie verwarf alle bisherigen Beschreibungen als ungenau, weil sie auf Sektionsbefunden bei älteren Frauen basierten, deren Genitalien aufgrund des Alterungsprozesses bereits geschrumpft waren. O'Connell hingegen zeigte nun, dass das erektile Gewebe der Klitoris ein Volumen besitzt, das zehnmal größer ist als bis dahin angenommen. Die Vermutung lag nahe, dass die Klitoris mit anderen Strukturen der Vagina in Verbindung zu bringen war. In weiteren Untersuchungen fand O'Connell dann heraus, dass Vaginalwand und Klitoris praktisch eine Einheit bilden. Funktion und Potenzial der Klitoris lassen sich damit – erst jetzt – im vollen Umfang verstehen.

> Der Mensch existiert nun einmal nicht geschlechtslos. Und wie er Arme und Beine hat, um sie zu benutzen, so hat er auch Phallus und Vulva, nicht um sie hinter Feigenblättern verschrumpeln zu lassen.
> *Karlheinz Deschner*

DIE PRINZESSIN MIT DER ERBSE

Spieglein, Spieglein in der Hand, wer ist die Schönste im ganzen Land? Noch immer wissen zu wenige Frauen, wie sie genital gebaut sind. Die Klitoris ist ein überraschend komplexes Organ mit äußeren als auch inneren Partien. Dabei ist die »Perle« – das heißt die sichtbare Klitoriseichel, die oft für die komplette Klitoris gehalten wird – nur das Tüpfelchen auf dem i. Vereinfacht beschrieben hat die Klitoris einen erbsenförmigen Kopf, der auf einem gekrümmten Hals sitzt und sich im Körperinneren in zwei circa sechs bis acht Zentimeter lange Schenkelbeinchen teilt. An ihnen hängen wiederum zwei – im Verhältnis ungefähr doppelt so dicke, aber gleich lange – samtige »Pluderhosen«, die zugleich Teile der äußeren Geschlechtslippen sind. Bei Erregung füllen sie sich mit Blut und schwellen ebenso an wie die erektionsfähigen Schenkelbeinchen. Dadurch vermag die Klitoris bis auf das Doppelte ihrer Ausgangsgröße anzuwachsen und richtet sich dabei auf wie ein Penis, während sich das äußere Genital weiter nach außen wölbt. Der gesamte Bereich bildet eine hocherogene Zone rund um den Scheideneingang und den Ausgang der Harnröhre. Im Durchschnitt misst eine nicht erregte Klitoris zwischen 8 und 10 Zentimeter. Zwischen der Größe einer Klitoris und dem Alter, Gewicht oder der Größe einer Frau besteht klinischen Untersuchungen zufolge kein Zusammenhang, und auch durch die Einnahme von Hormonen oder durch hormonelle Veränderungen nach der Menopause wird sie nicht beeinflusst. Das Kinderkriegen hingegen soll die Klitoris wachsen lassen, und bestimmte Hormonstörungen scheinen das ebenfalls zu bewirken.

Ich lehne es ab, das Alter wegoperieren zu lassen. Eine Frau kann im Alter ihre zweite oder dritte Schönheit entfalten.
Hanna Schygulla

Genau wie der Penis besitzt die Perle der Klitoris eine kleine Vorhaut, die wie eine Kapuze aussieht. Je nachdem, wie tief dieser Schutz über den Kopf der Klitoris fällt, ist ihre Empfindlichkeit von Frau zu Frau sehr unterschiedlich. Wird die Perle von der Vorhaut nicht komplett bedeckt, ist sie oft weniger empfindlich, weil sie durch die unwillkürlichen Berührungen mit Kleidung desensibilisiert wurde. Ganz von der Kapuze verborgene Perlen reagieren hingegen äußerst sensibel, wenn sie hervorgelockt werden. Ihre Besitzerinnen berichten oft, dass es schmerze, wenn daran zu intensiv gerieben wird. Es macht in solchen Fällen einen großen Unterschied, wenn Finger oder Zunge nicht von unten nach oben bewegt werden – wobei die Vorhaut hochgeschoben wird –, sondern seitwärts, von oben nach unten oder in kreisenden Bewegungen. In jedem Fall gilt: Je feuchter, desto besser – ob ganz von allein, durch Speichel, Gel oder Massageöl, spielt keine Rolle.

SENSIBELCHEN MIT POTENZIAL

In den ersten sechs bis acht Wochen ist der Fötus geschlechtslos. Ob sich der Mensch im weiteren Verlauf zu einem weiblichen oder männlichen Wesen entwickelt, entscheiden Hormone, die im Zusammenhang mit den Chromosomen stehen. Klitoris und Penis bilden sich aus dem gleichen Embryonalgewebe und sind ganz einfach unterschiedliche Formen mit gleicher Struktur. Ein wichtiger Unterschied besteht allerdings in der Zahl der *Nervenendigungen*, die das jeweilige Organ besitzt. Die Klitoris ist um ein Vielfaches sensibler als ihr männliches Pendant. In ihrer Spitze sitzen 8000 Nervenendigungen auf engstem Raum beieinander. Das sind mehr als an jeder anderen Stelle des Körpers. Im Vergleich dazu verfügt der Penis im Bereich seiner Eichel über rund 2500 Nervenendigungen. Deshalb ist für liebevollen Klitoriskontakt im wahrsten Sinne des Wortes Fingerspitzengefühl

Der Mensch besteht aus zwei Teilen – seinem Gehirn und seinem Körper. Aber der Körper hat mehr Spaß.
Woody Allen

SCHAM-LIPPEN & PENIS-PROTZ

gefragt. Erstaunlich viele Frauen scheuen sich, beim Sex offen auszusprechen, wenn ihnen etwas unangenehm ist, und versuchen mit Sätzen wie »Komm mal hoch und küss mich« oder »Mach mal kurz Pause« irgendwie aus der unangenehmen Lage herauszukommen. Warum nicht gleich Bescheid sagen? Weil sie den Mann nicht enttäuschen wollen. Nach wie vor meinen viele Frauen, dass sie vor allem seine Lust bedienen sollten. Ratsamer wäre jedoch, den eigenen Empfindungen zu trauen und zu sagen, was man selbst gerade möchte. Das kann auf charmante Art geschehen und fügt dem männlichen Ego in der Regel keinen Schaden zu. Reaktionen wie »Das hat noch keine zu mir gesagt!« oder »Andere mochten das auch so!« würde ein echter Klitoris-Kenner nie äußern.

Noch eine genitale Gemeinsamkeit der beiden Geschlechter: Auch Frauen haben eine Prostata. Obgleich manche Ärzte deren Existenz noch immer bezweifeln, konnte Milan Zaviacic im Jahr 2001 nach mehr als zwei Jahrzehnte dauernden Studien zeigen, dass es sich dabei um ein voll funktionsfähiges und auch sexuell aktives Organ handelt. Seitdem wird der Begriff »weibliche Prostata« international von der Schulmedizin akzeptiert. Mehr zu der Vorsteherdrüse und ihrer Bedeutung für die Lust im Kapitel »Körperlichkeiten«.

SPÜREN ODER NICHT SPÜREN, DAS IST KEINE FRAGE

Lange wurde es bezweifelt, inzwischen ist es bewiesen, dass Frauen intravaginal spüren können, die Fachwelt spricht von *Vaginalität*. Generell bildete sich die Anzahl der Nervenendigungen im Inneren der Vagina zwar in den letzten Millionen Jahren zurück, aber heute weiß man, dass dort überall Berührung wahrgenommen wird, allerdings eher durch Druck als durch Reibung. Im Bereich um den Eingang der Vagina, also im unteren Drittel, sitzen fast 90 Prozent aller vaginalen Nervenendigungen.

Die Vaginalwände sind unmittelbar mit den inneren Strukturen der Klitoris verbunden. Je besser durchblutet und damit größer die Schwellkörper der Klitoris sind, desto intensiver stehen sie in Kontakt mit der Vagina. Die französischen Forscher Odile Buisson und Pierre Foldès bestätigten in den Jahren 2008 und 2009 anhand von dreidimensionalen sonografischen Aufnahmen, dass die stimulierte, erigierte Klitoris die Vagina nicht nur umschließt, sondern auch zusammendrückt. Es ist nahezu unmöglich, die vorderen Teile der Vagina zu erregen, ohne gleichzeitig Partien der Klitoris mitzustimulieren. Das Gehirn selbst unterscheidet jedoch; Vagina, Uterus und

Klitoris sind mit unterschiedlichen Arealen der Großhirnrinde verknüpft. Die Bereiche liegen zwar nahe beieinander, überlappen sich aber kaum, wie Barry Komisaruk und Beverly Whipple 2011 belegten. Deswegen sind auch, je nachdem, wo eine Frau stimuliert wird, unterschiedliche Wahrnehmungen zu erwarten. Die Praxis bestätigt die Theorie: Viele Frauen sind tatsächlich imstande, diese Gefühle zu differenzieren.

PHALLUS MAXIMUS

Früh beginnt, was für viele Männer zu einem Dauerthema wird. Beim Taxieren der Größe dessen, was man selbst zwischen den Beinen trägt und was die anderen, wird aus der Mücke schnell ein Elefant. Staunend schaut der kleine Junge auf die Genitalien seines Vaters: Schwer vorstellbar, dass die eigenen jemals diese Ausmaße annehmen werden. Und damit beginnt die ewige Unsicherheit, eventuell zu kurz gekommen zu sein. Tatsächlich wird ein großer, kräftiger Phallus in vielen Kulturen als Zeichen von Kraft und Stärke gesehen.

Römische Feldherren stellten beim Einzug in eroberte Städte als Siegessymbol auf ihrem Streitwagen einen Penis zur Schau – nicht den eigenen, versteht sich, sondern eine eigens angefertigte monstrröse Skulptur, die den Besiegten zeigen sollte, *wer den Größeren hat*.

Das Triumvirat der männlichen Genitalität besteht aber neben dem Penis auch aus dessen beiden Begleitern, den Hoden, die jedoch in den meisten Abhandlungen eher als Anhängsel betrachtet werden. In ihnen befinden sich die Produktionsstätten für Testosteron, das männliche Sexual- und Lusthormon. Einige Studien schreiben ihm unter anderem männliches Durchsetzungsvermögen und Egozentrik zu, andere sprechen von seinem positiven Einfluss auf das lösungsorientierte Denkvermögen. Eindeutige Aussagen sind bei Hormonen aber nur schwer möglich, weil Wechselwirkungen immer eine große Rolle spielen. Einigkeit unter Forschern besteht jedoch in dem Punkt, dass Testosteron wie ein Brandbeschleuniger auf die Sexualität wirkt und bei Männern in deutlich höherer Konzentration im Blut nachzuweisen ist als bei Frauen. Bei Männern scheint es außerdem einen Zusammenhang zwischen Testosteron und dem Stresshormon Cortisol zu geben; sie beeinflussen einander wechselseitig.

Was die Hoden betrifft, spielt ihre Größe wirklich eine wesentliche Rolle, denn je ausgeprägter sie sind, desto mehr Testosteron und Sperma wird dort täglich produziert; das behauptet zumindest der britische Biologe Robin Baker. In früheren Zeiten wären seine Erkenntnisse ein Grund zur Freude gewesen, weil Samenflüssigkeit immer schon als kostbares Gut galt. Bei den alten Griechen zum Beispiel gab es die Vorstellung, dass durch einen homosexuellen Akt das Ejakulat eines älteren Mannes einem jüngeren helfen werde, weil es seine Männlichkeit stärkte und sein Wissen bereicherte. Da möchte man doch sofort wissen, wie groß die eigenen beziehungsweise die Hoden des Partners sind.

> Ein ungeübtes Gehirn ist schädlicher für die Gesundheit als ein ungeübter Körper.
> *George Bernard Shaw*

Während allerdings bei Penismessungen mitunter abenteuerliche Dinge angestellt werden, um ein paar Millimeter zu schinden, und die Messlatte dabei auch gern großzügig angelegt wird, hat die Wissenschaft für die Ermittlung der Hodengröße ein medizinisches Instrument parat: das *Orchidometer*. Es besteht aus einer Kette mit Kugeln von verschiedener Größe. Wer es also genau wissen will, lege gern die Kette an.

Übrigens verfügen die Hoden über eine Art eingebauten Fahrstuhl, den Mann spüren kann, wenn er probehalber einen Eiswürfel an den Hodensack hält oder ins kalte Wasser springt: Prompt verziehen sich die Eier nach oben. Das Gegenteil passiert dem, den die Grippe plagt: Wenn Fieber den männlichen Körper befällt, dann entfernen sich die Hoden möglichst weit vom heißen Körper und hängen schlaff herunter. Das Auf und Ab hat einen einfachen Grund: Der gesunde Körper ist etwa 37 Grad warm, Spermien hingegen bevorzugen eine Umgebungstemperatur von nur 34 bis 35 Grad, und deswegen werden die Hoden bei abrupter Temperaturänderung ihrer Umgebung umgehend in wärmere beziehungsweise kühlere Gefilde hinauf- beziehungsweise hinuntergezogen.

Mitunter kommt es nach einer Erregung ohne Ejakulation zu einem Blutstau in der Hodenregion und, weil der Sauerstoffgehalt des Blutes dabei immer mehr abnimmt, zu einer Verfärbung, den sogenannten *blauen Eiern*. Gerüchte über platzende Hoden oder andere gravierende Folgen für die Gesundheit in einem solchen Fall sind aber Panikmache, denn sowohl die Farbe als auch der eventuell auftretende Schmerz verschwinden nach 30 bis 60 Minuten wieder ganz von allein. Mit etwas Bewegung – Rückbildungsgymnastik für den Mann sozusagen – lässt sich dieser Verlauf noch beschleunigen. Häufig wird behauptet, der Mann müsse ejakulieren, um diese *Kavaliersschmerzen* zu vermeiden. Das ist Unsinn. Ein weiterer Irrtum besteht darin anzunehmen, dass es Sache der Frau sei, im Fall des Falles für Abhilfe zu sorgen. Vielmehr ist hier der Mann selbst Herr der Dinge und sollte sich allein zu helfen wissen.

DIE GESCHLECHTSORGANE VON FRAU UND MANN

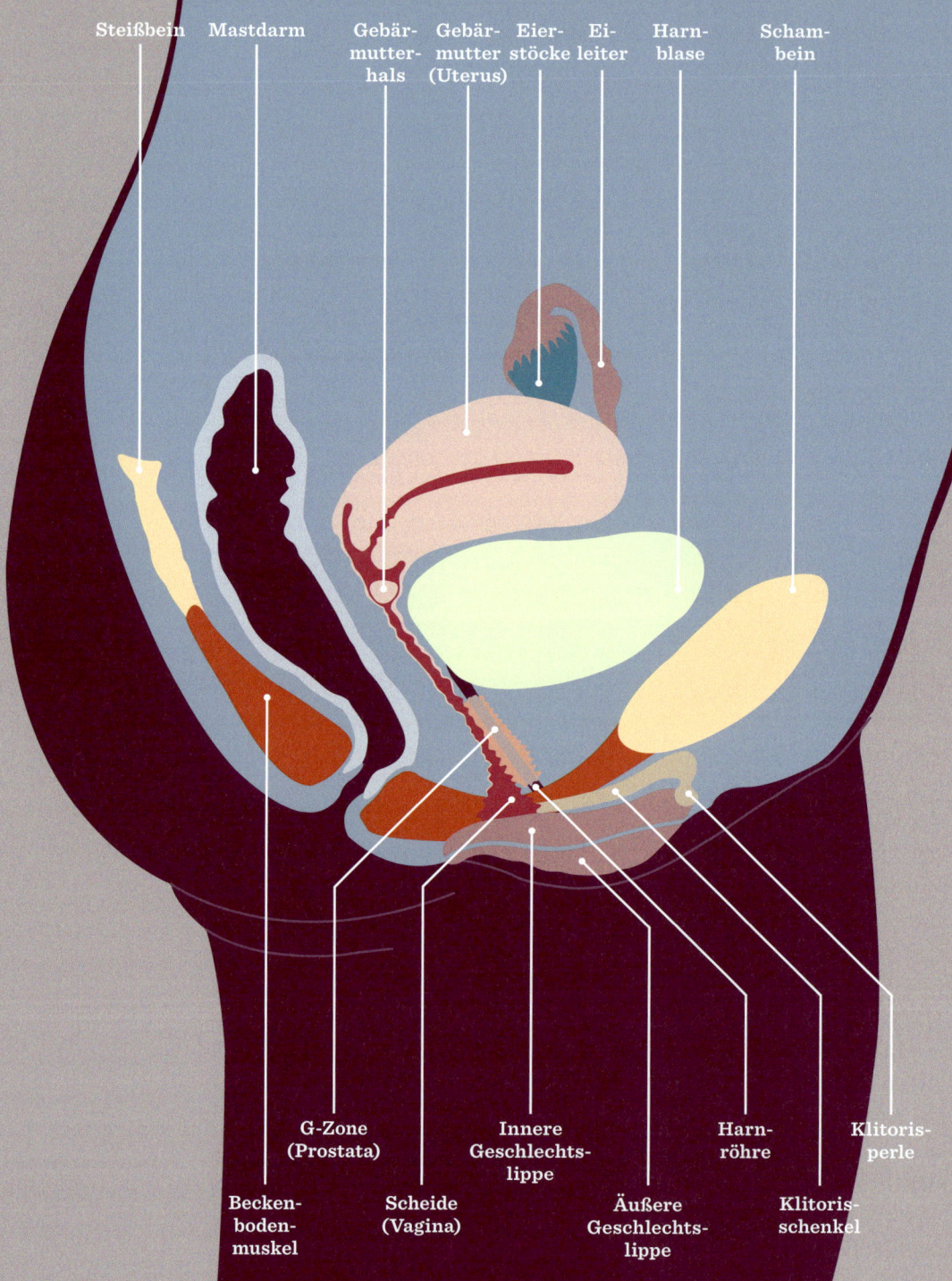

Steißbein

Mastdarm

Gebärmutterhals

Gebärmutter (Uterus)

Eierstöcke

Eileiter

Harnblase

Schambein

G-Zone (Prostata)

Innere Geschlechtslippe

Harnröhre

Klitorisperle

Beckenbodenmuskel

Scheide (Vagina)

Äußere Geschlechtslippe

Klitorisschenkel

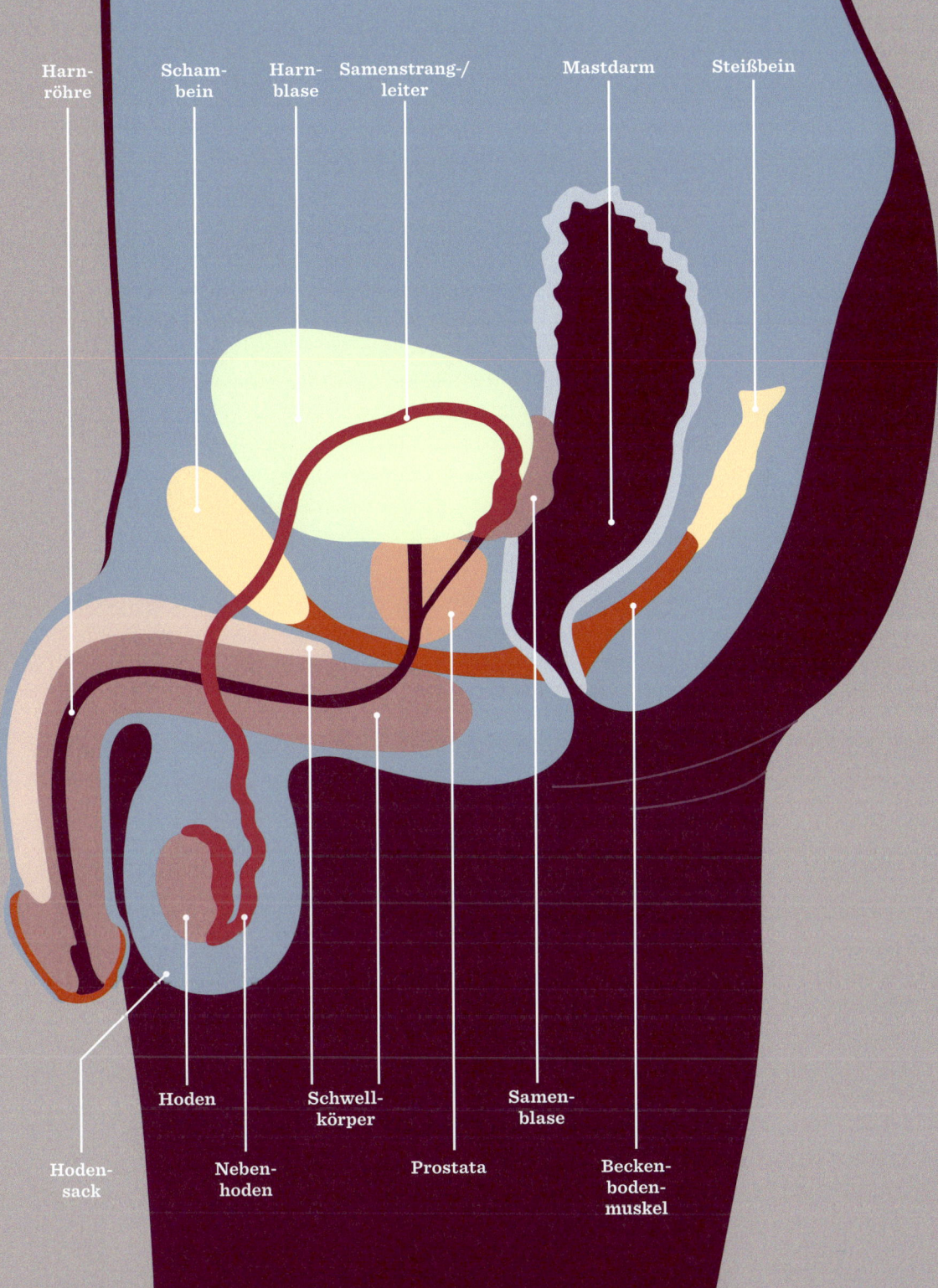

Harn-
röhre

Scham-
bein

Harn-
blase

Samenstrang-/
leiter

Mastdarm

Steißbein

Hoden

Schwell-
körper

Samen-
blase

Hoden-
sack

Neben-
hoden

Prostata

Becken-
boden-
muskel

WER LANG HAT, LÄSST LANG HÄNGEN

Zurück zur Größe des männlichen Gliedes. Was heißt eigentlich »groß«, und welche Rolle spielt die Länge? Wofür ist sie wichtig, und wem? Der erigierte Penis ist durchschnittlich etwa 14 Zentimeter lang, eine Vagina misst im Durchschnitt zwischen 10 und 12 Zentimeter, verlängert sich aber bei Erregung, und deshalb passt fast jedes männliche Glied in jede Vagina. Ein extrem langer Penis kann allerdings Schmerzen verursachen, wenn er an den Muttermund stößt. In diesem Fall sollte man ein feines, schmal gefaltetes Tuch um die Peniswurzel binden, um so ein zu tiefes Eindringen zu verhindern. Allerdings gibt es auch Frauen, die es besonders erregend finden, wenn ihr Muttermund stimuliert wird. Und kann ein Penis zu klein sein? Als »Mikropenis« gilt ein Glied mit einer Länge von weniger als 2,5 Zentimetern im schlaffen Zustand. Statistisch betrachtet liegt der exakte europäische Mittelwert für den erigierten Penis bei 14,27 Zentimetern, gemessen von der Peniswurzel am Schambein. Aber Achtung: *Mittelwert* bedeutet, dass auch als *normal* gilt, was um ein paar Prozente davon abweicht. Im Klartext besagt ein solcher statistischer Wert, dass rund 70 Prozent aller Glieder ungefähr diesen Wert erreichen, rund 15 Prozent liegen mehr oder weniger deutlich darunter und 15 Prozent darüber. Und nur ein einziger Mann unter hundert hat einen Penis, der lang genug ist, um damit eventuell im Pornogeschäft Karriere machen zu können. Im Übrigen legen kleinere Schlaffies oft bei der Erektion überdurchschnittlich an Größe zu. Diesen Ausgleichsfaktor entdeckten Virginia Johnson und William Masters in den 1970er Jahren. Bei ihren Untersuchungen fanden sie heraus, dass im erigierten Zustand alle Penisse ungefähr gleich groß sind. Auch dadurch minimieren sich die Unterschiede also, und die Ausführung *Pornopimmel* bleibt folglich in doppelter Hinsicht die große Ausnahme. Mit diesem Wissen gewappnet, können Männer, die etwa befürchten, zu kurz gekommen zu sein, die vergleichenden Blicke unter der Gemeinschaftsdusche oder in der Sauna in Zukunft als unmaßgeblich abhaken.

Isn't it awfully nice to have a penis
Isn't it frightfully good to have a dong?
It's swell to have a stiffy, it's divine to own a dick.
From the tiniest little tadger to the world's biggest prick!
Monty Python

SCHAM-LIPPEN & PENIS-PROTZ

Luststachel oder Kratzbürste   Über Diskussionen bezüglich Größe, Länge oder Dicke hätten Urzeitfrauen wahrscheinlich nur gelacht. Sie nämlich bekamen es, so vermuten jedenfalls manche Evolutionstheoretiker und Genforscher, mit »Dornen« auf den Penissen zu tun. Feste Sexualpartner zu haben war damals vermutlich nicht üblich, sondern es wurde in rascher Folge und mit mehreren Artgenossen kopuliert. Die Dornen könnten dazu gedient haben, Spermien des Vorgängers aus der Vagina zu kratzen. Eine andere Theorie besagt, dass die Stacheln zur schnelleren sexuellen Stimulation der Frau eingesetzt wurden. Folgt man der Kratzbürsten-Hypothese, könnte man verstehen, wenn Urzeitfrauen den Sex lieber in aller Kürze abmachten, um den Schmerz nicht unnötig in die Länge zu ziehen. Die Luststachel-Interpretation wiederum lässt die spätere evolutionäre Veränderung zur männlichen Stachellosigkeit bedauern und der Kondomindustrie für die Erfindung der Noppen danken, die man als Hommage an die verlorenen Stacheln verstehen könnte. Mit Hilfe seines überproportional großen Kopfes kann der Penis übrigens auch heute noch in der Vagina ein Vakuum zur Entfernung von Fremdspermien erzeugen. Ein weiteres Indiz für die Richtigkeit der Kratzbürsten-Theorie.

Bei der Frage nach dem optimalen Durchmesser ist die weibliche Welt in zwei Lager gespalten. Die einen halten einen großen Umfang für sehr wünschenswert, die anderen hingegen befürchten Blessuren. Für die Praxis ist es wichtig zu wissen, dass die Vagina sich im Normalfall auch einem dickeren Penis flexibel anpasst. Solange die Frau erregt genug ist, bietet ihre Vagina dem Besucher ganz natürliche Gleithilfe. Mangelt es trotzdem einmal an Feuchtigkeit, kann Gleitgel helfen. Andererseits kann ein trainierter weiblicher Beckenboden, der geschickt eingesetzt wird, sich so eng wie nötig machen. Auch für kleinere und dünnere Glieder ist also vorgesorgt. Damit sollte deutlich geworden sein, dass weder Langschwengel noch dicke Stangen die Frauen zum Juchzen bringen. Im Gegenteil heißt es oft, dass Männer mit kleineren Penissen die besseren Liebhaber seien, weil sie sich grundsätzlich und von Anfang an beim Sex mehr Mühe geben.

Die *Performance* ist das, worauf es ankommt. Dazu gehören gute Stoßtechniken (auf die an anderer Stelle in diesem Buch näher eingegangen wird) ebenso wie die Erkenntnis, dass Frauen nichts vom Wieselficken haben. Schnell ist langweilig, weil in der Vagina kaum

Nervenzellen sind, die auf flinke Bewegungen reagieren. In der Ruhe liegt auch hier die Kraft und in Langsamkeit und Abwechslung die Kunst. Viele Menschen, insbesondere Männer, verbinden allerdings rasche, häufige und möglichst wilde Bewegungen mit großer Erregung und Leidenschaft. Nach den Gründen für diese Ansicht befragt, erklären sie oft: »Schnell ist doch gut.« Das rührt zum einen vermutlich daher, dass die Beobachtung von »fremdem« Geschlechtsverkehr fast ausschließlich aus Pornofilmen stammt und die dort gezeigten Verhaltensmuster intuitiv ins eigene Repertoire übernommen werden, zum anderen ist das schnelle Reiben eine Angewohnheit, die viele Männer sich beim Onanieren zugelegt haben und von der sie meinen, sie sei auch beim Sex mit dem Partner das Nonplusultra. Physiologisch – nämlich im Hinblick auf die tatsächliche Erregungsleitung der Zellen betrachtet – trifft das aber nicht zu. Leidenschaft ist auf jeden Fall auch mit langsameren, dafür aber kräftigeren und innigeren Bewegungen möglich und lässt beide Partner sich und einander intensiver spüren. Und das bereitet mehr Vergnügen beim Sex – auch dem Mann.

Genital-Physiognomie   *Penisse können lang, kurz, fett, dünn, stämmig, gerade, bauchig oder so kegelförmig sein, dass sie noch in die Spitze eines Kondomreservoirs passen. Sie können nach links oder rechts oder hoch-oder runtergebogen sein, beschnitten oder nicht und glatt oder kraus wie ein Chinesischer Faltenhund. Sie erscheinen in Rosa oder Pink, Karamell-, Apricot- oder Fliederfarben, wie gewöhnliche Schokolade oder wie das pechschwarze Metall einer Schusswaffe. Sie sind so individuell wie Gesichter, allerdings sehr abhängig vom ethnischen Ursprung ihrer Besitzer.* (Tom Hickman, *God's Doodle*)

Optisch sind Penisse so individuell wie Gesichter. Es gibt Milliarden unterschiedlicher Ausführungen von Eichel, Schaft und Hodensäcken, nicht anders als bei Klitoriden und Vulven. Dazu ein kleines Gedankenspiel: Würdet ihr das Geschlechtsteil eures Partners im Fundbüro unter anderen Gleichartigen wiedererkennen? Woran?

STEHAUFMÄNNCHEN AUF ABWEGEN

Männer lernen ihren Penis als standhaften Kameraden kennen. Ihre erste Erektion haben sie bereits im Mutterleib. Auch danach steht der genitale Freund ganz einfach und oft ohne jedes Zutun. Der Körper nutzt solche *psychogenen Erektionen* gelegentlich reflexartig als Systemtest, ganz ohne jeden Reiz von außen, zum Beispiel im Schlaf. Bestes Beispiel dafür ist die wohlbekannte »Morgenlatte«. So gewöhnen Männer sich an den Zustand, dass Erektionen scheinbar einfach passieren, und viele ahnen nicht, dass es so nicht bleibt. Denn die Tage, in denen es keiner oder nur geringer Aufmerksamkeit bedarf, damit sich etwas regt, und oft schon ein kurzer Blick auf attraktiv empfundene Attribute des bevorzugten Geschlechts reicht, sind gezählt. Ab vierzig, spätestens aber um die fünfzig fällt vielen Männern auf, dass sich etwas verändert hat. Es scheint, als führe ihr Penis ein eigensinnigeres Dasein als je zuvor. Nur wenige Männer – gerade in diesem Alter – identifizieren jedoch den eigenen Hormonhaushalt als Ursache für ihren oft untätigen »Schlappschwanz«. Dabei sollten sie wissen: Weil der Penis immer weniger Unterstützung vom schwindenden Lusthormon Testosteron bekommt, braucht es nun viel mehr Stimulation für eine sicht- und spürbare Regung. Die manche vielleicht verblüffende Erkenntnis ist also: Es stellt sich nicht so sehr die Frage, ob ein Mann Erektionsstörungen bekommt, sondern eher, ab wann. Je besser er jedoch seinen Körper kennt, je mehr Bezug er zu seinem Geschlecht entwickelt hat, desto bewusster kann er seine Erregung steuern und Schlappe(n) vermeiden.

> Der Penis gehorcht keineswegs dem Befehl seines Herrn.
> *Leonardo da Vinci*

Faszinierenderweise ist im Penis die meiste Zeit viel mehr los, als man denkt. In seinem Inneren arbeitet es durchgehend auf Hochtouren. Selbst wenn er äußerlich ruhig und entspannt scheint, also keine Erektion vorhanden ist, käme eine Messung der neuronalen Aktivität zu ganz anderen Ergebnissen. Ununterbrochen sind Muskeln damit beschäftigt, Schwellkörper zusammenzudrücken, um sie blutleer zu halten. Für eine Erektion entspannt sich diese Muskulatur und macht damit den Weg für eine gesteigerte Durchblutung frei. Sogenannte PDE-5-Hemmer wie Viagra, Cialis oder Levita setzen hier an, indem sie hemmend auf diese Muskeln wirken und so die physiologische Versteifung unterstützen. Falls Stress oder Emotionen wie etwa Versagensängste, Nervosität oder Ärger Probleme machen, können – mit entsprechender Stimulation – solche Medikamente helfen. In ihrer Wirksamkeit sind derartige Gefühle den Erektionsmachern haushoch überlegen. Das hat evolutionäre Ursachen, denn auf lange Sicht setzt sich nur durch, was das Überleben der Art sichert. So war schnelle Erregbarkeit und Turbovögeln für den Steinzeitmenschen von Vorteil, weil ständig ein gefräßiger Säbelzahntiger um die Ecke biegen

> Alter ist irrelevant, es sei denn, du bist eine Flasche Wein.
> *Joan Collins*

konnte oder die Keule eines Widersachers ihm beim Paarungsakt ein vorzeitiges Ende zu bereiten drohte. Bei Gefahr signalisierte der Körper Kampf- oder Fluchtbereitschaft. Passend dazu wurden dabei Kiefer und Beckenboden angespannt. Bis in die Gegenwart bilden diese beiden eine funktionelle Einheit und können oft nicht unabhängig voneinander kontrahiert werden. Erektionen waren in derart lebensgefährlichen Situationen natürlich nicht überlebenswichtig – das Blut wurde anderswo gebraucht, und mit einem Steifen rennt es sich einfach schlechter durch die Steppe, ob auf den Feind zu oder vor ihm weg. Wenn es um Leben oder Tod geht, bleibt die Erektion auf der Strecke.

Zur Rechtschreibreform – neue Schreibweise für das Wort Penis: Bis 40 Jahre wird Penis mit hartem »P« geschrieben, zwischen 40 und 60 Jahren mit weichem »B« und ab 60 Jahren klein.
Unbekannt

Werfen wir zum Schluss dieses Kapitels noch einen aufschlussreichen Blick auf die statistische Häufigkeit, mit der die männlichen und weiblichen Geschlechtsteile innerhalb der gängigen Fachliteratur auftreten. Zwei Beispiele zeigen, wie Klitoris und Vagina im Vergleich zu Penis und Hoden ignoriert wurden und werden. So stellte Bruce Bagemihl in seiner Studie *The Zoological Record* bei der Auswertung von mehr als einer Million Artikel aus über 6000 Fachpublikationen fest, dass 539 der ausgewerteten Artikel den Penis, aber bloß 7 die Klitoris behandelten. Und in *PsycINFO*, einer Datenbank amerikanischer Fachpublikationen aus dem Bereich Psychologie, wurde das Wort »Penis« im Zeitraum von 1887 bis 2000 insgesamt 1482-mal benutzt, der Begriff »Klitoris« hingegen ganze 83-mal. *MAKE MORE LOVE* gelingt in dieser Hinsicht erstmals eine Umkehrung zumindest der Zahlenverhältnisse: Innerhalb dieses Kapitels wurde der Penis nur 32-mal, die Klitoris hingegen 43-mal erwähnt.

ERREGUNG

Hartnäckig hält sich die Meinung, Sex sei »angeboren«: Der Mensch müsse nur seinem Trieb folgen, dann laufe alles von alleine. Doch so einfach ist es nicht. Zwar sind sexuelle Gefühle tatsächlich von Anfang an vorhanden, aber es braucht erheblich mehr als die bloße Vereinigung von Geschlechtsteilen, will man sexuelle Höhenflüge erleben und entspannten Sex, den beide Partner genießen.

FRÜH ÜBT SICH

Die Geburt mag für das Leben außerhalb der Gebärmutter der Startschuss sein, aber Reflexe wie zum Beispiel der Saug-, der Greif- und auch der *Erregungsreflex* bilden sich bereits pränatal aus. Tatsächlich ist die Grundausstattung eines Menschen in sexueller Hinsicht schon im Mutterleib relativ komplett. Dreidimensionale Ultraschallbilder belegen, wie es bereits bei Ungeborenen zu Erregung kommt, was bei männlichen Ungeborenen gut an einem deutlich steifen Glied zu erkennen ist. Bei weiblichen Föten funktioniert dieser Reflex übrigens genauso; er ist aufgrund der weiblichen Anatomie nur nicht so augenfällig.

Kaum zur Welt gekommen, fangen kleine Kinder schon bald an zu pressen und spüren dabei erste Lustgefühle. Spätestens mit ein bis zwei Jahren fummeln die Kleinen fröhlich herum und fassen auch sich selbst gerne an. Wenn sie hochgehoben, über den Kopf gehalten oder hin- und hergeschwungen werden, juchzen sie vor Erregung. Später genießen sie spielerisch und unbewusst das Gefühl, das sie beim Springen, Hüpfen und Schaukeln mit dem Becken empfinden. Danach gefragt, antworten Kinder häufig: »Das kitzelt so schön im Bauch.« Noch absolvieren sie auf diese Weise unbeschwert ein großartiges Trainingsprogramm für ihre Sexualität. Unter anderem wird dabei der Beckenboden kontinuierlich angespannt und wieder locker gelassen, wodurch genitales Fühlen gelernt und als Muster im Gehirn abgespeichert wird. Schon im Alter von fünf Monaten kann der Erregungsreflex ein starker Antrieb für das Erleben der Kleinen sein.

Viele Menschen meinen, sexueller Genuss habe nur bei Pubertierenden oder Erwachsenen seine Berechtigung. So beeinträchtigen strenge Blicke und unmissverständliche Aufforderungen, dergleichen zu lassen, das unbeschwerte Berührungsspiel der Kinder. Von einem Anerziehen »natürlicher Scham« kann dabei jedoch meist keine Rede

Das Leben sollte mit dem Tod beginnen, nicht andersherum. Zuerst gehst du ins Altersheim, wirst rausgeschmissen, wenn du zu jung wirst, spielst danach ein paar Jahre Golf, kriegst eine goldene Uhr und beginnst zu arbeiten. Anschließend geht's auf die Uni. Du hast inzwischen genug Erfahrung, das Studentenleben richtig zu genießen, nimmst Drogen, säufst. Nach der Schule spielst du fünf, sechs Jahre, dümpelst neun Monate in einer Gebärmutter und beendest dein Leben als Orgasmus.
Donald Sutherland

sein. Der lustvoll-genießerische Griff eines kleinen Jungen an seinen beim Aufwachen steifen Penis mit den Worten: »Guck mal, Mami, der ist auch schon aufgestanden« wird oft ebenso negativ bewertet wie ein Griff an die Genitalien vor Publikum, etwa an Großmutters Kaffeetafel. Auf diese Weise wird Erregung schon früh mit dem Verbot belegt: »Das gehört sich nicht!«

Auch dabei handelt es sich um erstes sexuelles Lernen, allerdings nicht im positiven Sinn. Bald meldet sich der erhobene Zeigefinger auch dann, wenn das Kind mit sich allein ist. Zum Glück funktioniert der Erregungsreflex in Verbindung mit dem starken Drang, einmal erfahrene angenehme Empfindungen immer wieder spüren zu wollen, und so wird das lustvolle Übungsprogramm trotzdem fortgesetzt, und die Geschlechtsteile werden zu einem vergnüglichen Werkzeug.

> Die Sünden gegen das 6. Gebot sind keineswegs die schlimmsten, aber die klebrigsten.
> *Thomas von Aquin*

Bäume und andere Lustobjekte Wir alle haben ein kindliches *Erregungsübungsprogramm* durchlaufen. Es kann sehr interessant sein, darüber nachzudenken – und auch mit dem Partner darüber zu sprechen –, wie man selbst als Kind den Erregungsreflex entdeckt hat. Interessant ist, wie sich diese Entdeckungsgeschichten ähneln. Nicht nur man selbst hatte eine Vorliebe dafür, an Bäumen und Seilen hochzuklettern, oder klemmte sich eine Bettdecke zwischen die Beine, um damit Reiten zu spielen, drückte sich behaglich gegen die breiten Armlehnen der Couchgarnitur oder entdeckte beim Schwimmen den Genuss, vom Wasser gestreichelt zu werden. Und wie ging es weiter? Wer hat sich mit Nachbarskindern, Cousinen oder Cousins für Doktorspiele versteckt und auf diese Weise andere Körper erforscht? Wer erinnert sich an die vergleichenden Blicke in Umkleidekabinen und Duschräumen? Und was geschah, als man sich das erste Mal bewusst selbst befriedigte? Wie hat man es gemacht? Wer hatte dabei auf Anhieb einen Orgasmus, und wie könnte man das neu entdeckte Gefühl in Worte fassen? Lasst euch überraschen, was euch wieder einfällt …

Und wer trotzdem noch skeptisch ist, möge spaßeshalber einmal »Orgasmus + Kletterseil« googeln.

Wenn sie älter werden, bevorzugen Jungen und Mädchen unbewusst verschiedene Arten von Spielen, die sich auch wegen ihrer Wirkung auf den Erregungsreflex großer Beliebtheit erfreuen. Genitale Innenwahrnehmung und das Anspringen der Beckenbodenmuskulatur mögen eine Rolle dabei spielen, dass Gummitwist bei Mädchen in einem bestimmten Alter so populär ist. Jungen hingegen spielen eher mit Schwertern und Stöcken und trainieren damit Fähigkeiten, die ihnen später auch sexuell nützlich sein werden, in diesem Fall das lustvolle Penetrieren. Das alles zeigt, wie wichtig es in sexueller Hinsicht ist, dass beide Geschlechter durch solche Spiele und Entdeckungen, auch mit vertauschten Rollen, ein Gefühl für das eigene Geschlecht entwickeln dürfen, denn dabei bildet sich das sexuelle Ich: die eigene sexuelle Identität.

Die körperlichen Reaktionen, die steigende Erregung verursacht, sind bei Babys und Kindern übrigens die gleichen wie bei Erwachsenen. So kommt es unter anderem zu einer verstärkten Durchblutung bestimmter Körperbereiche, die Puls- und Atemfrequenz steigt, und die Muskelspannung nimmt ebenso zu wie der Impuls, sich zu bewegen. Darüber hinaus wird durch weitere Stimulationsreize wie beispielsweise Drücken oder Reiben das Entstehen von Lust und Emotionen gefördert. So unvorstellbar es für die meisten Erwachsenen ist: Auch Kleinkinder können durch Muskelspannung selbst initiierte Orgasmen erleben. Allerdings wird genau das in der Schulmedizin häufig als bedenklich missverstanden, mit Epilepsie verwechselt oder sogar als Störung diagnostiziert, nämlich als »benigne idiopathische infantile Dyskinesie«. Übersetzt heißt das »gutartige angeborene kindliche Störung des Bewegungsablaufes beziehungsweise der Körperspannung ohne erkennbare Ursache«. Immerhin wird die »Störung« als gutartig eingestuft, aber das ist weit entfernt von der einfachen Bezeichnung als »normales kindliches Sexualverhalten«.

Fest steht, dass weniger angeboren ist, als dazugelernt wird. Den Erregungsreflex bringt das Neugeborene mit auf die Welt, aber Genuss, Spaß, Vorlieben, Techniken und viele weitere sexuelle Fähigkeiten lernen wir, solange wir leben. Der Züricher Sexologe und Psychiater Peter Gehrig bringt es auf den Punkt: »Keine menschliche Entwicklung wird so wenig unterstützt, begleitet und verstanden wie die Sexualität. Während die ersten Gehversuche intensiv gefördert und mit viel Emotionalität und Zuspruch begleitet werden, rufen die ersten Erkundungen auf genitaler Ebene nach wie vor zwiespältige Gefühle hervor.«

Wer mit siebzig eine reizende alte Dame sein möchte, muss als 17-jähriges Mädchen damit anfangen.
Agatha Christie

MERKSTE WAS?

Das Anspringen des Erregungsreflexes ist die Voraussetzung für alles weitere Geschehen. Aber was passiert im Körper, wenn er in Erregung gerät? Rein biologisch-anatomisch betrachtet treibt Erregung Blut in bestimmte Körperregionen, zum Beispiel als »Schamröte« ins Gesicht: Aufregung verbessert die Durchblutung. Sexuelle Erregung funktioniert im Prinzip genauso, nur fließt dabei das Blut ins Genital. Auf- und angeregte Zellen sorgen für die Zufuhr sauerstoffreichen Blutes und senden Meldungen zwischen Körper und Gehirn hin und her. Das Gehirn als zentrale Verarbeitungsinstanz sortiert und bewertet die eingehenden Informationen und lässt gegebenenfalls bewusste Wahrnehmungen des körperlichen Zustands entstehen. Mitunter kann es aber keine erregte Körperlichkeit melden, weil es Erregung und Lust noch nicht richtig einordnen kann. Denn Selbstwahrnehmung ist Übungssache. Bei Frauen zum Beispiel ist es ein weit verbreitetes Phänomen, genitale Erregung nicht zu spüren – ihnen fehlt der manifeste, gut sichtbare Beweis. So gaben die meisten Teilnehmerinnen einer Untersuchung an, für visuelle Stimulation beispielsweise durch Pornofilme nicht empfänglich zu sein. Mit intravaginalen Elektroden bestückt, wurden den befragten Frauen dann Filme mit sexuellen Inhalten vorgeführt. Zur allgemeinen Überraschung ergaben die Messergebnisse, dass die Damen sehr wohl erregbar waren, häufig sogar schneller als die Herren, nur war den Frauen ihr Erregungszustand nicht immer bewusst. Vielleicht kann das als Anregung dazu dienen, einmal nachzuspüren und hinzufühlen, ob sich im weiblichen Genital häufiger etwas regt als vermutet. Übrigens schätzen auch Männer den Grad ihrer Erregung gelegentlich falsch ein, wenn sie keine Sichtkontrolle haben. Liegt ein Mann mit geschlossenen Augen auf einer Massageliege und genießt stimulierende Berührungen, kann er oft nicht genau sagen, wann die Erektion anfängt oder abklingt.

Die zunehmende Durchblutung einer Körperregion als Zeichen zum Beispiel von Erregung wird von Männern wie Frauen im Einzelfall sehr unterschiedlich wahrgenommen und beschrieben. Manchen wird warm, andere spüren, dass etwas anschwillt, und wieder andere sprechen von einer Art Druck oder einem Kribbeln. Gefühlte Erregung wird so verschieden erlebt, wie Menschen nun einmal sind. Männern präsentiert sich das Ergebnis ihrer Erregung buchstäblich in Form einer Messlatte. Jeder weiß, dass ein steifes Glied das unübersehbare Resultat einer lokal stark angestiegenen Durchblutung ist. Welche

> Das Unglück der Deutschen ist, dass sie glauben, das Wort »Erotik« käme von »erröten« ...
> *Anton Kuh*

Indikatoren finden sich aber bei der Frau? Wie im vorigen Kapitel beschrieben, haben Penis und Klitoris grundsätzlich einen ähnlichen Aufbau. Auch die Frau verfügt demnach über Schwellkörper und kann erigieren. Wird der Erregungsreflex ausgelöst, nimmt ihre Durchblutung zu. Auch die Vaginalwände sind vermehrt durchblutet und beginnen darum zu »schwitzen«. Dieses Feuchtwerden bei steigender Erregung wird *Lubrikation* genannt. Der Begriff stammt aus dem Lateinischen und bedeutet »schlüpfrig machen«. Forscht man nach, findet man als Erklärung für Wörter wie *schlüpfrig* oder *glitschig* die Beschreibung »mit einer die Reibung mindernden Substanz überzogen«. Der Name ist also Programm, denn die Lubrikation mindert in der Tat die Reibung zwischen Penis und Vagina beim Geschlechtsakt. Auch der Penis tropft vor Erregung zum Zweck verbesserter Gleitfähigkeit, und zwar in Form von feinen Tröpfchen, die als »Bonjour-Tröpfchen« oder als »Lust-« beziehungsweise »Sehnsuchtstropfen« bezeichnet werden. Diese »Schlüpfrigkeit« hat im Laufe der Zeit als sexueller Begriff eine negative Wertung erfahren – sie gilt als anstößig, unanständig, unzüchtig, obszön, liederlich, sittenlos und ungebührlich. Dabei ist das Feuchtwerden einfach ein guter und schöner Hinweis auf wachsende Erregung. Entgegen einer weit verbreiteten Ansicht funktioniert die Lubrikation übrigens auch nach der Menopause. Sie hängt nämlich mit der Erregung und nicht mit dem Alter zusammen. Rosige Aussichten!

Es gibt eine ganze Reihe weiterer Reaktionen des Körpers, die bei Erregung auftreten. Die Lippen werden ebenso sensibler wie die sich dabei aufrichtenden Brustwarzen. Man atmet schneller, und die Herzfrequenz steigt. Die Stimmlage verändert sich, die Aufmerksamkeit wird fokussiert, und die allgemeine Sensibilität nimmt zu, während das Schmerzempfinden abnimmt. Man agiert lebendiger und mit mehr Energie. Ein schönes Gefühl breitet sich im Körper aus, die Kontrolle verringert sich – die Aufzählung ließe sich fortsetzen.

Der Erregungsreflex ist ein starker Reflex, und um ihn auszulösen, bedarf es manchmal nur sehr wenig. Der Hauch einer Sinneswahrnehmung kann reichen. Eine schöne Stimme am Telefon wirkt sexuell ebenso anziehend wie ein Duft oder eine Berührung. Viele Frauen allerdings müssen zunächst, wie schon erwähnt, ihre Aufmerksamkeit schärfen, um ihre Erregung körperlich wahrnehmen zu können. Ist das geschehen, sind sie dann häufig überrascht, wie oft sich ihr Genital meldet. Das schöne Gefühl etwa beim Fahrradfahren oder Spazierengehen ist ihnen wohlbekannt, nur hätten sie nie gedacht, dass es sich dabei um Erregung handelt. Dazu braucht man eben, neben einer gewissen Aufmerksamkeit für die eigenen genitalen Aktivitäten und Reaktionen, auch die Erlaubnis des Großhirns. Nicht umsonst sagen manche, das größte Sexualorgan des Menschen sei das Gehirn. Vieles, was mit Sexualität zu tun hat, spielt sich im Oberstübchen ab.

Reizende Checkliste Es kann sehr aufschlussreich, ja mitunter sogar anregend sein, eine Checkliste der kleinen Großartigkeiten anzulegen, die man beim ersten Kennenlernen so erregend am Partner fand.

Wie bewegt sie sich? Wie verläuft der Schwung ihrer Lippen? Was löst der Gedanke an die Wölbung ihrer Brüste aus? Wie sehen ihre weiblichen Rundungen aus – war ihr Hintern nicht immer schon ein Blickfang? Wie bewegt sie sich auf hohen Schuhen und im Abendkleid? Wie zeichnen sich ihre Brustwarzen unter dem T-Shirt ab, wenn sie keinen BH trägt? Und ihre Kurven: Wie schmiegt sich ihr Körper an deinen, wenn sie bei dir im Arm liegt? Wie weich ist ihr Haar? Wie duftet sie? Was macht ihr sanfter Tonfall mit dir? Was sieht beim Sex besonders geil an ihr aus, und was macht sie dabei für Geräusche?

Wie ist die Form seiner starken Hände? Was prägt sein männliches Profil? Was bewirken die Gedanken an seinen kantigen Kiefer? Wo hat die Zeit kleine Lieblingsfältchen ins Gesicht gezeichnet? Wie sehen seine Lenden aus – sind sie muskulös, oder übt gerade der kleine Bauchansatz einen besonderen Reiz aus? Wie bewegen sich seine Muskeln, wenn er die Getränkekiste aus dem Auto hebt? Welche Anziehungskraft hat die kleine Wölbung in der Jogging-hose? Was für eine Wirkung hat seine tiefe Stimme? Wie fühlt es sich an, wenn du den Kopf beim Fernsehgucken auf seine Brust legst? Was passiert im Bett? Was schreit förmlich danach, ange-fasst zu werden – und wie geht es dann weiter?

Na – was ist von den alten Reizen geblieben?

ES MUNKELT ZWISCHEN DEN OHREN

Das Gehirn als Schalt-, Verknüpfungs- und Wahrnehmungsinstanz spielt eine zentrale Rolle für die Erregung. Die Vorgänge sind kom-plex, lassen sich aber veranschaulichen, indem man Bekanntschaft mit einem auf den ersten Blick etwas unproportioniert wirkenden Wesen schließt, dem Homunkulus. Er ist ein Abbild aller sensorisch

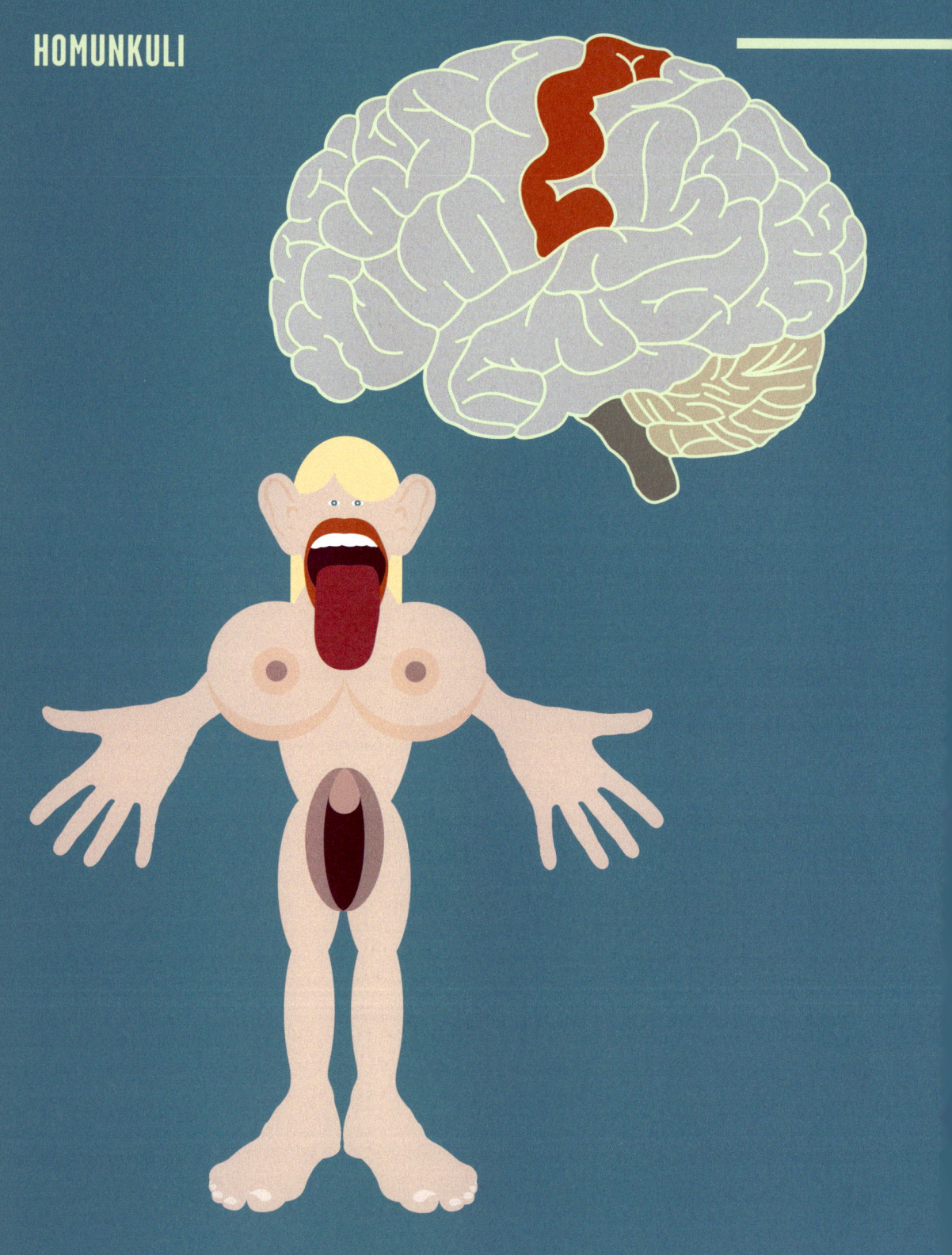

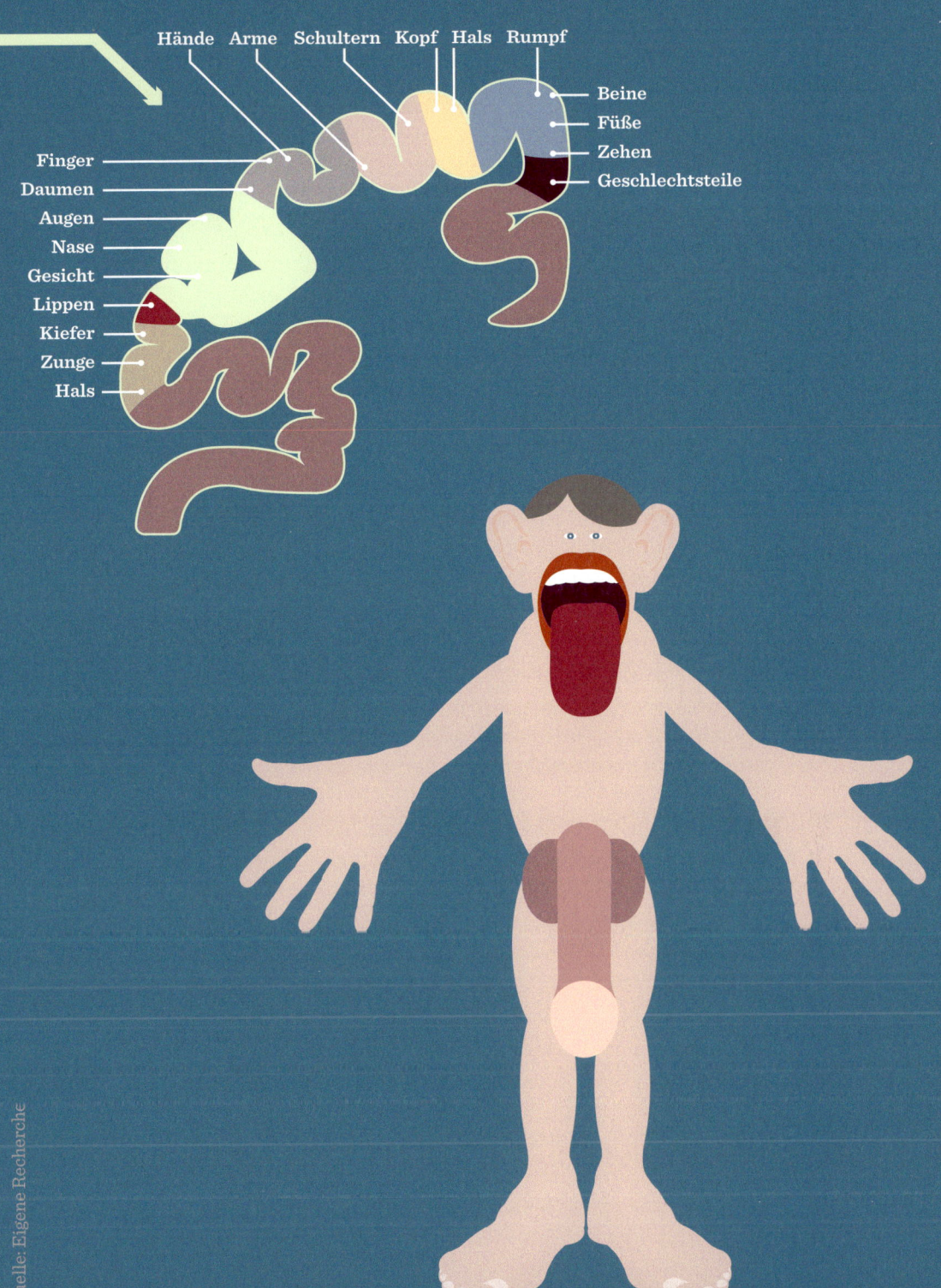

Hände   Arme   Schultern   Kopf   Hals   Rumpf

Beine
Füße
Zehen
Geschlechtsteile

Finger
Daumen
Augen
Nase
Gesicht
Lippen
Kiefer
Zunge
Hals

Quelle: Eigene Recherche

mit dem Gehirn verknüpften Körperteile des Menschen. Bereiche, die öfter berührt werden, senden mehr Informationen an die Nervenzentrale als andere. Dementsprechend groß sind beispielsweise die Lippen, die unzählig viele Nervenleitungen zum Gehirn haben. Im Gegensatz dazu wirken zum Beispiel die Oberschenkel winzig, was die undifferenzierte Wahrnehmung von Berührungen an dieser Stelle des Körpers abbildet. Bemerkenswert am Homunkulus sind außerdem der große Penis und seine noch mehr Raum einnehmende Rieseneichel. Damit wird endlich deutlich, warum es heißt, das Gehirn sei das größte Sexualorgan des Menschen. Was oben nicht ankommt, bleibt unten ohne Empfindung.

Der heterosexuelle Homunkulus hat übrigens auch eine Frau, die allerdings weit weniger in der Öffentlichkeit steht: Die Homunkuline ist, was die Ausbildung von Körperbereichen mit vielen Nervenverbindungen betrifft, ebenso gut ausgestattet wie ihr männlicher Gegenpart. Auch sie hat große Hände, eine überproportionierte Zunge, volle Lippen, riesige Brustwarzen und eine ganz beachtliche Klitoris – und wie seit Untersuchungen von Komisaruk und Whipple bekannt ist, auch eine beachtliche Vagina und einen ausgeprägten Gebärmutterhals.

Der Mensch wird mit rund 125 000 000 000 Gehirnzellen geboren, die bei der Geburt zum größten Teil noch nicht miteinander verbunden sind. Neue Zellverbindungen, sogenannte Synapsen, entstehen pausenlos. Unablässig ist das hochdynamische Gehirn damit beschäftigt, neue Verbindungen zu knüpfen und alte stillzulegen. Gedanken, Erfahrungen, Eindrücke hinterlassen alle ihre Spuren und verändern das Gehirn. Aus diesem Grund entwickelt sich jeder Mensch individuell. Will man Veränderungen im Gehirn herbeiführen, also beispielsweise dazu- oder umlernen, muss man üben, das heißt etwas so lange wiederholen, bis es als neuronales Muster abgespeichert wird. So kann man seinem Gehirn, wenn es gesund bleibt, bis ins hohe Alter Erstaunliches abverlangen – also auch sexuell die Weichen noch einmal umstellen oder völlig neue Wege gehen.

DER ORGASMUS, EIN REFLEX MIT ZWEI GESICHTERN

Wer ausprobiert und erfährt, wie er seine Erregung genussvoll steigern kann, löst an einem bestimmten Punkt einen weiteren Reflex aus, den Orgasmusreflex. Der viel besprochene und oft herbeigesehnte sexuelle Höhepunkt ist also die unwillkürliche Konsequenz einer maximalen Erregungsleistung. Meist wünschen sich Frauen, dass dieser Reflex sich bei ihnen einfacher auslösen ließe, während Männer ihn tendenziell gern etwas hinauszögern würden. Glücklicherweise kann man genau das lernen.

Viele Menschen tun *unbewusst* mit ihrem Körper Dinge, die für ihre Erregung nicht förderlich sind. Das gilt es herauszufinden, um daraufhin *bewusst* den eigenen Körper so einzusetzen, dass seine Erregung gesteigert oder gedämpft wird, ganz wie man mag. Um das zu verstehen, muss jeder sich zunächst einmal ein Bild von seiner ganz persönlichen Erregung machen.

Der Erregungsreflex (ER) ist inzwischen hinlänglich bekannt. In der Grafik auf der nächsten Seite sieht man den *Point of no Return*. An diesem Punkt wird der zweite Reflex ausgelöst, der Orgasmus (OR), vorausgesetzt, man ist ausreichend erregt. Den Weg zwischen den beiden Reflexen bringt sich jeder selbst bei. Zum Beispiel spürt man ein gewisses Kribbeln und bekommt Lust, sich anzufassen (ER). Man reibt, drückt, kitzelt oder rubbelt sich über eine gewisse Zeit einem Höhepunkt (OR) entgegen. Die genitale Erregung währenddessen ist in der Grafik als rosa Kurve dargestellt. Gleichzeitig aber fühlt der Mensch. Emotionen sind immer mit von der Partie, von Schuld über Freude bis zu Schmerz oder Lust, um nur ein paar zu nennen. Sie werden durch die rote Kurve abgebildet. Dabei wird deutlich, dass man zwei Kurven benötigt, um das individuelle sexuelle Erleben beschreiben zu können, und dass diese beiden Kurven unabhängig voneinander einen ganz verschiedenen Verlauf nehmen können, wie zum Beispiel in der abgebildeten Grafik, die das klassische Debakel eines Mannes illustriert, der zu früh kommt. Seine körperliche, genitale, Erregung schnellt in die Höhe, das heißt, er kommt nach kürzester Zeit zum Orgasmus. Danach fällt die Erregungskurve sofort wieder ab. Die Kurve der emotionalen Erregung, die das Genusserlebnis abbildet, steigt hingegen von Anfang an nur mäßig an, weil der Mann bereits weiß, dass er wahrscheinlich wieder zu schnell den *Point of no Return* erreichen wird. Derartige Befürchtungen oder Sorgen dämpfen die Lust und lassen die emotionale Erregungskurve flach ausfallen. Häufig verspannt sich der Schnellkommer deshalb auch noch und stellt damit unbewusst die Weichen erst recht in die unerwünschte Richtung.

Auch bei einer Frau mit Orgasmusschwierigkeiten haben die beiden Erregungskurven in der Regel einen typischen Verlauf. Zunächst wachsen genitale und emotionale Erregung ungefähr im gleichen Maß. Weil die Frau ihre körperliche Erregung aber nicht bis zum Auslösen

Das ist Genuss, wenn zugleich Mann ihn empfindet und Weib. *Ovid*

ERREGUNGSKURVEN
Die beiden Kurven zeigen individuelle Erregungsmuster

Genitale Erregung

Emotionale Erregung

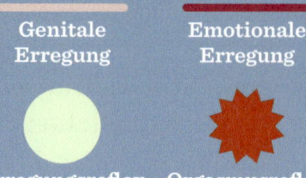

Erregungsreflex

Orgasmusreflex

Intensität

Point of no Return ·

Diese Person kommt zu früh

Dauer

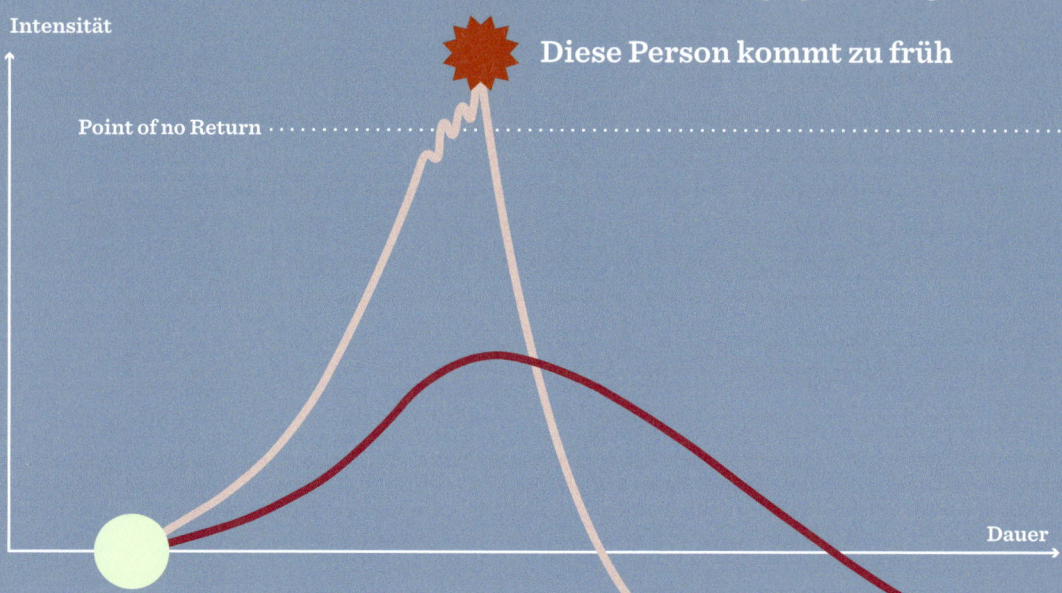

Intensität

Point of no Return ·

... und diese gar nicht

Dauer

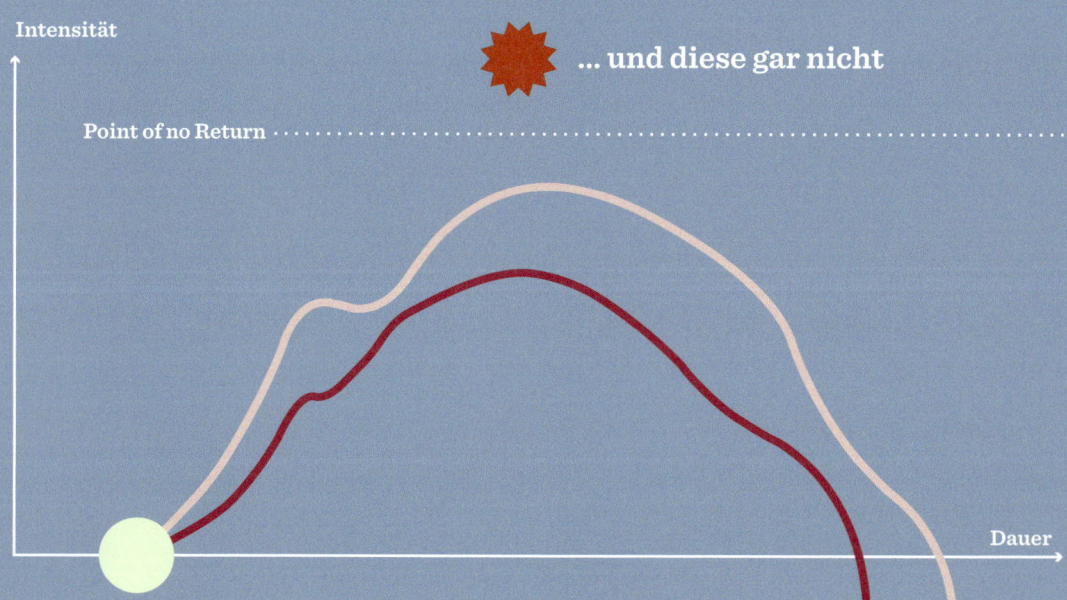

des Reflexes steigern kann, flacht die genitale Kurve wieder ab. Gleich darauf fällt dann oft die emotionale Kurve abrupt, wenn sich die Enttäuschung darüber einstellt, den Höhepunkt nicht erreichen zu können. Da ist dann kein Platz mehr für Lustgewinn. Zusammenfassend könnte man sagen: *genital zu wenig erregt und emotional frustriert*. Für viele Frauen sind derartige Kurvenverläufe nichts Ungewöhnliches, und manche stört es auch nicht, wenn sie mal keinen Orgasmus bekommen, weil sie die Erregung dennoch sehr genießen. Manche erreichen zwar einen Orgasmus, müssen sich dafür aber so anstrengen, dass die emotionale Kurve flach verläuft. Andere hingegen kennen diesen Höhepunkt überhaupt nicht. Fast jede dritte Frau hat es nicht gelernt, sich nach dem ausgelösten Erregungsreflex bis zum Orgasmus zu bewegen. Verunsichert sind in solchen Konstellationen dann allerdings häufig die Partner, weil sie das Gefühl haben, ihre Frau sexuell nicht vollkommen befriedigen zu können.

> Wer einen Unterschied zwischen Leib und Seele macht, besitzt keines von beiden.
> *Oscar Wilde*

Heiße Kurven oder steiler Zahn?   Wie sehen die eigenen Erregungskurven aus?

Wer Lust hat, kann in sich hineinfühlen und anschließend seine Kurven in das Erregung-Zeit-Koordinatenkreuz einzeichnen. Bei diesem Experiment können folgende Fragen eine Hilfestellung sein: Was passiert während der Erregung körperlich mit mir? Kann ich mich überall gut spüren? Erreiche ich einen Orgasmus, und wenn ja, wo spielt er sich ab? Wie nehme ich ihn wahr? Wenn nicht, an welcher Stelle schwindet die Erregung wieder? Wie fühlt sich das körperlich an, und was passiert mit meiner Lust?

Würde ich für mich bei der Selbstbefriedigung die gleichen Kurven zeichnen wie beim Sex mit dem Partner? Oder was ist anders?

Spannend kann es auch sein, die Kurven des Partners zu Gesicht zu bekommen und mit den eigenen zu vergleichen. Und seid nicht überrascht, wenn bei dieser Kurvendiskussion zur Sprache kommt, dass einer von euch auf dem Weg zum Orgasmus verloren geht.

KÖRPER, DU GEHST MIR AUF DEN GEIST!

Körper, Geist und Seele sind untrennbar miteinander verbunden und befinden sich in ständiger Interaktion. Zu sehen ist aber nur der Körper, weswegen er dem Ganzen seinen Namen leiht. Der Körper wiederum lässt sich auf zwei Ebenen beschreiben. Nach außen zeigt der *explizite Körper* gut sichtbare, physiologische Reaktionen wie beispielsweise Hautrötungen, Atmung, Schwitzen, Erektion, Gänsehaut und dergleichen mehr. In denselben Bereich des Physiologischen fallen auch Bewegung, Sprache, Haltung und alles andere, was man beobachten kann. Psychische Abläufe wie Emotionen, Vorstellungen, Gedanken und Wahrnehmungen hingegen spielen sich im Innern, dem *impliziten Körper* ab. Das Interessante daran ist: Alles, was drinnen geschieht, spiegelt sich draußen wider und umgekehrt. Das ist allerdings den wenigsten bewusst. So hat jede Emotion eine sichtbare Reaktion des expliziten Körpers zur Folge, während eine Veränderung der Muskelspannung oder Haltung ihrerseits einen Effekt auf die innere Wahrnehmung und die Emotionen ausübt. Deshalb ist es praktisch unmöglich, eine geduckte Haltung mit verkrampften, angespannten Schultern einzunehmen und gleichzeitig strahlend gut gelaunt zu sein.

Der Teint der Frauen war früher besser. Das kam von der kräftigen Durchblutung durch gelegentliches Erröten. *Maurice Chevalier*

Die Sonne im Gesicht Ein kleiner Selbstversuch, der dir zeigen soll, wie dein Körper mit sich selbst kommuniziert:

Stell dir vor, die Sonne scheint dir ins Gesicht. Das ist angenehm, die Wärme tut gut. Breite die Arme aus, strecke sie der Sonne entgegen und lächle. Denke nun an einen grauen Regentag. Du begegnest jemandem, den du nicht magst. Versuche dabei, dein Lächeln zu halten. Gelingt dir das? Oder spürst du einen Impuls, deine Haltung oder Mimik zu ändern?

Wer diese Übung ein paar Mal wiederholt, merkt, wie wichtig es ist, das Wechselspiel zwischen den beiden Körperebenen zu kennen.

Jede Gemütsregung oder Veränderung der Körperspannung wird von den Nervenzellen erfasst und an das Gehirn weitergeleitet. Hier wird abgeglichen und bewertet, ehe das Signal für ein Gefühl oder Verhalten gegeben wird. In den meisten Fällen lässt sich nicht nachvollziehen, was zuerst da war – die Gedanken, die Gefühle oder doch der Körper im Raum. Dennoch ist es gut, über diese Zusammenhänge Bescheid zu wissen, auch in Bezug auf Sexualität und Erregung. Viele Menschen bemerken gar nicht, welche ungünstigen körperlichen Verhaltensmuster sich bei ihnen eingespielt haben. Sie laufen mit vorgeschobenem Becken, hängenden Schultern, hervorstehenden

Bäuchen, verbissenen Kiefern und dergleichen Stimmungshemmern herum und wundern sich über ihre Miesepetrigkeit oder permanente Gereiztheit. Eine zentrierte, gerade Körperhaltung mit angenehm entspannter Muskulatur hingegen schafft die Voraussetzung für deutlich mehr positive Lebensenergie, auch in Form von mehr sexuellem Gefühl.

ALLER GUTEN DINGE SIND DREI

Was kann man körperlich unternehmen, um seine Erregung zu verbessern? Wie kann man lernen, sie zu steuern? Antworten auf diese Fragen bietet das Konzept des *Sexocorporel* mit seinen *drei Gesetzmäßigkeiten des Körpers*. Wer sie kennt und beachtet, gewinnt Einfluss auf die Durchblutung der Genitalien und damit auch auf den Verlauf der Erregung. Ausgangspunkt ist die Feststellung, dass Körperbewegung nach bestimmten Regeln geschieht, die der physikalischen Realität entsprechen. Dabei spielen Muskelspannung (Tonus), die Geschwindigkeit, mit der man etwas macht (Tempo) und der Raum, den man mit dem Körper einnimmt, die Hauptrollen, und sie beeinflussen sich wechselseitig. Damit lassen sich alle Bewegungen und Emotionen beschreiben, und dadurch hat der Körper auch so großen Einfluss auf die Erregung und darauf, wie lust- und genussvoll diese erlebt wird.

Sexocorporel Mit dem Konzept von *Sexocorporel* entwickelte der Kanadier Jean-Yves Desjardins, unter Berücksichtigung bisheriger sexualtherapeutischer Forschungen, eine eigene Therapieform. Er gründete 1968 in Montréal an der Universität von Québec das Département de séxologie, die erste sexologische Fakultät weltweit. Sexocorporel betrachtet den Menschen als untrennbare körperliche und seelische Einheit und geht davon aus, dass Sexualität in ihrer ganzen Vielfalt und der Genuss daran nicht angeboren sind, sondern ein Leben lang gelernt werden. Dabei wird der Blick dahin gerichtet, wo Sex und Genuss entstehen und erlebt werden, nämlich auf den Körper.

WIE BEEINFLUSST MAN DIE GESETZMÄSSIGKEITEN DES KÖRPERS?

Muskelspannung: Muskeln können ganz bewusst über einen kurzen oder längeren Zeitraum mehr oder weniger angespannt werden. *Experten sagen: Hier ist Variation oft mehr.*
Geschwindigkeit: Bewegungen lassen sich schnell oder langsam ausführen. *Erfahrung zeigt: In der Ruhe liegt die Lust.*
Raum: Man kann mit dem Körper mehr oder weniger Platz einnehmen. *Untersuchungen belegen: Mehr ist hier oft mehr.*

Die drei Möglichkeiten, den Körper zu bewegen und zu kontrollieren, lassen sich auf unterschiedliche Art kombinieren. Um Erregung und Lust zu spüren, sind einige Kombinationen empfehlenswerter als andere. So ist es zum Beispiel keine gute Idee, viele Muskeln über eine längere Zeit anzuspannen und dabei immer die gleichen schnellen, kurzen Bewegungen zu machen, mit denen man lediglich mechanische Reibung erzeugt. Wer dazu noch die Luft anhält, spürt garantiert so wenig wie möglich. Leider tendieren beim Sex sehr viele Menschen dazu, sich genau auf diese Weise zu verhalten. Dabei böte ein gelungener Mix aus Anspannung und Entspannung den Sexhabenden größeren Genuss und wäre zudem ein effektiver Erregungsverstärker. Denn die Erregung wird durch Entspannung und Atmung auf ihre Reise durch den Körper geschickt, man nennt das *Diffusion*. Wahrnehmungen und Gefühle breiten sich auf diese Weise angenehm im ganzen Körper aus. Spannt man dann bestimmte Muskeln im Beckenraum gezielt an, kann die vorhandene Erregung tatsächlich konzentriert und gesteigert werden; dieses Phänomen heißt *Kanalisierung*: Alles wird auf einen Punkt gebracht. Dabei ist allerdings Fingerspitzengefühl gefragt, denn zu frühe oder zu lange Anspannung bereitet dem Genießen ein jähes Ende!

Diese Maus hat gelernt, dass der rote Schalter bei ihr im Gehirn einen elektrischen Stimulus auslöst, der in etwa dem sexuellen Höhepunkt entspricht, während sie mit dem blauen Schalter Futter bekommen würde. Unser Kandidat hier hat seit drei Tagen nichts gegessen.
I.Q. – Liebe ist relativ

Das Spielen mit Tonus, Tempo und Raum ist, wie das Anfahren am Berg, reine Übungssache. Je mehr man übt, desto besser kann man die Erregung steuern, mal mehr Gas geben und dann wieder bremsen. Nicht alle spüren gleich schnell, aber jeder kann ein Gefühl dafür entwickeln. Das ist ein Lernprozess, der Zeit und Muße braucht und nicht mit ein paar Übungen an wenigen Tagen abgeschlossen ist. Allerdings berichten viele, die es probiert haben, dass sich schon bald etwas verändert, zum Beispiel, dass der Orgasmus viel intensiver wird und länger anhält. Ideale Übungsmöglichkeiten bietet der Sex mit sich selbst. Entgegen der weit verbreiteten Vorstellung, Selbstbefriedigung sei nur etwas für Teenager, empfiehlt sie sich nämlich für jedes Alter. Die meisten beginnen in der Pubertät damit, sich regelmäßig selbst anzufassen, nur hören gerade viele Frauen später wieder damit auf, sich körperlich zu erkunden, oder fangen erst gar nicht damit an. Noch immer denken viele, Selbstbefriedigung gehöre sich nicht und sei auch gar nicht nötig, wenn man einen Partner hat. Natürlich ist sie nicht nötig, aber man bringt sich so um den Spaß an der Sache. Außerdem hat man vom Sex mit dem Partner mehr, wenn man sich selbst gut kennt und spüren kann. Denn beim Masturbieren eignet man sich manches an, was auch Einfluss auf den Sex mit anderen Menschen hat, weil dabei Muster im Gehirn entstehen.

Streicheleinheit   Wie wichtig Durchblutung für die Ausbreitung der Erregung im Körper ist, zeigt ein einfacher Selbstversuch:

Zunächst macht man mit der rechten Hand eine kräftige Faust und spannt dann den Arm derselben Seite bis in die Schulter maximal an. Nun beginnt man vorsichtig, mit der anderen Hand den harten Arm zu streicheln. Wie fühlt sich diese Berührung an? Wo fühlt man sie? Breitet sie sich aus? Möchte man gern mehr oder anders gestreichelt werden? Nachdem man diesen Fragen nachgespürt und sie für sich beantwortet hat, löst man die Anspannung wieder.

Nun ist der andere Arm an der Reihe, der aber nicht angespannt wird, sondern so entspannt wie möglich auf dem eigenen Bauch oder dem Oberschenkel ruht. Wieder beginnt man mit der Streicheleinheit, stellt sich die gleichen Fragen wie zuvor und vergleicht das Gefühl mit dem vorherigen.

In den meisten Fällen wird ein deutlicher Unterschied zwischen angespanntem und entspanntem Arm wahrgenommen. Das Streicheln des lockeren Arms wird oft als angenehmer empfunden, und dieses Gefühl breitet sich manchmal bis in den Nacken aus. Für zusätzlichen Genuss kann man die Zellen mit einer Extraportion Sauerstoff zu noch mehr Leitungs- und Leistungsvermögen verführen. Dazu atmet man einige Male tief durch und bewegt dabei den Arm und den Oberkörper leicht – wie in kleinen Wellen. Auf diese Weise lässt sich das wohlige Schaudern sogar bis in die Beine spüren. Die Übung zeigt uns, wie entspannt sich Erregung im ganzen Körper verteilen kann.

UND WIE MACHST DU'S?

Wie bereits erwähnt, wird der persönliche Weg zwischen Erregungs- und Orgasmusreflex, also die kontinuierliche Steigerung der Erregung bis zum Höhepunkt, von jedem Einzelnen individuell gelernt. Man könnte behaupten, es sei letztlich Zufall, zu welcher Sorte von Erregungssteigerer ein Mensch wird. Dabei gibt es zwar unzählige Techniken, mit Hilfsmitteln oder ohne, aber anhand des körperlichen Verhaltens lassen sich, nach Sexocorporel, vier Grundmodi unterscheiden.

MODUS 1: DIE DRUCKMACHER (DER ARCHAISCHE MODUS)

Diese Gruppe steigert ihre Erregung über Anspannung und Druck. Vor allem Frauen – etwa ein Drittel von ihnen – nutzen diese Methode gern. Oft liegen sie dabei auf dem Bauch und halten die Beine übereinandergeschlagen. Dabei bewegen sie sich kaum, sondern üben meist nur Druck auf die Geschlechtsregion aus. Einige können so sehr schnell und wirkungsvoll zum Orgasmus kommen und geben an, danach herrlich entspannt zu sein. Andere führt ihr Weg in die sexualtherapeutische Praxis, wo sie dann erklären: »Ja, ich glaube, dass ich gekommen bin. Es war jedenfalls so ein anderes Gefühl, ganz kurz ...« Manche haben auf diese Weise

Selbst mein Opa liebt Onanie.
Trailerpark

noch nie einen Orgasmus erreicht. Die Druckmacher-Erregungssteigerung, so gut sie funktioniert, hat ihre Grenzen, weil die Erregung sich aufgrund der lang anhaltenden, hohen Muskelspannung nicht gut im Körper verteilen kann. Anwender dieser Methode beschreiben sie daher oft als nicht sonderlich genussvoll. Wer sich beigebracht hat, sich über viel Druck zu stimulieren, bekommt manchmal Schwierigkeiten beim Sex mit einem Partner. Die Erregung kann dann nämlich manchmal ein gewisses Niveau nicht überschreiten, weil auf einmal ganz andere Bewegungen und Muskelreaktionen ins Spiel kommen als von der Selbstbefriedigung gewohnt.

MODUS 2: DIE RUBBLER (DER MECHANISCHE MODUS)

Eine andere Art, seine Erregung zu steigern, ist das mechanische Reiben des Genitals. In der Rubbler-Kategorie sind mehr Männer als Frauen vertreten. Generell ist Reibung der am weitesten verbreitete Modus der Erregungssteigerung bei allen Menschen. Hierbei ist die Muskelspannung ebenfalls hoch, allerdings geht es hauptsächlich um mechanisches Reiben. Abgesehen von der Hand wird bei dieser Erregungsvariante kaum etwas bewegt. Gerade bei internetaffinen männlichen Teenagern erfreut sich dieser Modus großer Beliebtheit, und sie sagen von sich selbst: »Wir sind die Generation, die mit links wichst«, während sie mit der rechten Hand gleichzeitig per Maus durchs Web steuern. Auch immer mehr ältere Männer onanieren inzwischen vor dem Bildschirm und versuchen, durch noch intensiveres Reiben und immer extremere pornografische Inhalte die Erregung – und somit die Erektion – zu halten. Unabhängig vom Alter wird auf diese Art das bewegungsarme Rubbeln mit hoher Anspannung weiter geübt. In diesem Modus ist zwar einiges mehr an Lusterleben möglich als bei den Druckmachern, aber das volle Potenzial wird längst nicht ausgeschöpft.

> Masturbation ist Sex mit jemandem, den ich wirklich liebe.
> *Woody Allen*

MODUS 3: DIE FLIESSSCHLÄNGLER (DER ONDULIERENDE MODUS)

Diese Erregungsvariante besteht aus weichen, schlängelnden Bewegungen und kommt häufiger bei Frauen vor. Der Körper bewegt sich in alle Richtungen und hat im Gegensatz zu den vorangegangenen Modi weniger Spannung. So werden zwar viele Zellen aufgeweckt und sensibilisiert, ein sehr genussvoller Zustand. Die Erregung verteilt sich angenehm wie bei einer entspannenden Massage, kommt aber über ein bestimmtes Niveau nicht hinaus, denn es fehlt oft die nötige Kanalisation, um zum Orgasmus zu kommen. Männer, deren Partnerinnen diesen Modus bevorzugen, sagen oft: »Ich spüre sie gar nicht richtig.« Weibliche Fließschlängler beschreiben ihren Erregungsverlauf häufig mit den Worten: »Ich bin so erregt, unglaublich geil sogar, aber irgendwie kann ich es nicht auf den Punkt bringen.«

MODUS 4: DIE DOPPELSCHAUKLER (DER WELLENFÖRMIGE MODUS)

Dieser Modus lässt gezielte und lockere Bewegungen einander abwechseln und variiert zwischen schnellerem und langsamerem Tempo. Immer wieder wird tief geatmet. Das Ganze gleicht einem Spiel mit Muskeltonus, Tempo und Raum, und so kann die Erregung durch den ganzen Körper strömen. Über konzentrierte rhythmische Beckenbewegungen wird die Erregung gesteigert, um immer wieder innezuhalten, bevor sie den *Point of no Return* überschreitet. So entsteht eine perfekte Mischung aus Diffusion und Kanalisierung, sowohl im Unter- wie auch im Oberkörper. Im Fachjargon wird diese Bewegung als *doppelte Schaukel* bezeichnet.

Selbstverständlich gibt es auch alle möglichen Kombinationen dieser Selbsterregungsmodi. Die Unterteilung sollte lediglich dazu dienen, Zusammenhänge zu verdeutlichen, und dazu inspirieren, mit diesen Möglichkeiten zu spielen.

Die zentrale Körperregion für den Erregungsreflex – und damit auch für das Spiel mit Tonus, Tempo und Raum – ist der Beckenboden, der beim Sex für beide Geschlechter ungemein wichtig ist. Aufgemerkt, Männer, ihr habt auch einen! Man könnte den Beckenboden auch als die Mimose unter den Muskelgruppen bezeichnen, denn er reagiert äußerst sensibel auf Stress und Störungen jeglicher Art: Er kontrahiert, das heißt *ver*spannt sich schnell, wodurch seine Durchblutung reduziert wird und die Zellen mit weniger Sauerstoff versorgt werden. Dadurch schwindet das Gefühl für die gesamte Beckenregion. Übrigens reduziert sich bei verspanntem Beckenboden auch die natürliche Lubrikation der Frau, denn die wird durch die gesteigerte Durchblutung überhaupt erst ausgelöst.

> Ich bin unverfroren genug, mich dank meiner derben Neigungen für glücklicher zu halten als andere, weil ich davon überzeugt bin, dass mich diese Neigungen zu größerem Genuss befähigen.
> *Casanova*

Orgasmen im Affenzahn   Bonobo-Weibchen haben eine größere und besser sichtbare Klitoris als die meisten anderen Säugetiere. Eine heranwachsende Schimpansin wiegt etwa die Hälfte eines menschlichen Teenagers, hat aber dafür eine dreimal so große Klitoris, die beim Gehen unübersehbar mitschwingt. Im Schnitt alle zwei Stunden drücken und reiben die weiblichen Affen ihre Klitoriden für 10 bis 20 Sekunden aneinander. Dieses Verhalten geht mit lautem Kreischen und vermehrter klitoraler Durchblutung einher.

Insgesamt hat Erregung also viel mit Sinnesreizen und mit der Kommunikation zwischen Körper und Gehirn zu tun. Die Erregung an sich steht am Anfang eines Sexualisierungsprozesses, der das ganze Leben eines Menschen begleitet. Bildlich kann man sich das sexuelle System eines jeden Einzelnen und seine Entwicklung wie einen Baum vorstellen. Die Wurzeln stellen die zugrunde liegende Erregungsfähigkeit dar. Aus ihnen entwickelt sich ein zartes Pflänzchen, das im Laufe der Jahre einen kräftigen Stamm und immer mehr Äste und Zweige ausbildet und zahlreiche Blüten treibt. Ganz ähnlich entwickelt sich die sexuelle Persönlichkeit. Verschiedene Faktoren beeinflussen diesen Prozess. Der Mensch lernt, worauf er regiert, was er erregend findet – an sich und am Partner. Er bekommt ein Gespür für das eigene Geschlecht, entwickelt Techniken, Stellungen, Fantasien für intensiveren Genuss, lernt das Verführen und empfindet Liebe, Intimität, Freude. Dabei entsteht allmählich und im besten Fall sexuelle Selbstsicherheit. Das ganze System bleibt stets in Veränderung und entwickelt sich weiter.

Und im Alter, wenn der Körper sich erneut tiefgreifend verändert, gewinnen die Lernergebnisse der eigenen Sexualentwicklung noch einmal an Bedeutung. Sich gut erregen zu können wird dann wichtiger als je zuvor. Durch eine bewusste Anwendung der drei Gesetze des Körpers – Tonus, Rhythmus und Inanspruchnahme des Raumes – kann man absichtsvoll die eigene sexuelle Erregung beeinflussen, damit einen spürbar positiven Effekt erzielen und so eine qualitative Verbesserung beim Sex erreichen.

OLIVIA (48) & DANIEL (49)
FOTOGRAFIEN VON MARLENE MARINO

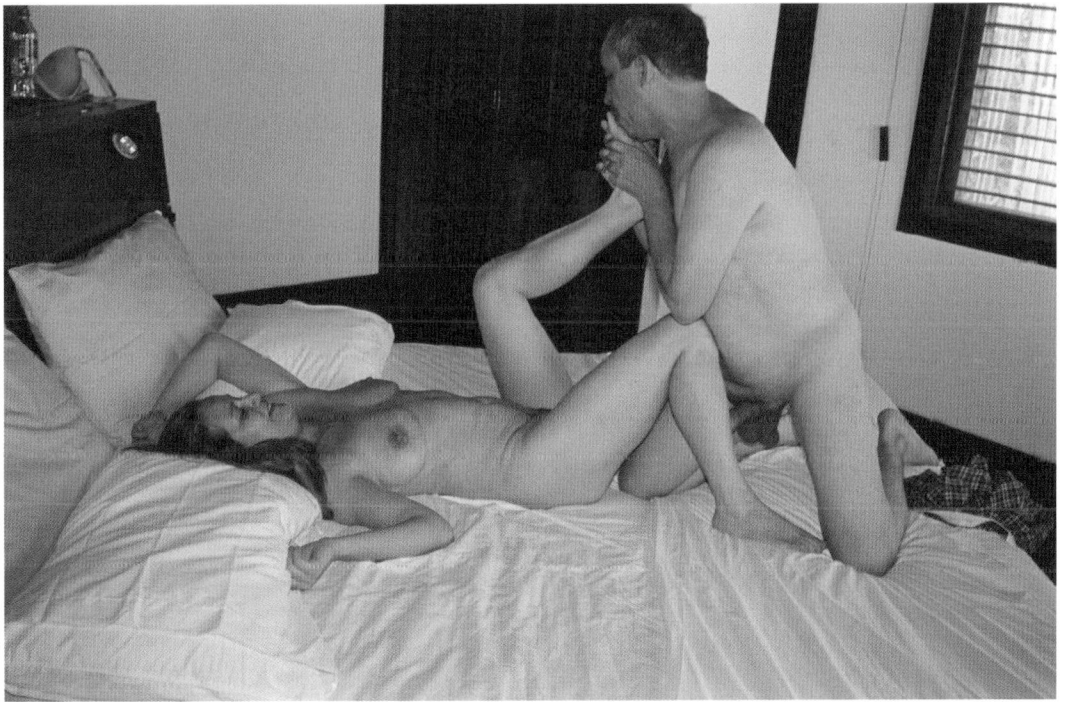

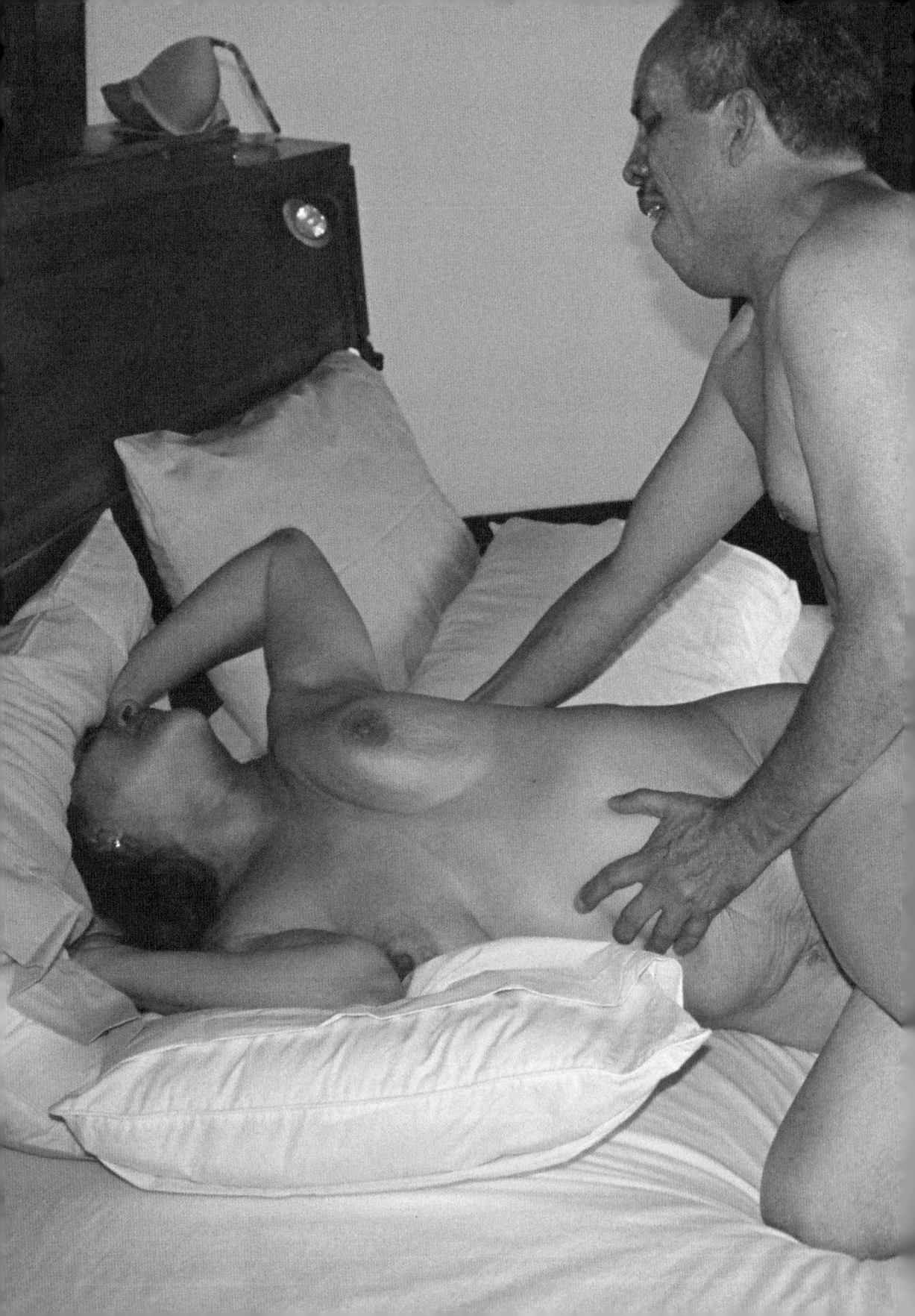

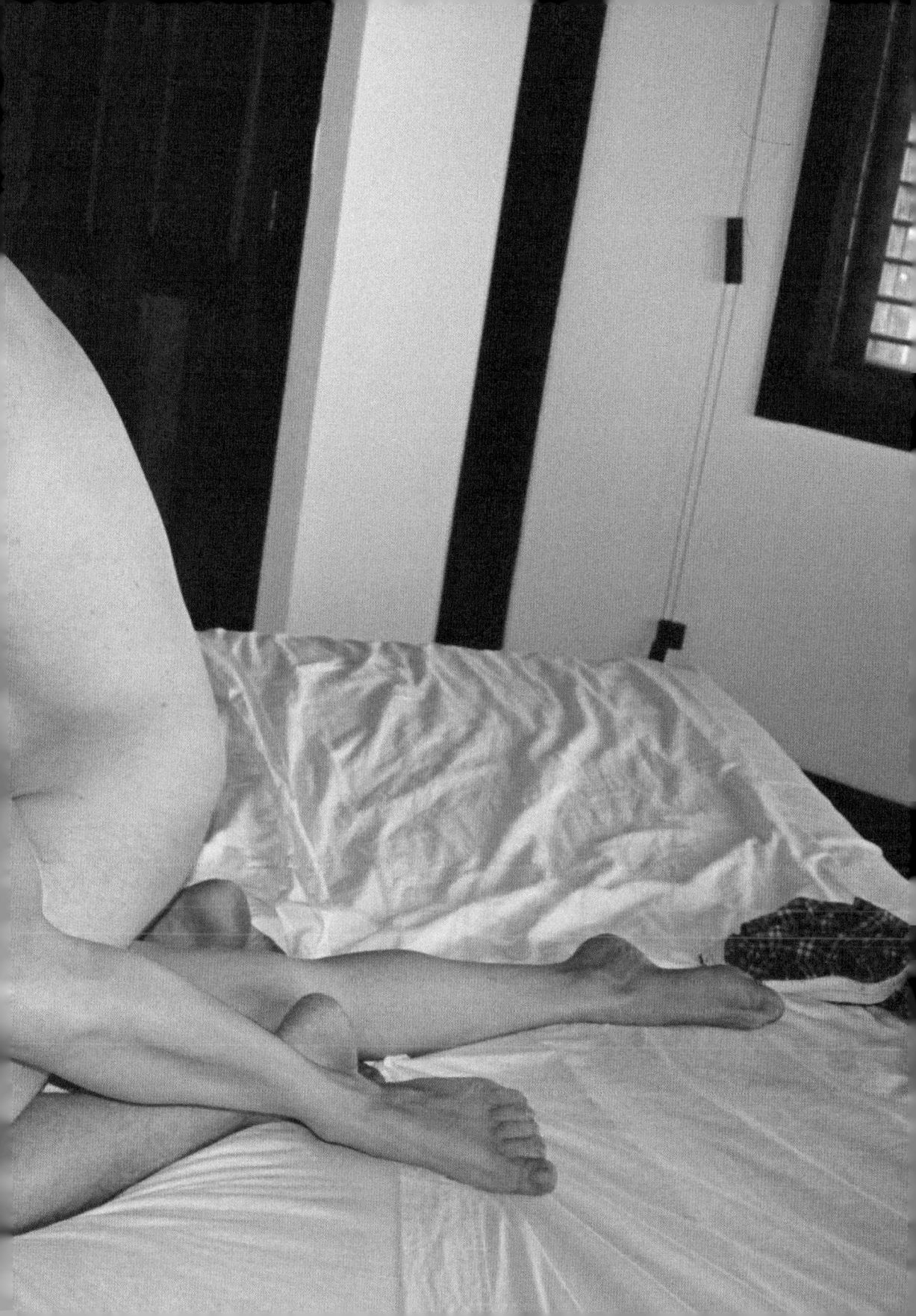

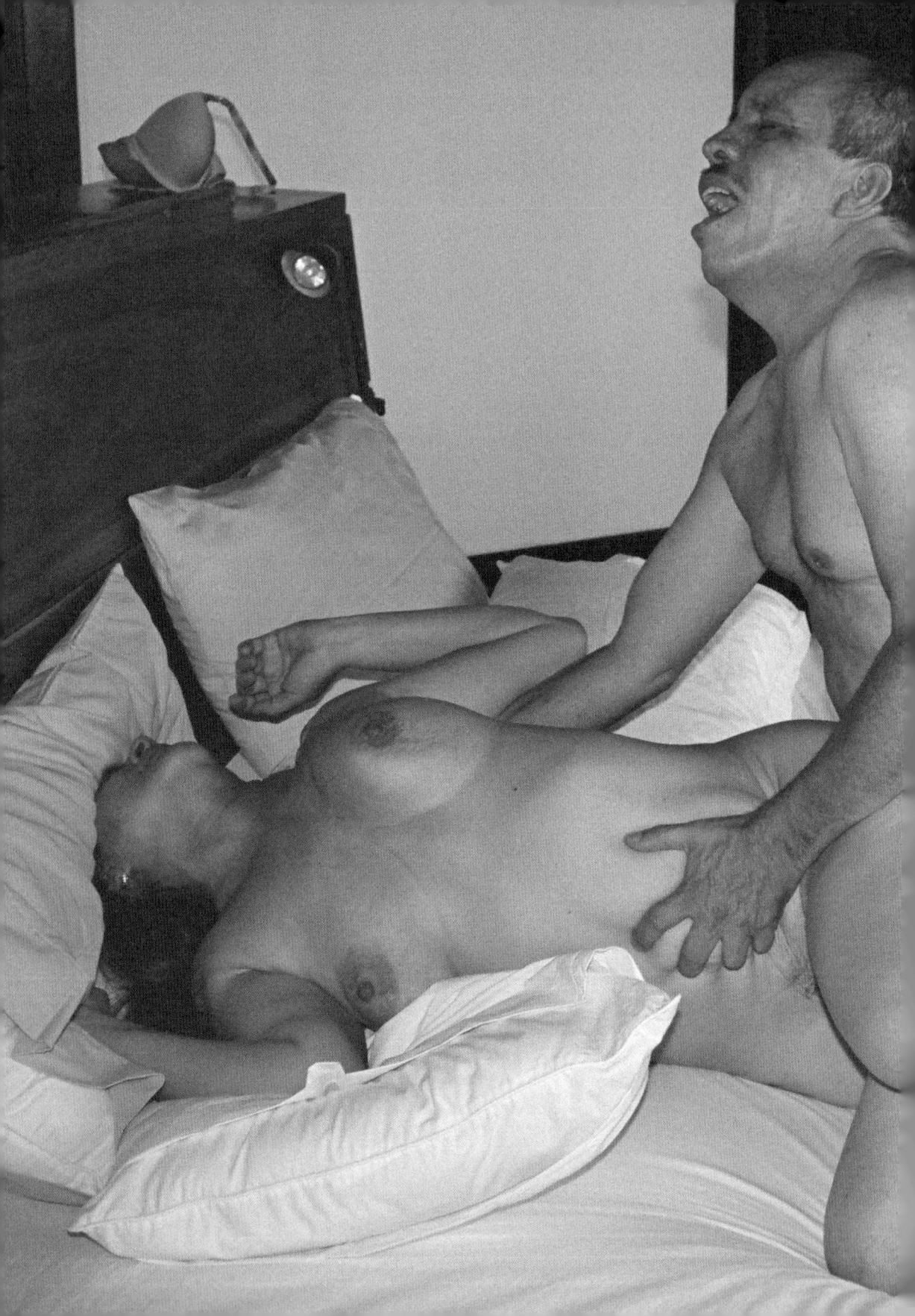

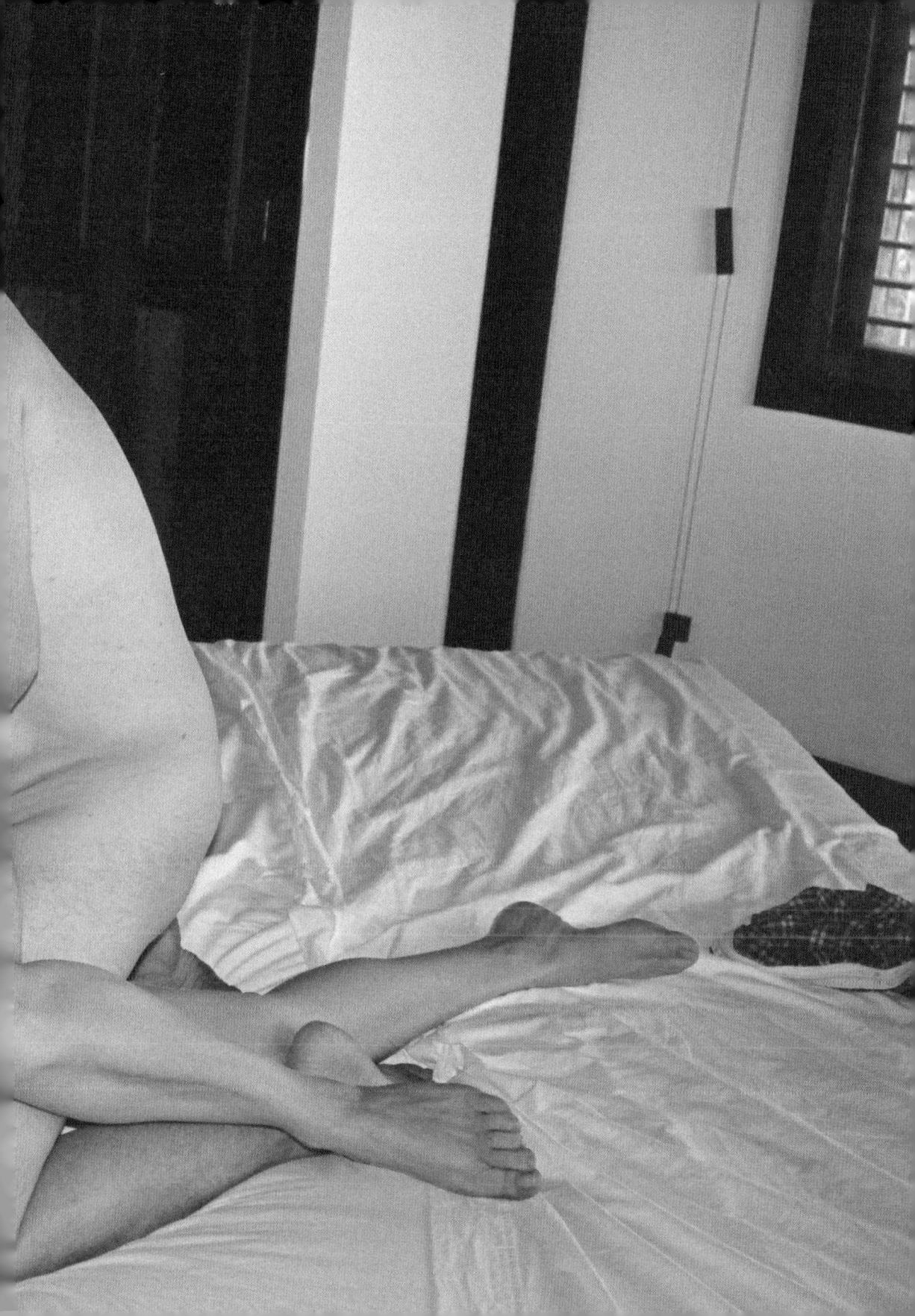

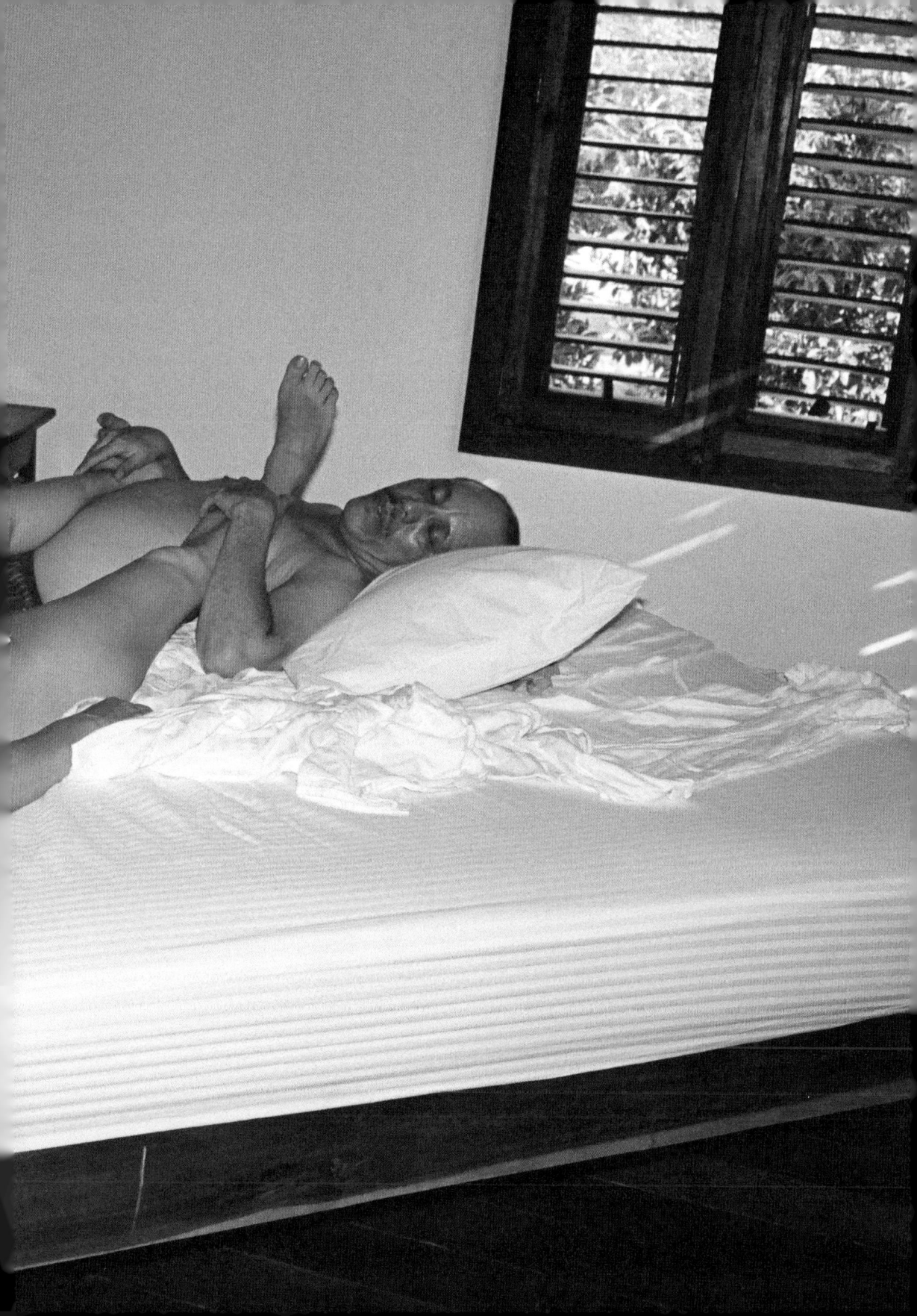

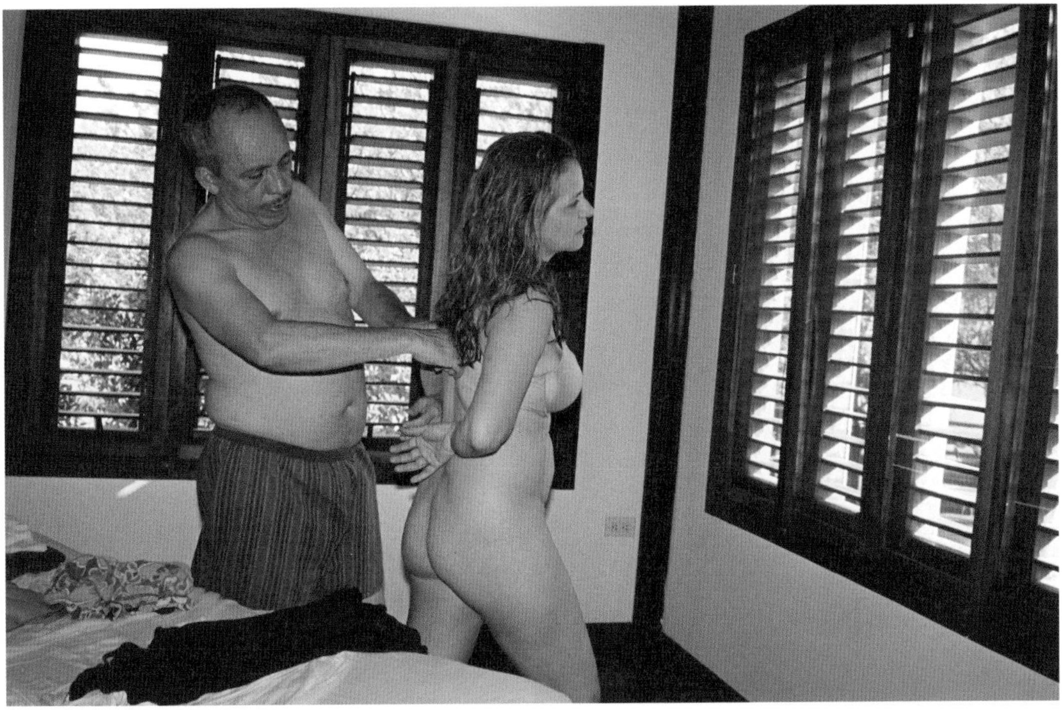

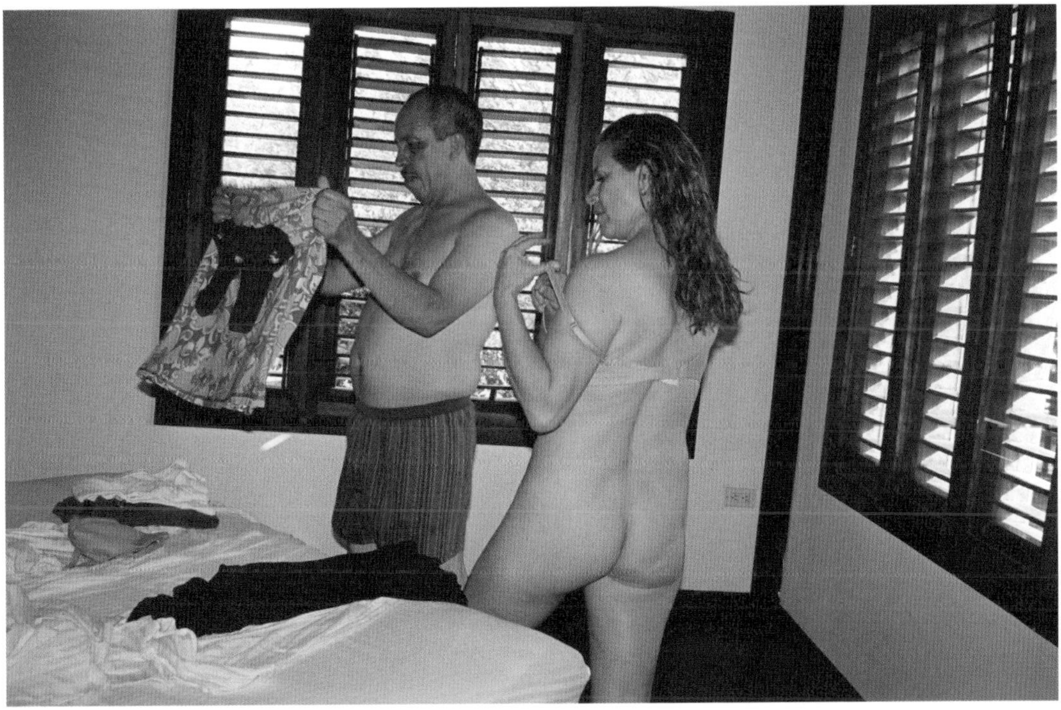

WANDEL

Wechseljahre, Klimakterium, Prämenopause: Das Kind hat viele Namen, und alle meinen dasselbe, nämlich dass sich im Leben einer Frau etwas ändert. Es handelt sich um den Übergang von einer Lebensphase in eine andere. Bestimmte Hormone werden weniger, die Eisprünge unregelmäßiger und seltener; zehn Jahre kann es dauern, bis wirklich Ruhe herrscht und zwölf Monate durchgehend kein Eisprung mehr stattgefunden hat. Dann erst spricht man von der Menopause. Die Frau kann nun nicht mehr auf natürlichem Wege schwanger werden.

Bevor es aber so weit ist, wartet der meist beschwerliche Weg durch die Wechseljahre, von denen behauptet wird, sie fühlten sich an wie die Pubertät. Gern werden diese mittleren Jahre auch mit der endgültigen Aus- und Vertrocknung der Frau assoziiert, und von Hitzewallungen, Schlaflosigkeit, Spannungsgefühl in den Brüsten und Blähungen ist ebenso die Rede wie von Mattigkeit, Gereiztheit und Ungeduld, Heulkrämpfen, Schmerzen beim Sex und vielen anderen Übeln – ganz zu schweigen von der allgemeinen emotionalen Unruhe. Warum reagiert man plötzlich so heftig? Woher kommen die Tränen, was haben sie wirklich zu bedeuten? Was kann man tun, damit alles wieder besser wird?

Die Wechseljahre können viel mehr sein als ein irritierendes Durcheinander anstrengender Symptome und ein Prozess fortschreitender Entweiblichung. Frau kann sie als Möglichkeit zum Nachdenken und zur Neuausrichtung ihres Lebens sehen, als Auftakt zu einem neuen Lebensabschnitt mit neuen, besseren Regeln. In erster Linie geht es zunächst darum innezuhalten. Wer in sich hineinspürt, kann die Gefühle als Wegweiser für notwendige Veränderungen deuten. Unbearbeitetes aus der Vergangenheit kann in Angriff genommen und endlich geheilt werden. Oft finden Frauen dabei zu sich selbst und fangen an zu spüren, was sie wirklich wollen. Sie entdecken eine ganz neue Persönlichkeit in sich, die nicht nur Mutter ist und sich um andere sorgt, sondern die für sich selbst und die Verwirklichung eigener Wünsche da sein darf.

Auch Männer erleben beim Übergang in die zweite Lebenshälfte eine hormonelle Neuausrichtung ihres Körpers, selbst wenn in unserer Gesellschaft häufig noch in Zweifel gezogen wird, dass es männliche Wechseljahre überhaupt gibt. Dabei hat fast jeder den einen oder anderen Sugar-Daddy im Bekanntenkreis, der auf einmal anfängt, zu enge Lederhosen zu tragen oder zwecks Stählung des alternden Körpers Sport zu treiben. Manche schaffen sich ein Motorrad

> Es gibt ein Alter, in dem eine Frau schön sein muss, um geliebt zu werden. Und dann kommt ein Alter, in dem sie geliebt werden muss, um schön zu sein.
> *Françoise Sagan*

oder ein schnelles Cabrio an und verrenken sich nun auffällig oft den Hals nach deutlich jüngeren Damen als noch vor wenigen Jahren. Einige Männer bemerken bereits mit Mitte dreißig entsprechende Anzeichen körperlicher Veränderungen, andere hingegen erst mit fünfundsechzig. Die meisten allerdings sind zwischen 40 und 55 Jahre alt, wenn sie registrieren, dass nicht mehr alles funktioniert wie früher. Obgleich sie natürlich von Fall zu Fall anders verläuft, betrifft die Umstellung fast jeden Mann in allen Lebensbereichen. Der Volksmund nennt es *Midlife-Crisis*, die Fachwelt häufig *Burn-out*, dabei ist es die *Andropause*. Sie trifft gleichermaßen Verheiratete, Singles, Hetero- und Homosexuelle. Mancher Mann würde nun am liebsten alles hinschmeißen und noch einmal ganz von vorn anfangen, aber dazu fehlt ihm nicht nur die Energie, sondern oft hat er auch Angst, die Sicherheit des Gewohnten aufzugeben und neues Terrain zu erschließen.

> Die Eintagsfliege wird bereits zwölf Stunden nach ihrer Geburt von ihrer Midlife-Crisis erwischt. Das muss man sich mal klarmachen!
> *Loriot*

HAARIGE MONSTER UND BUSENWUNDER

Betrachtet man es hormonell, lässt sich ein Menschenleben in drei Abschnitte gliedern: Phase eins beginnt mit der Geburt und dauert bis zur Pubertät. Die zweite Phase gilt mit dem Erreichen der Meno- beziehungsweise Andropause als abgeschlossen. Das anschließende Stadium dauert bis zum Tod. In diesen Phasen kommt es mehrfach zu großen Veränderungen in Körper und Gehirn. In der Pubertät läuft die Hormonproduktion auf Hochtouren. Mädchen erleben von nun an den monatlichen Zyklus am eigenen Leib, mal mehr, mal weniger intensiv. Jungen erleben, dass sich ihr Penis nun öfter ganz von alleine bemerkbar macht; die ersten feuchten Träume treten auf. Bereits ab dem frühen Erwachsenendasein nimmt dann bei beiden Geschlechtern die Konzentration der Hormone bis zur Meno- beziehungsweise Andropause stetig ab. Wird dieser Punkt erreicht, produzieren die Eierstöcke weniger Östrogen und Testosteron. Bei Männern liefern Hoden und Nebennierenrinde nur noch halb so viel Testosteron wie in jungen Jahren, und in körperlicher und emotionaler Hinsicht macht sich allmählich ein Unterschied zu früheren Zeiten bemerkbar. Während Frauen diese zweite große Umstellung meistens intensiv als Zäsur erleben, findet bei Männern die Veränderung des Testosterongehalts oft so schleichend statt, dass gewisse Symptome gar nicht damit in Verbindung gebracht werden. Der Ausdruck *Andropause* ist übrigens

> Wer nicht älter werden will, der muss halt früher sterben.
> *Hannelore Elsner*

nicht ganz zutreffend, weil die männliche Hormonumstellung nicht mit einer *Pause* endet. Auch die *Menopause* läutet übrigens nur das Ausbleiben der Menstruation ein; viele Hormone werden hingegen weiterhin produziert, wenn auch in deutlich geringeren Mengen.

Im Zuge der Wechseljahre ändert sich bei beiden Geschlechtern unter anderem das Testosteron-Östrogen-Verhältnis. So wie im weiblichen Körper immer auch das männliche Testosteron gebraucht wird, sind in männlichen Organismen Östrogene aktiv. Das Testosteron funktioniert unter anderem als Lusthormon für Mann und Frau, während die Ausschüttung von Östrogen bei beiden Geschlechtern emotionale und sensitive Aspekte wie beispielsweise Zärtlichkeit positiv beeinflusst. Bei einigen Männern wird das Östrogen allerdings zum Problem: Es kommt zu einer regelrechten *Verweiblichung* des Körpers. Dabei ist es an sich ein ganz natürlicher Vorgang, dass im männlichen Körper mitunter Testosteron in Östrogen umgewandelt wird. Im Alter und bei steigender Körpermasse kommt es jedoch vermehrt dazu. Auch Alkohol scheint eine östrogenisierende Wirkung zu haben. Ein weiterer Grund für die beschriebene hormonelle Überversorgung von Männern können Xeno-Östrogene sein – Industriechemikalien in der Umwelt, die wie Sexualhormone wirken. Wissenschaftler warnen schon lange vor Plastik, Pestiziden und vielen anderen Zusatzstoffen in Lebensmitteln, Kleidung, Wasser und Luft, die den Hormonhaushalt durcheinanderbringen. Forschungen haben gezeigt, dass sich durch derartige Einflüsse der Testosteronspiegel bei Männern im Allgemeinen bereits verändert hat. So weist ein 40-jähriger Mann heute in etwa den gleichen Testosterongehalt im Blut auf wie vor 30 Jahren ein damals 70-Jähriger.

Frauen spüren nach der Hormonumstellung während der Wechseljahre das ihnen verbliebene Testosteron oft deutlicher als je zuvor, denn obwohl der Pegel nun etwas niedriger ist als früher, findet das Hormon bessere Wirkungsbedingungen vor, weil seine hormonellen Mitspieler Östrogen und Progesteron dabei weniger stören. Das Erste, woran sich die veränderte Östrogen-Testosteron-Balance mitunter bemerkbar macht, sind kleine Barthärchen, die vereinzelt, aber oft sehr störend am Kinn sprießen. Aber auch erhöhte Lust kann das prickelnde Resultat sein. Eine Klientin kommentierte diese Zusammenhänge und Begleiterscheinungen der männlichen und weiblichen Hormonumstellung während einer Paarsitzung in der sexologischen Praxis gegenüber ihrem Mann mit der Bemerkung: »Oh, ich verstehe, ich werde ein haariges Monster, und du bekommst Brüste!«

Auch mit sechzig kann man noch vierzig sein – aber nur noch eine halbe Stunde am Tag.
Anthony Quinn

DAS EWIGE AUF UND AB DER HORMONE

Jeder weiß, dass die Frau einen Monatszyklus hat, vielen jedoch ist die Tatsache nicht bekannt, dass sich auch der Testosteronhaushalt beim Mann zyklisch verhält und damit Einfluss auf Persönlichkeit, Stimmung, Wohlbefinden und sexuelles Interesse ausübt. Alle 15 bis 20 Minuten ändert sich der Testosteronpegel des Blutes. Nachts und am Morgen ist die Konzentration des Hormons höher als im Laufe des Tages, und über das gesamte Jahr betrachtet steigen die Testosteronwerte von April bis Oktober an, ehe sie bis zum folgenden April wieder abfallen. Dabei spielt es keine Rolle, wo auf der Welt ein Mann sich befindet und welche Jahreszeit dort gerade herrscht; reist er zum Beispiel im Juli durch den australischen Winter, ist er trotzdem in seiner hormonellen Hochphase.

Bereits im Mutterleib haben kleine Jungen eine ebenso hohe Menge von Testosteron im Blut wie während der Pubertät. Kurz nach der Geburt fällt der Hormonpegel, um ungefähr im Alter von neun Jahren wieder anzusteigen und damit die Pubertät einzuleiten. So stark im Körper vertreten wie in dieser Phase wird das Testosteron im Lauf des weiteren Lebens nie wieder sein. Etwa mit vierzig hat der deutliche Rückzug des männlichen Hormons in der Regel bereits zu einer Abnahme der Muskel- und Knochenmasse sowie der Vitalität im Allgemeinen geführt. Um körperlich annähernd so leistungsfähig zu bleiben wie früher, muss ein Mann für seine Fitness nun wesentlich mehr tun. Wer nichts tut, wird umso schneller dick. Die von vielen Männern praktizierte ungesunde Lebensweise tut hier ein Übriges. Ein Anreiz für die Umstellung seiner Gewohnheiten könnte für manchen Mann vielleicht die wissenschaftliche Erkenntnis sein, dass ein regelmäßig dreimal in der Woche durchgeführtes Kraft-Ausdauer-Training den Testosteronspiegel um gut 30 Prozent anzuheben vermag.

Ab einem gewissen Alter muss man sich zwischen seinem Gesicht und seinem Arsch entscheiden.
Coco Chanel

Was geschieht während der Wechseljahre bei Frauen im Körper und Gehirn? Was verursacht das ganze Durcheinander, und wann geht es los? Bei den meisten setzen die Veränderungen des Hormonhaushaltes bereits mit Anfang vierzig ein. Hauptverantwortliche dafür sind *Östrogen* (beeinflusst Gewebe, Zellteilung und die Lust) und *Progesteron* (schützt vor Krebs, Entzündungen und Stress, steigert Fruchtbarkeit und Sexualtrieb). Die Zusammenarbeit dieses Paares ist komplex: Die beiden Hormone beeinflussen sich wechselseitig, ergänzen einander mitunter und arbeiten an anderer Stelle gegeneinander. Gemeinsam haben sie die Aufgabe, Schwangerschaften vorzubereiten und aufrechtzuerhalten. Das Östrogen baut dabei die Gebärmutterschleimhaut *auf*, und das Progesteron baut sie so *um*, dass sich das befruchtete Ei in ihr einnisten kann.

Zyklus in Kürze Bei der Geburt eines Mädchens sind etwa 1,4 Millionen Eier in den Eierstöcken vorhanden, von denen lediglich 300 bis 500 als springendes Ei Karriere machen werden. Während des Zyklus wachsen die sprungbereiten Follikel um das Zehnfache, und dementsprechend nimmt die Menge des in ihnen gebildeten Östrogens zu. Nach zwei Wochen platzt das Eibläschen, und eine einzige Eizelle wird in den Eileiter entlassen. Der geplatzte Follikel wird in einen Gelbkörper umgewandelt, der Progesteron produziert, und zwar für eine Dauer von etwa 12 bis 14 Tagen. Progesteron ist einer der wichtigsten Vertreter der sogenannten Gestagene und wird auch als Gelbkörperhormon bezeichnet. Da in den meisten Fällen der geschilderte Vorgang ohne Schwangerschaft endet, bricht etwa 14 Tage nach dem Eisprung die Produktion von Östrogen und Progesteron ab. Das löst die Menstruation aus.

In den Wechseljahren ist irgendwann der Eiervorrat in den Eierstöcken aufgebraucht und somit auch mit der follikelabhängigen Hormonproduktion Schluss. Vorher werden die Eibläschen, wie alles andere im Körper in dieser Lebensphase, erst einmal langsamer und springfauler. Es kommt zu Verzögerungen, und manchmal bleibt der Eisprung auch ganz aus. Die nächste Menstruation fällt dafür dann umso länger und kräftiger aus. Schuld ist der durcheinandergeratene Östrogen-Progesteron-Haushalt. Wenn kein Ei springt, kann auch kein Progesteron gebildet werden, weil kein Gelbkörper da ist. Das Östrogen in den Eibläschen baut derweil jedoch unvermindert weiter Schleimhaut auf. Der hierdurch entstehende *Östrogenüberschuss* sorgt für Symptome wie Wassereinlagerungen, Brustspannen oder langsameren Haarwuchs. Erscheinungen wie Hitzewallungen, Gereiztheit oder auch das Verschwinden jeglicher Brustspannungen gehen dagegen auf einen *Mangel* an Östrogen zurück, der eintritt, wenn die Hormonproduktion in den reifenden, aber nicht springenden Eiern irgendwann zusammenbricht. Dieses Wechselbad der Hormone und damit auch der Gefühle, das die Wechseljahre kennzeichnet, geht so lange weiter, bis gar keine Eibläschen mehr heranreifen. Dann erst wird die Östrogenproduktion dauerhaft so weit reduziert, dass man von einem *Östrogenmangel* spricht. Die weit verbreitete Ansicht, ein drastischer Abfall des Östrogenspiegels trage in den Wechseljahren die Schuld an den meisten Problemen, ist also ein Irrtum. Zunächst ist es ein *Zuviel* an Östrogen, das aus dem *Wenigerwerden* des Gegenspielers Progesteron resultiert.

Leider kann niemand genau sagen, in welcher Phase des Klimakteriums eine Frau gerade steckt. Aus den Symptomen lassen sich nur vage Rückschlüsse ziehen, und häufig werden die spürbaren Anzeichen der Wechseljahre zunächst ganz falsch gedeutet. So glauben manche Frauen, sie hätten eine schwere Krankheit, zu viel Stress im Beruf oder ein frustrierendes Privatleben. Das Grübeln über die Ursache für das merkwürdige Befinden kann zermürben. Beruhigend kann manchmal ein Besuch beim Gynäkologen wirken. Eine Blutanalyse liefert dort zumindest ansatzweise ein Bild des aktuellen Hormonstatus, und bei der Ultraschalluntersuchung kann ein Blick auf den Springstatus der Follikel geworfen werden. So bekommt die betroffene Frau Hinweise darauf, ob sie mit ihrer vermuteten Diagnose »Wechseljahre« richtigliegt oder nicht.

An dieser Stelle soll der Zauberkünstler unter den Hormonen nicht unerwähnt bleiben, das *Dehydroepiandrosteron* oder kurz DHEA. Es ist das am meisten vertretene Hormon im menschlichen Körper. Sein besonderes Talent besteht darin, dass es sich – je nach Bedarf – in fast jedes andere Hormon verwandeln kann. Gebildet wird DHEA, wie das Testosteron, in den Hoden beziehungsweise Eierstöcken, in den Nebennierenrinden und im Gehirn. Frauen und Männer um die fünfundzwanzig strotzen nur so vor dem Wunderhormon, dessen Konzentration zunächst langsam, im Alter dann rapide abnimmt, so dass es bei Männern um die achtzig kaum noch messbar ist. Bisher ist DHEA das einzige bekannte Hormon, das in einen unmittelbaren Zusammenhang mit Erektionsstörungen gebracht werden konnte. So liegt die Annahme nahe, dass DHEA eine viel wichtigere Rolle spielt als das Testosteron, wenn es darum geht, eine Erektion zustande zu bringen und zu halten.

Die Menschen verlieren zuerst ihre Illusionen, dann ihre Zähne und ganz zuletzt ihre Laster.
Hans Moser

HEULSUSEN, RASEREI UND FREUDENTÄNZE

Ein Leben lang beeinflussen Hormone unsere Stimmungen, aber während der Wechseljahre werden sie unberechenbar. Je nach Hormonlage ändert sich der Gefühlszustand; viele Frauen fühlen sich emotional labil und erkennen sich selbst nicht wieder. Sie registrieren, dass sie ungerecht sind und gegenüber dem Partner und anderen

Mitmenschen oft den falschen Ton anschlagen – sie können aber gerade nicht anders. Haustiere flüchten, die Kinder verschwinden türenknallend in ihre Zimmer, und Ehegatten begeben sich auch am Wochenende freiwillig für ein paar Stunden ins Büro. Trotz des Gewissenskaters nach der Raserei ist es ihnen insgeheim auch gar nicht mehr so furchtbar wichtig, Rücksicht auf andere zu nehmen. Was ist bloß los?

Maßgeblich mitverantwortlich für die einsetzende Ich-Bezogenheit von Frauen in den Wechseljahren ist die deutliche Abnahme des Östrogens. Könnte das schwindende Hormon sprechen, riefe es: »Aber ich muss mich doch noch um alle kümmern!« Ganz anders das Testosteron, wo es wirkt, lautet die Devise: »Zuerst komm ich, dann noch mal ich und irgendwann danach die anderen.« Bis zu den Wechseljahren steht das Sich-um-andere-Bemühen oft im Mittelpunkt des weiblichen Handelns. Zur Belohnung für Aufopferung, Kommunikation und Bemutterung gibt es vom Gehirn einen Schub *Oxytocin*, das Wohlfühlhormon, das auch beim Stillen oder, für beide Geschlechter, beim Orgasmus ausgeschüttet wird. Es sorgt für allgemeine Hochstimmung sowie für Gefühle wie tiefe Befriedigung, umfassende Liebe und sogar Sinnerfüllung. Außerdem wirkt es stressdämpfend. Fast jede Frau kennt bei Unstimmigkeiten das beinahe zwanghafte Bedürfnis, immer wieder den Kontakt zu anderen zu suchen, um die Situation wieder in Einklang zu bringen. Daraus ergeben sich mitunter die vor allem von Männern gefürchteten Gespräche, die oft mit den Worten beginnen: »Schatz, wir müssen reden …« Männer laufen solchen Konfrontationen oft davon und entziehen sich der Kommunikation. Lieber tragen sie Konflikte nonverbal aus, durch Imponiergehabe und Einschüchterung, und wenn das nicht hilft, durch Gewalt. Diese Verhaltensweisen beider Geschlechter werden von uralten Gehirnbereichen gesteuert.

Die Frauen verlangen Unmögliches: Man soll ihr Alter vergessen, aber sich immer an ihren Geburtstag erinnern.
Karl Farkas

DAS REPTIL IM KOPF

Es ist, als wolle das Unbewusste einem in den Gefühlswirren der Wechseljahre unbedingt aufzeigen, was man nicht wahrhaben möchte, und so klopft es beharrlich an die gut verschlossene Tür des Bewusstseins. Schließlich ist es seine Aufgabe, als Teil des *limbischen Systems* die Menschen zu gegebener Zeit auf Veränderungen aufmerksam zu machen, damit sie entsprechend handeln können. Es ist uralt und gehört zum sogenannten Reptiliengehirn, das sich immer wieder evolutionär bewährt hat – bei Männern wie bei Frauen. Durch Gefühle wie Freude, Liebe, Angst, Wut, Stress, Scham, Schuld und Trauer bringt es die Menschen dazu, Maßnahmen zu ergreifen, die ihr Überleben sichern. Auch für das Zusammenleben mit anderen ist seit jeher die Wahrnehmung von Emotionen essenziell. Werden sie unterdrückt oder verdrängt und bleiben damit unbeachtet, erhöht das System den inneren Druck immer weiter – so lange, bis es wahrgenommen wird. Dauert das zu lange, fliegt irgendwann der Deckel ab, und das Ganze drängt mit lautem Knall ins Bewusstsein. In Zeiten des hormonell-emotionalen Umbruchs scheint das Unterbewusstsein nun verstärkt seine Chance zu nutzen und sich mit aller Macht Gehör zu verschaffen.

»Sie ignorieren das Alter?«
»Solange es mich ignoriert.«
»Wie alt sind Sie?«
»Keine Ahnung.«
Giulias Verschwinden

Amygdala und *Hippocampus* sind zwei wichtige Bestandteile des limbischen Systems. Ist die Amygdala sein Warnsystem, speichert der Hippocampus alle Ereignisse bis ins Detail. Bis zum Beginn der Wechseljahre versetzen bei der Frau Östrogen und Progesteron die Amygdala in erhöhte Alarmbereitschaft. Unermüdlich pflegt die Frau ihre sozialen Beziehungen und liest aufmerksam in den Gesichtern ihrer Mitmenschen, um sofort zu reagieren, ehe etwas in Schieflage geraten kann. Das alles hat seit der Steinzeit seinen tieferen Sinn und sorgt bis heute dafür, dass die Brut und ihre Eltern in einem engen sozialen Beziehungsgeflecht überleben und heranwachsen können. Dieses System ist übervorsichtig, und damit übt es auch Einfluss auf die Sexualität und vor allem die Intimität der Menschen aus – allerdings offenbar bei Männern und Frauen auf unterschiedliche Weise. Die meisten Frauen brauchen das Okay ihres limbischen Systems, um überhaupt Sex haben zu *wollen*. Dazu wird, natürlich unbewusst, der Hippocampus jeweils nach dem emotionalen Plus-Minus-Konto des potenziellen Sexualpartners befragt. War er in letzter Zeit aufmerksam und ihr zugewandt? Ist das der Fall, bleibt das Warnsystem Amygdala ruhig und gibt grünes Licht für Intimität – und eventuell sogar für Sex. Bei Männern hingegen schaltet das Gehirn, wahrscheinlich durch eine andere hormonelle Befeuerung als bei der Frau, in der Regel erst nach dem Sex auf Intimität.

Gesundheitszustand und Glück hängen mehr davon ab, wie Lebensereignisse wahrgenommen werden, als von den Ereignissen selbst. Das körperliche Gleichgewicht ist gedanklich beeinflussbar; es steht unter der Herrschaft des parasympathischen sowie des sympathischen Nervensystems. Ersteres ist als »Entschleuniger« zuständig für Ruhe und Entspannung. Es haushaltet mit den Energien des

Körpers und kümmert sich um Wachstum und Reparaturen. Das sympathische Nervensystem wirkt dagegen wie ein hyperaktiver Bruder des *Parasympathikus*. Gesteuert von der Amygdala, bringt es den Stoffwechsel auf Trab und ist allzeit bereit, Gefahren abzuwehren, indem es den Organismus verteidigt oder den Körper in Fluchtbereitschaft versetzt. Je nachdem, wie *Sympathikus* und *Parasympathikus* miteinander interagieren, wird der individuelle Stress- und Persönlichkeitstyp eines Menschen definiert. Manche Menschen sind deshalb deutlich weniger anfällig für Stress als andere.

Dickhäuter oder Brüllaffe? Das Verhältnis von *Parasympathikus* zu *Sympathikus* lässt sich anhand des sogenannten *Vagustonus* einfach im Elektrokardiogramm sichtbar machen. Er gibt Auskunft über die psychische Belastbarkeit des Individuums. Schon bei Säuglingen kann man den Unterschied zwischen eher stressresistenten, parasympathisch dominierten und eher aufgeregten, tendenziell sympathisch angetriebenen Typen sehen. Das Forscherteam, das diese Beobachtungen machte, fand außerdem heraus, dass Persönlichkeitsmerkmale wie beispielsweise Neugierde oder Cholerikertum, die mit dem jeweiligen Vagustonus im Zusammenhang stehen, ein Leben lang Bestand haben. Wie jemand also auf veränderte Lebenssituationen wie zum Beispiel die Wechseljahre reagiert – nämlich eher verhalten oder ängstlich, glücklich oder aber wütend –, ward ihm beziehungsweise ihr tatsächlich schon in die Wiege gelegt. Orientierungshilfe für die Bestimmung der Vagustonus-Typen können die eigenen Eltern sein: Reagieren sie in kritischen Momenten völlig entspannt, oder gehören sie eher zur Marke *kopflose Hühner*?

HALBZEITBLUES UND HORMONHANGOVER

Die Seele altert langsamer als der Körper, manche sprechen von etwa 15 Jahren Unterschied. Kein Wunder also, wenn zuerst körperliche Veränderungen ins Auge fallen. Ist der Spiegel groß genug, zeigt er gnadenlos, dass die Leibesfülle deutlich zugenommen hat. Bald mehren sich die alltäglichen Ausfallserscheinungen: Das Kleingedruckte will sich partout nicht mehr ohne Brille lesen lassen, und morgens erwacht der eine oder andere nach einer durchschnarchten und zu kurzen Nacht vollkommen gerädert – erst konnte man stundenlang nicht einschlafen und dann die Tiefschlafphase nicht erreichen.

Manchen fällt es an ganz anderer Stelle auf: Man ist zu einer Party eingeladen, betritt den Raum und stellt plötzlich fest, dass man der Älteste ist. Oder man wird neuerdings deutlich häufiger von jüngeren Menschen um Rat gefragt. Wer ehrlich mit sich ist, der muss feststellen, dass vieles anders ist als früher. Auch wenn man immer noch sein Bestes gibt, hat Leugnen keinen Zweck: Es gibt Dinge, für die es inzwischen zu spät ist, Träume, die nicht mehr realisiert werden, und Ziele, die kaum noch zu erreichen sind. Die eigene Energie wird zur begrenzten Ressource, und bei der Entscheidung, was man anpackt, tritt die Frage nach der verbleibenden Zeit mehr und mehr in den Vordergrund. Im Beruf werden die Zweifel im Hinterkopf vernehmlicher, ob man den mühseligen Konkurrenzkampf mit den jüngeren Kollegen überhaupt noch will oder sich nicht doch lieber demnächst in den Ruhestand verabschiedet. Längst ist es einem nicht mehr so wichtig, sich gegen andere zu behaupten. Der alte Ehrgeiz weicht einer neuen Gelassenheit. Und ob es nun anders kommt als geplant oder sogar besser als gedacht: In jedem Fall bieten sich Möglichkeiten, das Leben noch einmal von einer ganz anderen Seite kennenzulernen. Die zweite Lebenshälfte hat durchaus das Potenzial für echte Höhepunkte, in fast jeder Hinsicht.

> Älter werden heißt auch besser werden.
> *Jack Nicholson*

Genau wie die Frauen in den Wechseljahren erleben auch Männer in der Andropause unvermittelte Stimmungsumschwünge, Antriebs- und Energielosigkeit, Schwächegefühle, Nervosität, Irritationen oder Ängstlichkeit bis hin zu Panikattacken. Manche meinen, an einem toten Punkt angekommen zu sein, oder denken, dass der Höhepunkt des Lebens überschritten ist. Was von manchen als ein Gefühl emotionaler Verflachung wahrgenommen wird, kann bei anderen phasenweise zu tiefen depressiven Stimmungen führen. Nach ihrem körperlichen Wohlbefinden befragt, geben die meisten Männer in den Wechseljahren an, dass im Grunde alles etwas schlechter geworden sei. Zudem melden sich nicht selten die Gelenke und Muskeln schmerzhaft zu Wort. Auch heftiges Schwitzen und Hitzewallungen gehören, wie bei den Frauen, zum Katalog der Andropausesymptome. Schlau, wie der Körper ist, reagiert er auf die hormonelle Umstrukturierung mit einem erhöhten Schlafbedürfnis, denn in dieser Phase braucht er jede Form der Erholung.

> Männer haben einen großen Vorteil. Wir kriegen Falten, werden fett, glatzköpfig und weißhaarig, und keinen kümmert's.
> *George Clooney*

So ähnlich die Symptome der Wechseljahre bei beiden Geschlechter auch sind, so unterschiedlich lassen sie Männer und Frauen zurück: Während Frauen keine Kinder mehr in die Welt setzen können,

POTENZMITTEL UND APHRODISIAKA

Vielen Pflanzen – und einigen Tieren – wird eine lust- und potenz-
steigernde Wirkung nachgesagt, nur bei wenigen ist sie nachgewiesen

Safran
Lust- und
Leistungssteigerer

Ginseng
Lust- und
Leistungssteigerer

Yohimbine
Der Wirkstoff in der Rinde
des Yohimbe-Baums erhöht
den Blutfluss in den Genitalien

Ptychopetalum olacoides
Deutsch Potenzbaum,
soll aphrodisierend wirken

Alkohol
enthemmt, beeinträchtigt
aber die Erektion

Maca
Steigert die
Erektionsfähigkeit

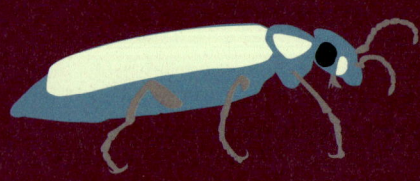

Spanische Fliege
Eigentlich ein Käfer,
gilt seit Jahrhunderten
als Potenzmittel, ist
allerdings hochgiftig

Kröte
Auch das giftige Sekret der Aga-
Kröte wird manchmal als Potenzmittel eingenommen, ist aber
vor allem halluzinogen

Auch wenn sie als Aphrodisiaka und
Potenzmittel gelten, ist diese Wirkung bei
folgenden Mitteln nicht nachgewiesen

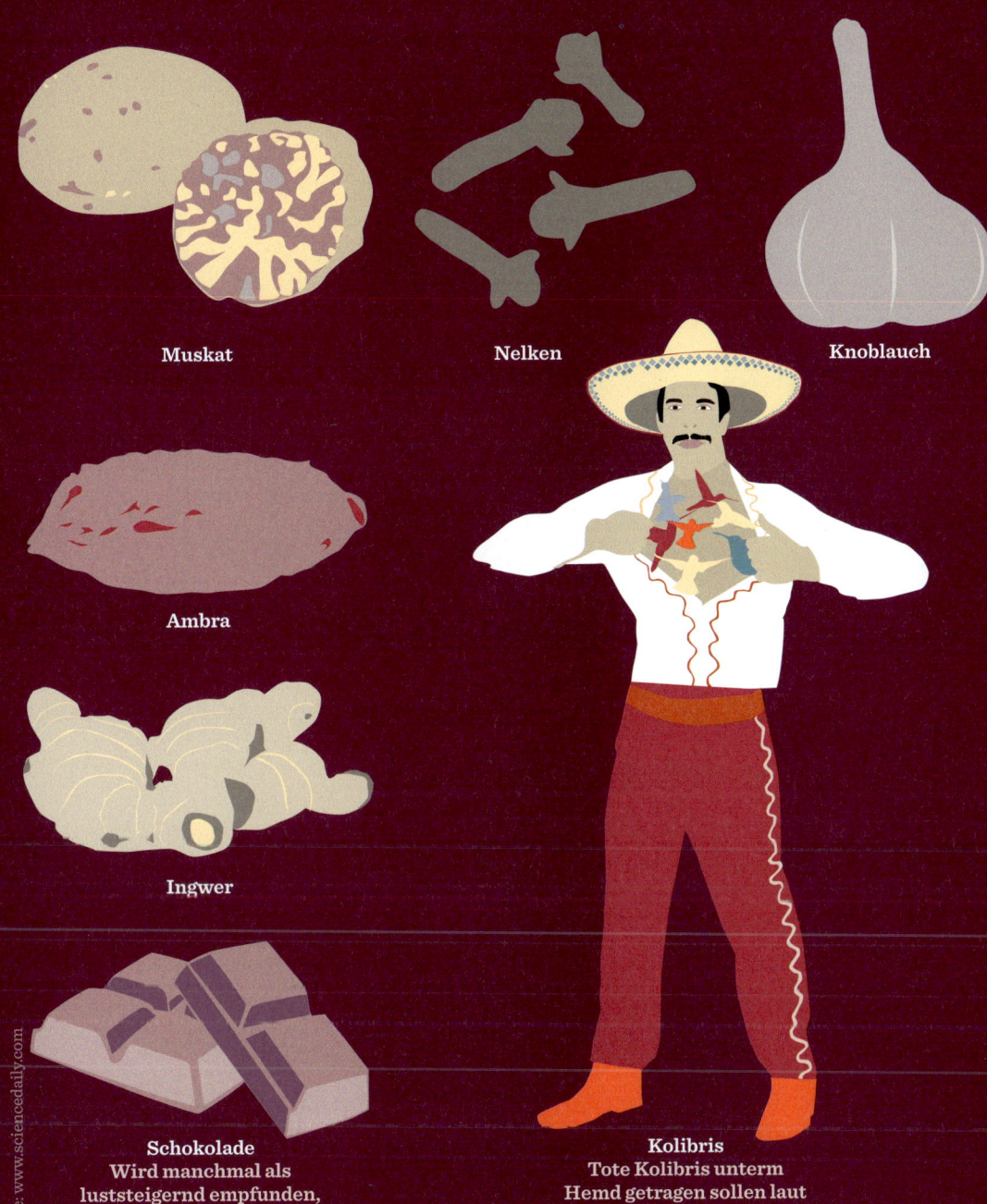

Muskat

Nelken

Knoblauch

Ambra

Ingwer

Schokolade
Wird manchmal als
luststeigernd empfunden,
die Wirkung ist aber
wohl eingebildet

Kolibris
Tote Kolibris unterm
Hemd getragen sollen laut
mexikanischem Aberglauben
die Manneskraft fördern

Quelle: www.sciencedaily.com

besteht bei Männern die Potenz im Sinne der Zeugungsfähigkeit weiter. Sie können frei darüber entscheiden, den Fortpflanzungsbetrieb einzustellen oder nicht. Könnte es sein, dass gerade dieser Faktor manchen Männern unbewusst Probleme bereitet? Wenn ein Mann diese Möglichkeit nicht mehr nutzt, hält er sich dann in jedem Fall noch für einen vollwertigen Mann? Nicht selten besteht die Reaktion auf derartige Selbstzweifel darin, sich und der Welt zu beweisen, dass man noch ein richtiger Kerl ist und vor Kraft kaum laufen kann. In diese Kategorie fallen, als Statussymbole der Potenz, auch die schnellen Cabrios und jungen Geliebten. Apropos Potenz: Hierzu zählt, außer der theoretischen Befruchtungskompetenz, auch das praktische Umsetzungsvermögen des sexuellen Aktes, einfacher gesagt: die Erektionsfähigkeit des Penis – und deren Zuverlässigkeit nimmt in dieser Lebensphase bei fast jedem Mann ab. Erektionsstörungen betreffen in etwa jeden zweiten. Anzunehmen ist, dass die Dunkelziffer höher liegt, weil es einige Überwindung kostet, einem wissenschaftlichen Fragebogen und damit auch sich selbst gegenüber einzugestehen, dass »er« nicht mehr zuverlässig »steht«. Das daraus resultierende Gefühl der Verunsicherung kann rasch zu der (voreiligen) Befürchtung führen, dass es nun vorbei sei mit der Männlichkeit. Die Vermutung liegt daher nahe, dass die sattsam bekannte *Midlife-Crisis* am besten als eine psychische Reaktion auf die männlichen Wechseljahre verstanden werden kann.

> Kluge Menschen verstehen es, den Abschied von der Jugend auf mehrere Jahrzehnte zu verteilen.
> *Françoise Rosay*

DIE RUHE NACH DEM STURM

Hat eine Frau seit zwölf Monaten keine Periode mehr gehabt, ist für sie die Menopause erreicht. Seit einem Jahr gab es keinen Eisprung mehr, und die Hormone haben sich neu sortiert. Dadurch hat sich unter anderem das limbische System beruhigt. Sogar die Amygdala ist weniger reizbar und verursacht keine größeren Stressreaktionen mehr. Der große Umbau ist vollzogen. Im Schnitt sind europäische Frauen nun zwischen 51 und 52 Jahre alt, natürlich gibt es, wie überall, auch jüngere und ältere Ausnahmen.

Selbst wenn eine Frau sich jetzt nicht öffentlich dazu bekennt, dass sie heimlich Esoterikkurse besucht und ganz persönliche Zukunftspläne schmiedet, die sie ihrer Familie nicht mitteilt – runterschlucken wird sie von nun an wahrscheinlich deutlich weniger. Es ist ihr nicht mehr so wichtig, was andere von ihr denken, und auch der übermächtige Drang, soziale Beziehungen herzustellen, ist verschwunden. Ehemann und Kinder bemerken, dass das Mutterhirn anscheinend seine Funktion eingestellt hat und die »gute Seele der Familie« sich häufiger um sich selbst und ihre Bedürfnisse kümmert. Sollte sich allerdings zwischen vierzig und fünfzig noch Nachwuchs eingestellt haben, springt bei den *späten Müttern* über die Berührung und den Umgang mit dem Baby der Versorgungskreislauf sofort wieder an. Übrigens scheint der weibliche Körper, wie Forscher an der Freien Universität Amsterdam herausgefunden haben, in den letzten Jahren vor der Menopause noch einmal alles aus seinen Follikeln herauszuholen: Durch eine vermehrte Produktion des Follikelstimulierenden Hormons (FSH) verbessert er nicht nur die Bedingungen für eine Schwangerschaft, sondern lässt oft mehrere Eizellen gleichzeitig springen, weshalb Frauen über vierzig auch überdurchschnittlich oft Zwillinge bekommen. Verläuft das Ende der Wechseljahre jedoch nach Plan, also ohne Überraschungsbaby, verspricht es ein Frauenleben, das von nun an nach neuen Regeln verläuft. Frau hat sich selbst zurückgewonnen. Ihre Persönlichkeit ist gereift, sie hat gelernt. Für viele Frauen bedeutet das, ihren Panzer fallen zu lassen, für andere, sich endlich einen zuzulegen.

> Ich bin stolz auf die Falten. Sie sind das Leben in meinem Gesicht.
> *Brigitte Bardot*

Auch das Gefühl beruflicher Erfüllung kann in den Wechseljahren große Bedeutung bekommen. Untersuchungen bescheinigen Frauen, die zuvor Karriere gemacht haben, im Alter nicht nur ein größeres Selbstwertgefühl, eine höhere Leistungsfähigkeit und eine bessere Gesundheit, sondern auch deutlich geringere Wechseljahresbeschwerden als ihren weniger erfolgreichen Geschlechtsgenossinnen. Hier schließt sich der Kreis: Die Zeit des Umbruchs kann durchaus zu einem Höhepunkt im Leben werden. Endlich findet Frau heraus, wer sie wirklich ist und was sie will. Die Angst davor, dass das Leben endlich ist und die eigenen Ressourcen begrenzt, nimmt nun ab. Völlig neue Facetten der eigenen Persönlichkeit kommen zum Vorschein. Häufig spüren Frauen jetzt eine Sehnsucht, die natürlichen und spirituellen Quellen der Weiblichkeit zu erforschen. Viele von ihnen begeben sich auf eine Reise in ihr Inneres, folgen ihrem Herzen und entdecken dabei ihre wahre Schönheit und Anmut. Sie entwickeln einen leidenschaftlichen Drang nach Freiheit, kompromissloser Liebe und Lebendigkeit sowie nach Weisheit und Kraft. Vielleicht ist es kein Zufall, dass die weltweit wachsende Bewegung des psychospirituellen Heilertums von 40- bis 60-jährigen Frauen getragen wird.

> Eine Frau, die mit einem Archäologen verheiratet ist, darf sich glücklich schätzen, denn je älter sie wird, desto interessanter wird sie für ihren Mann.
> *Agatha Christie*

Mach dich glücklich! Der Psychologe Richard Wiseman hat eine nützliche Methode entwickelt, um sich die schönen Momente des Lebens bewusst zu machen und damit nachhaltig zur eigenen Zufriedenheit beizutragen. Hintergrund dieser Übung ist die Überzeugung, dass man durch das Aufschreiben von Gefühlen diese für sich selber besser zu ordnen vermag und gleichzeitig etwas für das persönliche Glücksempfinden tut.

Die Aufgabe besteht darin, fünf Tage in Folge Aufzeichnungen nach einem bestimmten Muster zu machen:

Am Montag überlegst du, welche drei Momente dir in letzter Zeit positiv in Erinnerung geblieben sind. Dabei kann es sich um ein schönes Frühstück, einen Anruf oder auch die lang geplante Entrümpelung des Schuhschrankes handeln.

Am Dienstag schreibst du ein schönes Erlebnis aus deiner Vergangenheit auf. Das kann etwas Besonderes sein, etwa ein runder Geburtstag oder die Geburt eines Kindes, aber auch ein alltägliches Erlebnis wie zum Beispiel das Kompliment eines Nachbarn.

Am Mittwoch skizzierst du in ein paar Sätzen dein ideales Zukunftsszenarium. Wie müsste es privat laufen, damit es besser nicht sein könnte? Was wäre beruflich angesagt, wenn du bei *Wünsch dir was* säßest?

Am Donnerstag denkst du an einen Menschen, der dir wichtig ist. Was macht ihn so einzigartig? Welche Eigenschaften schätzt du an ihm?

Am Freitag notierst du drei Dinge, die dich im Laufe der Woche zum Lachen oder wenigstens zum Schmunzeln gebracht haben. War es vielleicht eine Bemerkung an der Supermarktkasse, das Lob eines Vorgesetzten oder ein Nebensatz in einer Mail?

Wenn du Lust hast, setze die Übung einige Wochen lang fort und spüre nach, ob sich beim Schreiben die Stimmung hebt.

EINE FRAGE DES UMGEHENS

Forschungen haben ergeben, dass Frauen, die während ihrer menstruierenden Lebensphase psychisch und physisch stark unter dem *prämenstruellen Syndrom* (das große Ungleichgewicht vor den Tagen), dem sogenannten PMS, leiden, tendenziell auch ein turbulentes

Klimakterium erwartet. Vermutlich reagieren sie empfindlicher auf Schwankungen des Hormonspiegels. Aber Veränderungen in der Konzentration der Geschlechtshormone reichen allein nicht aus, um die Wechseljahrsymptome zu erklären. Diese können sich sowohl verstärken als auch länger anhalten, wenn eine Frau emotionale Altlasten mit sich herumschleppt und die Augen davor verschließt. Menschen begegnen unerfreulichen Erinnerungen und Emotionen oft damit, sie zu verdrängen. Eine Hormonersatztherapie ohne gleichzeitige Bearbeitung der zugrunde liegenden Problematik ist ein solches Verdrängungsmanöver, das meist nur kurzfristig hilft, die Symptome loszuwerden, aber keinen dauerhaften Erfolg bringt.

Bis vor einigen Jahren gab es so gut wie keine Veröffentlichungen zum Thema *männliche Wechseljahre*. Mediziner stritten über das Phänomen: Während einige die Andropause bestätigten, behaupteten andere, die hormonellen Umstellungen um die fünfzig könnten dem Mann nichts anhaben und mache sich in keinerlei gravierender Form bemerkbar. Zur Abwechslung sind hier einmal die Männer im Nachteil: Ist eine Frau im passenden Alter und kommt mit menopausalen Beschwerden zum Arzt, schenkt man ihr meist Gehör und bietet Therapiemöglichkeiten an. Sucht hingegen ein Mann mit *typischen* Wechseljahrsymptomen eine Praxis auf, muss er sich weit eher anhören, dass er sich seine Beschwerden nur einbilde oder es schlichtweg das Alter sei, das sich bei ihm allmählich bemerkbar mache. Kommt es ganz schlimm, wird der Patient mit Diagnosen wie *Burnout* oder Depressionen bedient und dementsprechend mit Antidepressiva behandelt.

Oder es wird tatsächlich ein Testosteronspiegel erstellt, der allerdings mitunter zu noch mehr Unsicherheit und Verwirrung führt: Das Testergebnis zeigt einen Normalwert, obwohl die Symptome auf einen niedrigen Testosteronspiegel deuten. Die Erklärung dafür ist einfach. Wenn die *Gesamtkonzentration* des Testosteron gemessen wird, kann nicht unterschieden werden zwischen *freiem* und *gebundenem* Testosteron. Aber nur das ungebundene (freie) Testosteron kann seine Wirkung auf den Organismus entfalten. Der britische Mediziner Malcolm Carruther konnte mit einer Studie belegen, dass lediglich 13 Prozent der untersuchten Männer einen zu niedrigen Wert des Hormons aufwiesen, wenn das Gesamttestosteron gemessen wurde. Fünfundsiebzig Prozent seien jedoch von der hormonellen Unterversorgung betroffen, wenn ausschließlich das freie Testosteron gemessen wurde. Der unfreie Teil des Hormons ist durch das *Sexualhormonbindende Globulin* (SHBG) gebunden und damit wirkungslos.

Anhand der SHBG-Konzentration sowie der Gesamtmenge des Testosterons im Blut lässt sich ermitteln, wie hoch der Anteil des freien Testosterons ist. Wenn nicht beide Werte erhoben werden, kann die Analyse nicht den gewünschten Aufschluss liefern. Infolgedessen werden Patienten häufig mit dem Befund nach Hause geschickt, dass ihre Testosteronwerte im normalen Bereich liegen und sie sich vielleicht an einen Psychologen wenden sollten. Wer ganz sichergehen will, dem stehen inzwischen in fast jeder größeren Stadt private Labore zur Verfügung, die für rund 100 Euro eine derartige Untersuchung zuverlässig durchführen. Das Einschicken einer Speichelprobe genügt für die Analyse.

Ganz gleichgültig, was Statistiken über hormonelle Normwerte aussagen – der individuelle Hormonspiegel eines Mannes kann ganz anders ausfallen. So hat jeder Mann beim Testosteron seinen persönlichen Mindestwert, ab dem die Probleme beginnen, und selbst kleinste Veränderungen des Hormonspiegels haben einen spürbaren Effekt. Der Vergleich mit anderen Männern ist deshalb wenig aufschlussreich.

EINFACH MAL GEFÜHLE ZEIGEN

Gefühle können geradezu vergiftend wirken. Lässt man sie unbearbeitet, bringen sie immer aufs Neue Chaos in die Chemie des Körpers. Hier bieten die Wechseljahre die Chance hinzugucken. In der Lebensmitte gewinnt die Einsicht zunehmend an Bedeutung, dass man es sich einfach nicht länger leisten kann, zwanghaft an etwas festzuhalten, das einem offensichtlich nicht guttut. Es sind weniger Faktoren wie zum Beispiel gute Gene, regelmäßiger Sport, gesunde Ernährung oder das Alter, die sich auf die Gesundheit auswirken, als vielmehr die eigene Einstellung, unsere Überzeugungen und gewohnten Denkmuster. Sie haben Einfluss auf unsere Organe, bis hinunter auf das Zell- und Genniveau. Deshalb ist es gut und wichtig, sich die Zeit zu nehmen und aufmerksam zu beobachten, wo sich die Gefühle im Körper konzentrieren, und sich dann geduldig um hängende Schultern, den Kloß im Hals, das flaue Gefühl im Bauch oder die zusammengebissenen Zähne zu kümmern.

Gib mir ein L! Gib mir ein E! Gib mir ein B! Gib mir ein E! L-E-B-E! Lebe! Sonst hast du nach dem Spiel in der Umkleidekabine doch nichts zu erzählen!
Harold und Maude

AMS: Selbstdiagnose per Fragebogen Was auch immer ihr Hormonspiegel besagt – wie Männer sich während der hormonellen Umstellung fühlen, ist etwas ganz anderes. Oft versuchen sie, die Gefühle und Symptome zu ignorieren, oder schreiben sie lediglich ihrem fortschreitenden Alter zu. Und solange Mediziner und die Gesellschaft generell die männlichen Wechseljahre weiterhin als Einbildung abtun oder als Krankheit stigmatisieren, werden Männer die Auseinandersetzung mit dem Thema meiden und stattdessen gegebenenfalls still vor sich hin leiden. Dabei kann es sehr hilfreich sein, einmal selbst zu beobachten, ob man bestimmte Symptome am eigenen Körper feststellen kann, und das geht – dank Internet – inzwischen zuverlässig, zügig und anonym. Der Suchbegriff lautet Aging Male Symptom (AMS). Mit Hilfe eines von Professor Lothar Heinemann entwickelten Tests kann jeder Mann Klarheit bekommen: Das Resultat des AMS gibt Auskunft darüber, ob eventuell ein Hormonmangel besteht oder nicht. Allerdings kündigen sich bestimmte Krankheiten wie beispielsweise Depressionen oder Diabetes häufig durch die gleichen Symptome an. Der Test ist mittlerweile fester Bestandteil vieler Urologen-Websites und wird gleich nach dem Ausfüllen ausgewertet. Anhand der Ergebnisse kann dann jeder selbst entscheiden, ob vielleicht ein Besuch beim Urologen ratsam wäre.

Je mehr man während der mittleren Lebensjahre in sich hineinhört und auf die innere Stimme vertrauend reagiert und handelt, desto besser ist es. Der Schlüssel heißt *Mitgefühl mit sich selbst*. Auch unter Medizinern werden die Wechseljahre für beide Geschlechter mehr und mehr als Chance verstanden. Eine prominente Vertreterin ihrer Zunft ist die Bestsellerautorin Christiane Northrup, die sich in ihrem Buch über die Menopause folgendermaßen äußert: »Die PMS und die Eskalation der Symptome, die im Klimakterium so häufig ist, sind in Wirklichkeit unser inneres Orientierungssystem, das versucht, unsere Aufmerksamkeit auf die Neujustierungen zu lenken, die wir in unserem Leben vornehmen müssen. Neujustierungen, die während der Wechseljahre besonders drängend werden.« Das gilt ganz genauso auch für Männer.

LOTHAR (60) **& KLAUS PETER** (65)

FOTOGRAFIEN VON TOBIAS KRUSE

MENOPAUSE

Im Laufe ihres Lebens werden Frauen aufgrund ihres – vermeintlichen – Hormonstatus von ihrer Umwelt immer wieder gern mit
vorschnellen Urteilen abqualifiziert. Aus dem leichtfertigen Vorwurf
»Du hast wohl deine Tage!« wird irgendwann die abfällige
Bemerkung: »Ach, die ist doch bestimmt in den Wechseljahren.« Gedankenlose Etikettierungen wie *Wechseljahre*
und *Menopause* verkleistern die erotische Identität einer
Frau, und hartnäckig hält sich das Vorurteil, das größte Problem, das Frauen in sexuell-erotischer Hinsicht in ihrer
zweiten Lebenshälfte bekommen, bestehe in der Austrock-
nung ihrer Scheidenschleimhäute, so dass Geschlechtsverkehr nur
noch unter Schmerzen möglich sei. Was ist wirklich dran am Phänomen »Trockenpflaume«?

Es ist ein Mythos, dass bei Frauen ab fünfzig hormonbedingt
permanente Sexflaute herrscht, weil sie ohnehin ausgetrocknet sind.
Bei der Mehrheit der Frauen treten in dieser Hinsicht nur geringe
Veränderungen auf, die keine oder nur leichte Beschwerden nach sich
ziehen. Folgt man dem Gedanken, dass die trockene Gereiztheit durch
einen Hormonmangel in der Lebensmitte ausgelöst wird, müsste sie
logischerweise mittels Hormontherapie verschwinden. Tatsächlich
konnte bisher kein Zusammenhang zwischen einer solchen Substitution und einer verbesserten *Lubrikation* oder gar weniger Schmerzen bei der Penetration festgestellt werden. Kirsten von Sydow und
Christian Reimer bewiesen 1995, dass sexuelle Erregung der ent-
scheidende Faktor für die Lubrikation ist, und die funktioniert unabhängig vom Alter und dem Hormonstatus der Probandinnen. Sehr
wohl helfen Hormongaben generell bei der Regeneration der Schleimhäute und lindern damit deren Reizbarkeit. Ob eine Frau aber feucht
genug für schmerzlosen Geschlechtsverkehr wird, hängt von
hormonunabhängiger Durchblutung ab. Der Umstand, dass
älteren Frauen beim Sex nachweislich häufiger Probleme mit
Trockenheit haben als junge, liegt einfach daran, dass es nun
auffällt, wenn sie beim Sex nicht erregt genug sind. Bis zu
den Wechseljahren reicht die normale, un-erregte Feuchtigkeit der Vagina, Ruhetranssudation genannt, für problemlo-
sen Geschlechtsverkehr aus. Diese Erkenntnisse könnten betroffene
Paare vielleicht dazu animieren, ihre Verhaltensmuster beim Sex zu
überdenken. Gleitcremes und Massageöle können auch dabei gute
Dienste leisten – und damit sind ausdrücklich nicht hormonhaltige
Salben gemeint, sondern reine *Schmierstoffe*. Das Eincremen von
Penis und Vulvina kann außerdem den Spaßfaktor beim Sex erhöhen.

Die Wechseljahre sind,
wenn der Storch,
der die Babys bringt, von
einem Betrunkenen
erschossen wird.
Die Simpsons

Gott ist ungalant. Er hat
alle Falten im Gesicht
konzentriert, obwohl
doch anderswo genug
Platz wäre.
Jeanne Moreau

Ebenso kann aber ein geübter Beckenboden als Vaginalbefeuchter oder als Erektionsstabilisator eingesetzt werden; mehrfaches Zusammenkneifen und Wiederloslassen wirkt manchmal Wunder. Die Durchblutung steigt, und somit kommt bei der Frau die Lubrikation in Gang, beim Mann nimmt die Steifheit des Penis zu.

Zusammenfassend seien hier ein paar einfache Kniffe aus der Trickkiste genannt, die dabei helfen, wieder reibungslosen Sex zu haben:

- das Benutzen von Gleitcremes und Massageölen beim Geschlechtsverkehr,
- gezielte Bewegungen des Beckenbodens zur Durchblutungssteigerung, siehe Übung auf S. 287,
- »manuelle Lubrikation«: Von *weiter oben* in der Vagina, wo anfängliche Erregung sich als Erstes verflüssigt, verstreicht man mit ein oder zwei Fingern etwas Feuchtigkeit Richtung Scheideneingang.

Bei sehr trockenen Schleimhäuten der Vagina kann es hilfreich sein, von Zeit zu Zeit im Abstand von ein paar Tagen Östrogencremes einzumassieren, um die Regeneration zu unterstützen. Diese Maßnahme bietet sich rein prophylaktisch und unabhängig vom Sex an und ist besser wirksam als Hormone zum Schlucken.

Das Klingeling der Hormonumstellung In jedem Kulturkreis herrschen unterschiedliche Auffassungen und Überzeugungen in Bezug auf die Wechseljahre vor, wie eine Untersuchung an der Charité Berlin im Jahr 2002 gezeigt hat. Sind hierzulande Hitzewallungen und trockengelegte Feuchtgebiete oft gedankliche Assoziationen, die dieser Lebensabschnitt hervorruft, wird er in fremden Kulturen mit ganz anderen Symptomen und Wertungen in Verbindung gebracht. Für türkische Frauen ist beispielsweise das Ausbleiben der Menstruation, die als monatliche Reinigung des Körpers angesehen wird, häufig ein großer Belastungsfaktor, und im Vergleich leiden sie stärker unter Hitzewallungen als ihre deutschen Geschlechtsgenossinnen. Im Japanischen hingegen gibt es nicht einmal ein Wort für Hitzewallungen. Stattdessen gelten dort und in Korea steife Schultern und ein Klingeln in den Ohren als körperliche Zeichen für das Klimakterium. Generell scheint der hormonelle Übergang dort weit weniger dramatisch empfunden zu werden als in der westlichen Welt – vielleicht, weil in diesen Ländern Disziplin und Selbstbeherrschung als hohe Tugenden gelten. Hieraus resultierende Überforderung und Verkrampfung können ihrerseits eventuell einen größeren Beitrag zu schmerzenden Schultern und Tinnitus leisten als hormonelle Veränderungen. Dennoch betrachtet man die Wechseljahre im Asiatischen eher als Initiationsgeschehen für eine spirituellere Existenz. In manchen Ländern verbessert sich für Frauen ab der Menopause sogar ihr gesellschaftlicher Status. Angesichts solcher kulturellen Rahmenbedingungen bieten die Wechseljahre mitunter durchaus verlockende Aussichten.

Viele Frauen wenden sich bei Problemen in den Wechseljahren hilfesuchend an die Ärzteschaft, schließlich – so denken viele – kennt die sich mit sexuellen Vorgängen im menschlichen Körper bestens aus. Die Realität ist leider oft eine andere: Ärztliche Gespräche über Sexualität finden sehr selten statt. Eine Studie der Psychologin Kirsten von Sydow hat gezeigt, dass sich 71 Prozent der jüngeren Frauen wünschen, von ihrem Gynäkologen nach eventuellen sexuellen Problemen befragt zu werden – nicht zuletzt, weil der Großteil der Patientinnen sich nicht traut, dieses Thema selbst anzusprechen. Nur 23 Prozent der 50- bis 70-Jährigen hat sich überhaupt schon einmal mit einem Frauenarzt über Sexualität ausgetauscht. Insbesondere zwei Faktoren

»Wie sieht es denn mit Verhütung aus?«
»Menopause.«
»Bin ich ein Glückspilz.«
Was das Herz begehrt

stehen einem solchen Gespräch im Weg: Zum einen werden Gynäkologen in Sexualangelegenheiten nicht fachlich ausgebildet, zum anderen fehlt ihnen innerhalb einer normalen Untersuchungseinheit schlicht die Zeit, ein so großes Thema angemessen zu eröffnen und auch wieder abzuschließen. Häufig hören die Patientinnen nämlich, wenn sie erst einmal die Gelegenheit bekommen, darüber zu sprechen, nicht so schnell wieder damit auf. Hier sind eher Sexualtherapeuten die geeigneten Ansprechpartner. Wünschenswert wäre daher eine engere Zusammenarbeit der beiden Disziplinen in diesem Bereich. In puncto Hormonfragen hingegen sind Gynäkologen oder darauf spezialisierte Heilpraktiker die richtige Adresse. Dieser Aspekt erfordert umfassende Kenntnisse und eine kritische Darstellung von Nutzen und Risiken der verschiedenen Therapiemöglichkeiten sowie Einfühlungsvermögen für die individuellen Wünsche und Befindlichkeiten der Patientinnen, um eine erfolgreiche Beratung der Frauen zu gewährleisten.

Als Kind malte ich mir mit einem Eyeliner Falten und zog einen dicken Strickpullover an, um mir vorzustellen, wie sich meine Großmutter fühlt. Und heute sehe ich wirklich so aus.
Meryl Streep

LUST UND FRUST

Die Natur hat es so eingerichtet, dass Frauen in der Phase um den Eisprung mehr Geschlechtshormone im Blut und damit mehr Lust auf Sex haben. Bis zu diesem Zeitpunkt steigt der Spiegel des Lusthormons Testosteron, aber auch von Progesteron und Östrogen, im Lauf eines vierwöchigen Zyklus an, um anschließend bis zur Regelblutung stetig wieder abzusinken. Viele Frauen bemerken in dieser Zeit, dass ihre Lust zunimmt, manchen allerdings passiert das auch kurz vor ihrer Menstruation. Eine Ursache hierfür ist der bereits beschriebene Erregungsreflex – unmittelbar vor den »Tagen« sind alle Schleimhäute besser durchblutet denn je. Es handelt sich dabei allerdings um ein komplexes Zusammenspiel vieler Faktoren, und da Ausnahmen bekanntlich die Regel bestätigen, gibt es natürlich auch Frauen, die trotz eines hohen Testosteronspiegels Probleme mit der Lust haben, und solche, die eine niedrige Konzentration des Hormons im Blut aufweisen und trotzdem eine erfüllte Sexualität genießen – vielleicht ein weiteres Zeichen dafür, dass die mehr oder minder entwickelte (und erlernte!) Fähigkeit, die eigene Erregung zu spüren, für den Genuss am Sex eine tragende Rolle spielt. Wer seinen Körper nicht kennt, wird tendenziell auch beim Sex weniger spüren und daher seltener Lust in sich aufkommen fühlen. Kein Wunder, dass manche Frauen diese Art

Sex ist wie Luft: Nicht so wichtig – bis man zu wenig davon bekommt.
Sharon Stone

von Sexualität langweilig finden und sich, meist unbewusst, davon distanzieren. Dabei kommt ihnen die Menopause gerade recht. Hormonelle Argumente gibt es dafür indes keine: Testosteron wird nämlich vom weiblichen Körper auch nach der Menopause weiterhin produziert. Zwar sinkt die Menge verglichen mit dem Testosteronstatus von 20-Jährigen um etwa 60 Prozent, aber da die entgegenwirkenden Hormone ebenfalls deutlich an Präsenz und Einfluss verlieren, kann das Lusthormon seine Wirkung ganz anders entfalten.

Zudem entspannt sich die allgemeine Lebenssituation: Die Kinder sind aus dem Haus, man hat den eigenen Körper akzeptiert, und die Amygdala kann nun häufiger ihre Zustimmung zum Sich-fallen-Lassen und Sexgenießen geben. So geben manche Frauen zwischen fünfzig und sechzig in der sexualtherapeutischen Praxis an, sich wie »neugeborene Sex-Freaks« zu fühlen. Anhaltende oder sogar gesteigerte Lust nach der Menopause ist kein seltenes Phänomen. Selbst Frauen, denen die Eierstöcke entfernt wurden, können noch hormonbedingte Lust empfinden, denn über 90 Prozent des Testosterons wird nach den Wechseljahren in den Nebennierenrinden produziert. Hätten Östrogen, Progesteron und Testosteron ausschließlich die Aufgabe, den Fortpflanzungsapparat des Menschen in Gang zu halten, würden die Geschlechtshormone spätestens nach der Menopause ganz aus dem Körper verschwinden. Stattdessen schnellen im Lauf der Wechseljahre die Werte verschiedener Sexualhormone in die Höhe und bleiben auch nach dem Umbruch auf diesem Niveau. Vielleicht hat Mutter Natur gute Gründe, den Menschen sexuell aktiv zu halten, ohne dass er sich noch vermehren kann – schließlich soll Lust das Leben auf angenehme Art verlängern.

Für eine erfüllte Sexualität der Frauen viel bedeutender als die Hormone ist aber die Qualität der Paarbeziehung: Gibt es ungelöste Konflikte oder immer wiederkehrende Streitigkeiten? War Untreue jemals ein Thema? Wie lange ist das Paar schon zusammen? Gibt es ein Zuviel an Nähe, oder ist man eher gemeinsam einsam? Wie ist es um die körperliche und geistige Gesundheit beider Partner bestellt? Treten beim Partner Erektionsprobleme auf? Werden sexuelle Wünsche und Bedürfnisse offen zur Sprache gebracht? Von Sydow bestätigte in ihren Untersuchungen, dass die Mehrheit der Frauen oft bis Ende siebzig sexuell rege und masturbatorisch aktiv bleibt: Zwar wird das von Angehörigen der älteren Generation oft noch tabuisiert, bei Umfragen aber immerhin zugegeben – und zwar von bis zu 40 Prozent

Alter schützt vor Liebe nicht, aber Liebe vor dem Altern.
Coco Chanel

Ich habe keine Angst vor dem Alter. Ich erschrecke nur manchmal, wenn ich plötzlich mein Gesicht in einem Schaufenster sehe.
Meryl Streep

der über 80-jährigen Frauen. Ein Drittel von ihnen berichtet von erotischen Träumen im Schlaf. Eine weitere interessante Entdeckung machte von Sydow 1994, als sie herausfand, wie unterschiedlich Frauen das Ende ihres sexuellen Beziehungsdaseins beschreiben. Die Äußerungen reichten von »Ich war ganz froh, dass endlich Schluss mit dem Sex ist« bis zu »Manchmal habe ich darum geweint«.

Bedauerlicherweise gibt es kaum Untersuchungen, die sich mit den sexuellen Problemen und Wünschen von gesunden, also beschwerdefreien 50- bis 90-jährigen Frauen beschäftigen. Auch liegen bisher kaum Informationen über lesbisch lebende Frauen und ihre klimakterischen Erfahrungen vor. Ein weiterer Kritikpunkt an den meisten Studien ist, dass dabei im Allgemeinen nur die Häufigkeit des Geschlechtsverkehrs als Indikator für gelebte Sexualität dient. Nach den gerade für Frauen relevanten Streicheleinheiten, dem Küssen und viele anderen sexuellen Spielarten, der empfundenen Nähe zum Partner und der allgemeinen Zufriedenheit wird üblicherweise nicht gefragt. Anders in einer Studie von Beate Schulz-Zehden, die 1998 an 50- bis 70-jährigen Frauen, die in Partnerschaften lebten, sechs verschiedene Sexualprofile beschrieb.

> Wechseljahre sind die Postpubertät, die zweite Volljährigkeit, die große Sondierungsphase vorm Altern – noch ist alles möglich, es sei denn, der Lack ist ab.
> *Désirée Nick*

Über die Hälfte der Probandinnen, nämlich 53 Prozent, gehörten demnach zu den insgesamt drei »sexuell positiv« eingestellten Gruppen. Die größte Gruppe waren die *Zärtlichkeitsorientierten*, die angaben, dass ihnen Zärtlichkeit wichtiger sei als der Sex an sich. An nächster Stelle kamen die *sexuell Befreiten*, die ihre Wechseljahre wie einen zweiten Frühling erlebten und ihre Partnerschaft als besonders glücklich beschrieben. Die dritte Gruppe wurde als die *sexuell Emanzipierten* charakterisiert, die besonders häufig die Initiative ergriffen und sexuell überaus aktiv waren. Alle drei Gruppen beschrieben ihr sexuelles Interesse und den Genuss am Sex für die Zeit vor und nach den Wechseljahren als unverändert. Ihre Sexfrequenz war konstant geblieben oder hatte sich nur leicht verringert, und fast alle hatten noch Geschlechtsverkehr. Von menopausalen Problemen war bei diesen Probandinnen kaum die Sprache, und sie verfügten über gute sexualkommunikative Fähigkeiten.

Die übrigen 47 Prozent zeigten ein weniger freudvolles Verhältnis zum Sex. Wieder ließen sich verschiedene Untergruppen differenzieren. Die *sexuell Unbefriedigten* wünschten sich mehr Sex, bezeichneten den, den sie innerhalb ihrer Partnerschaft erlebten, jedoch als langweilig oder einfallslos. Als *sexuell Zurückgezogene* wurden diejenigen benannt, die im Grunde keinen Sex mehr hatten und froh über diese Abstinenz waren. Gehörten die Frauen zu den *sexuell Des-interessierten*, hatten sie zwar keine Lust, ließen aber in den meisten Fällen die Penetration noch über sich ergehen und machten dann »einfach mal mit«. Fast ist es überflüssig zu erwähnen, dass Frauen aus den »freudlosen« Gruppen angaben, sowohl ihr sexuelles Interesse und ihre sexuelle Aktivität als auch ihr Genuss am Sex seien immer geringer geworden, wenn nicht ganz versiegt. Bemerkenswerterweise klagten viele dieser Frauen über ausgeprägte menopausale Beschwerden. Sie neigten eher als die positiv eingestellten Teilnehmerinnen der Studie dazu, den Hormonwandel für ihre sexuellen Defizite verantwortlich zu machen, und hatten häufiger Schwierigkeiten damit, überhaupt von Sex zu sprechen.

Zum Glück ist beinahe jede Frau in der Lage, von der einen in die andere Gruppe zu wechseln, wenn und wann sie will. Das jeweilige Gruppenprofil beschreibt einen Zustand, kein Schicksal. Und der Umstand, dass Wechseljahrbeschwerden abnehmen und sogar verschwinden, wenn eine Frau Sexualität oder Zärtlichkeit genießt, könnte ein weiterer Ansporn dazu sein, die eigene Gruppenzugehörigkeit in Frage zu stellen. Hat man als junger Mensch Spaß am Sex, tendiert man auch im Alter dazu, sexuell aktiv zu bleiben. Eine Ausnahme bilden die *sexuell Verlassenen*. Wer zu dieser Gruppe gehört, leidet unter einem unfreiwilligen Mangel an sexuellem Kontakt. Bei den Singles unter ihnen liegt der Grund dafür auf der Hand: die Abwesenheit eines Sexualpartners. Der weitaus größere Teil der Frauen in dieser Gruppe jedoch ist verheiratet und muss mit Unlust, Potenzproblemen oder Krankheit des Partners zurechtkommen. Tatsächlich wird sexuelle Aktivität durch das höhere Alter des Mannes und dessen Begleiterscheinungen häufig beeinträchtigt, zumindest in heterosexuellen Beziehungen.

Die Leute, die nicht zu altern verstehen, sind die gleichen, die nicht verstanden haben, jung zu sein.
Marc Chagall

»NEHMEN SIE DOCH EIN EXTRAHANDTUCH MIT, WENN SIE SO SCHWITZEN«

Laut der Psychologin Colette Mergeay sind die Wechseljahre ein sehr individueller Prozess und Beschwerden in dieser Phase so wenig ein Versagen wie Beschwerdefreiheit ein Verdienst. Statistisch betrachtet haben rund zwei Drittel aller Frauen »mittlere Beschwerden«, einige merken weniger, andere leiden mehr.

Die Nummer eins unter den Plagegeistern sind sicherlich **Hitzewallungen und Schweißausbrüche**. Immerhin zwei Drittel aller Frauen machen im Laufe der Wechseljahre ihre Bekanntschaft. Durch die Schwankungen des Östrogenspiegels gerät das Temperaturzentrum des Körpers durcheinander, was zu plötzlichen Wärmeschüben verbunden mit Herzrasen und starkem Schwitzen führt. Manch einer Frau fällt das Atmen so schwer, dass sie regelrechte Beklemmungsgefühle entwickelt. Meistens dauern die Wallungen nur wenige Minuten, längstens eine halbe Stunde. Danach frösteln viele Frauen. Wieder lassen sich keine allgemeingültigen Aussagen machen: Das Phänomen kann zu jeder Tages- oder Nachtzeit mehrmals täglich einsetzen oder auch nur einmal pro Woche. In der Regel treten die Wärmeschübe über einen Zeitraum von zwölf Monaten bis zu fünf Jahren auf, teils aber auch länger. Nicht selten landen Frauen in den Wechseljahren mit **klopfendem Herzschmerz** in der Notaufnahme, aus der sie ebenso oft ohne Befund wieder entlassen werden, im schlimmsten Fall begleitet von einem Kopfschütteln wegen der vielen Aufregung um nichts. Die Unvorhersehbarkeit und das Unkontrollierbare der verschiedenen Symptome können sogar dazu führen, dass sich eine Frau nicht mehr in Gesellschaft traut.

Eine weitere häufige Folge der sinkenden Östrogenproduktion sind **Schlafstörungen**. Etwa die Hälfte aller Frauen hat in den Wechseljahren Probleme mit dem Ein- und Durchschlafen. Wo früher das Östrogen für Tiefschlaf und die allnächtliche Verarbeitung des tagsüber Erlebten sorgte, wird man nun von Ängsten und Sorgen bis in den Schlaf verfolgt. Und es ist kaum ein Trost, dass Störungen des Schlafrhythmus in dieser Lebensphase kein exklusiv weibliches Problem sind – auch Männer schlafen aufgrund der Hormonumstellung schlechter. Vielleicht kann also geteiltes Leid in diesem Fall wirklich halbes Leid bedeuten, wenn sich die Partner mal wieder gemeinsam eine Nacht um die Ohren schlagen.

Außerdem kann sich die abnehmende Östrogenversorgung in **schmerzenden Gelenken** und **trockener Haut** bemerkbar machen. Im Zuge der Wechseljahre wächst durch die radikale **Verlangsamung des Stoffwechsels** die Tendenz des Körpers, Fett einzulagern, was sich häufig in Form eines »**Rettungsrings**« um die Körpermitte abzeichnet. Bauchfett ist aber nicht nur optisch aus der Mode, sondern stellt auch ein echtes Gesundheitsrisiko dar. Zwei Faustformeln können helfen zu erkennen, ob die eigenen Pölsterchen bedenklich sind.

Ich schwitze und schwitze. Ich höre gar nicht mehr auf zu schwitzen. Irgendwann bin ich eine einzige Schweißlache!
Klimawechsel

Blanche: »Und jetzt entschuldigt mich. Ich muss in was schlüpfen, was mich von meiner besten Seite zeigt!«
Rose: »Wie wär's denn mit 'ner Zeitmaschine?«
Golden Girls

Rettungsring-Koeffizient Je mehr Bauchfettzellen ein Mensch aufweist, desto höher ist sein Risiko, an Diabetes, Herzproblemen, Bluthochdruck, Brust- und Gebärmutterkrebs, Gallen- und Nierensteinen, Arthritis, Inkontinenz, Schlaganfällen und Atemaussetzern im Schlaf zu leiden. Mit einem einfachen Test lässt sich errechnen, wie hoch das eigene Risiko ist: Zunächst misst man den Gesäßumfang an der stärksten Stelle und den Umfang der Taille an der schwächsten. Dann teilt man den Taillenwert durch den des Gesäßes. Ein Wert unter 0,8 gilt bei Frauen als gesund, ideal ist ein Ergebnis von 0,74. Mit einem Wert von mehr als 0,85 gehört man hingegen zur Risikogruppe. Bei Männern sollte der Wert weniger als 1,0 betragen.

Ein anderer Indikator ist der *Body Mass Index* (BMI), den man errechnet, indem man die eigene Körpergröße (in Metern) mit sich selbst multipliziert und dann das eigene Körpergewicht (in Kilogramm) durch das Ergebnis teilt. Unbedenklich ist hier jeder Wert, der 25 nicht übersteigt.

LEIDENSWEGE UND LÖSUNGSANSÄTZE

Eine Reihe von körperlichen und psychischen Beschwerden können Frauen die Lust am Sex verleiden und auch außerhalb der Wechseljahre auftreten. Häufig allerdings machen sie sich gerade in dieser Lebensphase bemerkbar, weil ihnen die Umstände den Weg ebnen.

So klagen rund 13 Prozent aller älteren Frauen über wiederholte **Harnwegsinfektionen**. Diese stellen nicht unbedingt ein sexuelles Problem dar, können aber durchaus zu einem werden. Wer die Erfahrung macht, dass sich regelmäßig nach dem Sex bestimmte Symptome einstellen, wird vorsichtig und entwickelt eventuell sogar ein gewisses Maß an Unlust. Dabei ist es wenig tröstlich zu wissen, dass die bakteriellen Störenfriede bei Frauen jeden Alters in fast allen Fällen aus der eigenen Darmflora in die Blase eingewandert sind. Diese Bakterien landen relativ leicht in der Vagina; werden sie dort in jungen Jahren jedoch zügig vom herrschenden Milieu unschädlich gemacht, wandern sie bei älteren Frauen ungehindert durch die Harnröhre in die Blase ein. Darüber hinaus kann es zu Reizungen und Entzündungen der Harnröhre kommen, wenn Frauen, die nicht erregt genug sind und dadurch Schmerzen beim Sex haben, den Beckenboden anspannen oder aktiv versuchen, die Scheide beim Geschlechtsverkehr zu verengen, um erneuten Schmerz zu vermeiden. Muskelverkrampfungen aufgrund von schlechter Haltung, falschem Beckenbodentraining oder emotionalen Gründen bis hin zu traumatischen Störungen sind weitere bekannte Gründe für Anspannungen, die der Harnröhre zusetzen. Der erste Schritt bei wiederholt auftretenden Blasenentzündungen in der Postmenopause ist eine Östrogenbehandlung der Vagina, vor allem der Scheidenvorderwand, hinter der die Harnröhre liegt. Sinnvoll könnte ebenfalls sein, ein gutes Buch über den Beckenboden zu lesen, um ihn kennen- und nutzen zu lernen. Generell hilft es, viel zu trinken und vor allem direkt nach dem Sex auf die Toilette zu gehen, um die Blase wirklich vollständig zu entleeren. Übertriebenes Waschen tut dem natürlichen Milieu im Vagina- und Blaseneingang ebenso wenig gut wie Intimsprays, Diaphragmen oder Spermizide. Hingegen hat die Flüssigkeit, die bei Berührung und Erregung der weiblichen Prostata aus den Drüsen tritt, antibakterielle Wirkung.

Ein anderer Dämpfer für genussvollen Sex ist der sogenannte **Vaginismus**, das heißt die unwillkürliche Verkrampfung oder Verspannung des Beckenbodens und des äußeren Drittels der Vaginalmuskulatur, wodurch der Scheideneingang eng oder wie verschlossen erscheint. Manche nennen es »Scheidenkrampf«, andere vermuten fälschlicherweise, das Phänomen hänge mit Frigidität oder Scheidentrockenheit zusammen und sei bei der davon betroffenen Frau immer schon latent vorhanden gewesen. Der nächste Schritt besteht dann häufig darin, diese Frauen mit verschieden großen Dilatoren und etwas Gleitgel auszustatten. Die Idee dabei ist, dass sie sich langsam an das Gefühl gewöhnen soll, dass ihre Vagina sich immer weiter dehnt und öffnet. Damit wird das Problem jedoch ganz und gar nicht gelöst, denn die Frauen machen sich noch mehr Sorgen. Sie haben Schmerzen und ganz offensichtlich Beschwerden, während sie von der Außenwelt vielfach die Rückmeldung bekommen, dass es dafür eigentlich gar keinen Anlass gebe – »sie sollen sich doch einfach mal entspannen«. Dabei ist der Zusammenhang meist ein ganz anderer.

Denn die meisten Frauen haben durchaus einen triftigen Grund dafür, dass ihr Beckenboden »dicht macht«. Ursache kann entweder die unbewusste Angst vor Schmerzen sein oder ein tatsächlich auftretendes unangenehmes Gefühl beim Eindringen. Für beides schafft die Menopause ein empfänglicheres Umfeld als die hormongesättigten Jahre zuvor. Mangelnde Erregung kann für Schmerzen beim Sex sorgen, im Fachjargon spricht man von **Dyspareunie**. Und weil der Körper schlau ist, spannt er beim nächsten Mal unter Umständen vorab schon mal an, um dem Schmerz zuvorzukommen. Auf diese

Weise kann die Frau in einen Teufelskreis geraten, der bis zum Vaginismus führt. Ihn zu durchbrechen beginnt oft mit dem bewussten Spüren und Wahrnehmen des eigenen Körpers. Dazu ist es nützlich, wenn man ihn kennt und über Muskelspannung, Erregung und Beckenboden Bescheid weiß. Zudem muss die Vagina lernen, Berührungen (wieder) lustvoll statt schmerzhaft zu erleben.

Eine dritte Bremse für lustvollen Sex in den Wechseljahren können **Depressionen** sein. Durch die Hormonumstellung geraten vor allem Frauen, die ohnehin eine genetische Veranlagung dazu haben, unter Belastung depressiv zu reagieren, emotional aus dem Gleichgewicht. Der fallende Östrogenspiegel tut in dieser Phase ein Übriges: Stimmung und Laune gehen in den Keller, und die häufigen schlaflosen Nächte verschlimmern das Befinden. Das gesamte System gerät durcheinander, und wie aus dem Nichts treten Depressionen auf, die in der Regel nach dem Ende der hormonellen Umstellung so unvermittelt wieder verschwinden, wie sie aufgetaucht sind. Bis es so weit ist, können Hormongaben in manchen Fällen Linderung bringen; bei schweren klinischen, Depressionen sind Antidepressiva jedoch das gebotene Mittel. Leider schlagen diese manchmal auf die sexuelle Lust, dann kann eventuell ein Medikamentenwechsel Abhilfe schaffen.

Ich habe den Kampf gegen die Falten aufgegeben, weil nichts so viele Falten macht wie der Kampf gegen die Falten.
Liv Ullmann

HORMONTHERAPIE – JA, VIELLEICHT, ODER DOCH EHER NIE?

Geplagt von den unterschiedlichen Begleiterscheinungen der Wechseljahre kommen viele Frauen an den Punkt, an dem sie sich fragen, ob die Einnahme von Hormonen eventuell Besserung für sie bedeuten könnte. Die Frage ist komplex und schwierig zu beantworten, letztlich muss jede Frau selbst entscheiden und ausprobieren, was ihr guttut.

Bereits zu Beginn des 20. Jahrhunderts wurde mit Hormonen von Rindern und trächtigen Stuten experimentiert, um natürliche Extrakte zu gewinnen. Erst sieben Jahrzehnte später kam eine Vielzahl zugelassener Produkte auf den Markt, die, auf synthetische Art hergestellt, den natürlichen Hormonen der Frau sehr ähnlich waren. Damit kam der Siegeszug der hormonellen Substitutionstherapie in Gang. Einer ihrer glühenden Verfechter war der Amerikaner Robert A. Wilson, Verfasser wissenschaftlicher Abhandlungen und Autor des Bestsellers *Die vollkommene Frau – Östrogengeschenk der*

Wissenschaft: Keine kritischen Jahre mehr, in dem er die Auffassung vertrat, dass Frauen mit der Wunderdroge Östrogen nicht nur einen Jungbrunnen in Tablettenform geboten bekämen, sondern auch noch der – ohnehin überflüssigen – Menopause ein Schnäppchen schlagen könnten. Die amerikanische Pharmaindustrie war verständlicherweise begeistert von Wilson und seinen Thesen – und er von ihren finanziellen Zuwendungen. Immer neue Studien, darunter die große *Nurse-Health-Untersuchung 1976 bis 1987*, schienen den Hormonenthusiasten zu bestätigen. Demnach beugten Östrogene schweren Krankheiten wie beispielsweise Herzinfarkt, Schlaganfall, Alzheimer und Osteoporose vor, förderten Wachstum und Regeneration der Zellen und wirkten wie eine Rundum-sorglos-Kur für die Blutgefäße. Noch bis Mitte der 1990er Jahre galten Östrogene praktisch als Allheilmittel gegen Beschwerden in den Wechseljahren und wurden bedenkenlos verschrieben. Im Jahr 2000 nahm fast jede zweite Frau zwischen 55 und 60 Jahren diese Hormone.

> Wahre Schönheit und Weiblichkeit sind alterslos und nicht künstlich herstellbar.
> *Marilyn Monroe*

Ende der 1990er Jahre ergab die *Heart and Estrogen Replacment Study* – eine Untersuchung, deren Probandinnen herzkranke Frauen waren – dann jedoch, dass der vermeintlich positive Effekt des Östrogens auf das Herz nicht bestätigt werden konnte. Und acht Jahre später lösten die Erkenntnisse der *Women's Health Initiative Study* (WHI) eine regelrechte Schockwelle aus, als man – im krassen Widerspruch zu den früheren Untersuchungen – herausfand, dass Östrogene unter anderem bei der Entstehung von Krebs, Herzinfarkten, Schlaganfällen und tödlich verlaufenden Thrombosen eine maßgebliche Rolle spielen. Innerhalb kürzester Zeit ging daraufhin in den Vereinigten Staaten die Nachfrage für verschreibungspflichtige Hormone um 70 Prozent zurück. Wenig später lieferte die *Million Women Study* in Großbritannien ähnliche Resultate. Der Schreck saß allerorten tief. Eine Erklärung für die alarmierende Widersprüchlichkeit der Untersuchungsergebnisse wurde schließlich gefunden, als man sich mit deren jeweils ganz verschiedenem Aufbau im Hinblick auf Probanden, Parameter und Fragestellungen befasste. Inzwischen weiß man, dass es sehr viele unterschiedliche Aspekte gibt, die bei derartigen Erhebungen berücksichtigt werden müssen, und die Bewertung der Ergebnisse stark vom Erkenntnisinteresse beeinflusst wird.

> Denn ich werde euch durch das Menopausen-Labyrinth führen. Mit meinen Vitaminen, meinen Melatonin-Schlafbrillen, meiner bioidentischen Östrogencreme, meiner Progesteroncreme – mit einem winzigen Hauch Testosteron …
> *Sex and the City 2*

Bald kam denn auch berechtigte Kritik an der WHI-Studie auf. So waren die Probandinnen mit einem Durchschnittsalter von 63

Jahren überwiegend längst postmenopausal. Inzwischen geht man davon aus, dass mit einer Substitution eher begonnen werden sollte, nämlich zu Beginn der Wechseljahre. Je jünger eine Frau bei der Ersteinnahme von Hormonen ist, desto gesünder sind Gefäße, Herz und der Körper insgesamt, so dass sich die Präventivwirkung der Hormone optimal entfalten kann. Ein anderer Punkt der WHI-Untersuchungen, an dem Kritik geübt wurde, war die Verabreichungsform: Als Tablette oral eingenommen, wie bei der WHI-Studie, landen die Hormone direkt in der Leber, wodurch sich die Thrombosewahrscheinlichkeit erhöht. Über die Haut, beispielsweise in Form einer Salbe, zugeführt, kommt es deutlich seltener zu dieser Nebenwirkung.

Ein leichtfertiger Einsatz von Hormonen ist also nicht empfehlenswert. Die frühere Hormon-Propaganda hat sich längst umgekehrt, und heute gilt weniger die Losung »Mehr Schutz als Schaden« als vielmehr die Warnung »Mehr Schaden als Schutz«. Natürlich lassen sich Untersuchungsergebnisse sehr unterschiedlich darstellen, je nachdem, welche Zwecke damit verfolgt werden: Wenn eine Studie zu dem Ergebnis kommt, dass bei 8 von 10 000 Frauen nach Einnahme von Hormonen Brustkrebs diagnostiziert wurde, während von den Probandinnen, die keine Präparate eingenommen hatten, nur 4 erkrankten, wird daraus schon mal die reißerische Schlagzeile gemacht: »Brustkrebsrate mit Hormonen doppelt so hoch wie ohne!« Tatsächlich sind von insgesamt 10 000 Frauen 8 statt 4 an Brustkrebs erkrankt – und ausschlaggebend dafür war vielleicht etwas ganz anderes als die Hormongaben; 10 000 Frauen wurde jedoch gegen ihre Beschwerden in den Wechseljahren geholfen – auch denen, die Krebs bekamen. Bei den bisherigen Erhebungen lagen die Nebenwirkungen im Allgemeinen in einem sehr niedrigen Prozent- oder (wie in diesem Beispiel) im Promillebereich. Die Vorteile einer Hormonbehandlung können also durchaus überwiegen. Jede Frau sollte daher selbst entscheiden, welche Prioritäten sie setzt, wie stark ihre Beschwerden sind und welche Risikofaktoren von ihr in Kauf genommen werden.

Hormone mit Nebenwirkungen   Die folgende Übersicht zeigt ein paar der bekanntesten schädlichen Folgen, die hormonelle Substitution nach sich ziehen kann:

Brustkrebs ist grundsätzlich eher altersabhängig als eine Folge der Hormontherapie. Auch scheinen gute oder schlechte Gene deutlich weniger verantwortlich für die Diagnose als gemeinhin angenommen. Sport senkt das Risiko, Übergewicht schadet. Nach der Einnahme von Kombinationspräparaten tritt Brustkrebs häufiger auf als nach reinen Östrogengaben. Auch der Zeitpunkt der Ersteinnahme hat bekanntermaßen Einfluss: Laut der MARIE-Studie des Deutschen Krebsforschungszentrums und des Universitätsklinikums Hamburg-Eppendorf verdoppelt sich das Brustkrebsrisiko, wenn die Kombination von Östrogen-Gestagen länger als fünf Jahre verabreicht wird. Natürliches Progesteron scheint hier weniger problematisch als synthetische Gestagene. Östrogen alleine verabreicht erhöht das Risiko auf **Gebärmutterhalskrebs**; gegen diese Krebsart werden wiederum Hormonkombinationen empfohlen. Manche Experten raten, Hormone nicht länger als ein bis zwei Jahre zu nehmen. Es spielt eine Rolle, wie viele die jeweilige Frau generell in ihrem Leben schon zu sich genommen hat und wie ihr ureigener Hormonhaushalt aufgestellt ist.

Frauen mit einem gesunden **Herz-Kreislauf-System** genießen einen präventiven Schutz durch Hormone, vorausgesetzt, sie beginnen zum richtigen Zeitpunkt mit der Einnahme – sonst bleibt die positive Wirkung aus oder kehrt sich sogar um und die Hormongabe fördert Herzerkrankungen. Das **Schlaganfallrisiko** erhöht sich durch hormonelle Substitution vor allem, wenn bereits hoher Blutdruck oder krankhafte Gefäßveränderungen vorliegen. Rauchen, schlechte Ernährung, Stress oder Diabetes leisten ebenfalls einen Beitrag zum Ausbruch der genannten Krankheiten.

Es wird behauptet, dass eine rechtzeitig begonnene Hormonbehandlung **Demenz** verhindern kann; ist sie bereits vorhanden, können Hormone die Erkrankung jedoch verschlimmern.

Der Anteil der Frauen, die in den Wechseljahren Hormone einnehmen, liegt bei etwa 10 bis 20 Prozent und entspricht damit in etwa dem Anteil derer, die über heftige Beschwerden klagen. Studien zufolge hat ein Drittel aller Frauen starke Wechseljahrsymptome, ein weiteres Drittel gibt an, davon mäßig beeinträchtigt zu werden, während das verbleibende Drittel zwar die Folgen der Hormonumstellung wahrnimmt, darunter aber nicht leidet. Die Gründe, aus denen Frauen in Arztpraxen selbst die treibende Kraft sind, wenn es um die Verschreibung von Hormonpräparaten geht, mögen überraschend klingen: Neben dem »Wunsch nach Beschwerdefreiheit« ist das vor allem die »Sorge, anderen mit ihrem Leid zur Last zu fallen«. Manche erhoffen sich den »Erhalt von Attraktivität und Jugendlichkeit«, und die eine oder andere fragt sogar aus reiner »Bequemlichkeit« nach einem Rezept. Machten früher die Wechseljahre viele Frauen »unsichtbar«, weil sie sich aus der Öffentlichkeit zurückzogen, versuchen heutzutage viele, den Spieß umzudrehen und die Wechseljahre an sich selbst unsichtbar werden zu lassen. Es ist längst nicht immer nur der Arzt, der eine Hormonbehandlung initiiert.

Man muss kein Mathegenie sein, um sich eben ausgerechnet zu haben, dass etwa zwei Drittel aller Frauen entweder nur mäßige Beschwerden haben oder kaum unter ihnen leiden. Diese Gruppe ist erstaunlicherweise bislang wissenschaftlich weitgehend unbeobachtet geblieben. In einer Studie mit dem Namen *FrauenLebenGesundheit* aus dem Jahr 1997 gaben solche Frauen mit geringen oder wenigen Symptomen auf die Frage »Welches waren für Sie persönlich die wichtigsten Veränderungen im Zusammenhang mit den Wechseljahren?« durchaus hoffnungmachende Antworten wie zum Beispiel: »Mehr Ruhe und Distanz zum alltäglichen Kleinkram«, »Mehr Spaß am Sex«, »Ein neues Gefühl von Freiheit« oder »Eine zweite Eheschließung«. Wenn man allerdings das Klimakterium ausschließlich als Chance und Gelegenheit, die Weichen neu zu stellen, auffasst, können auch Druck und Probleme entstehen. Gelassenheit, Aufgeschlossenheit und eine positive Grundeinstellung sind zwar eine gesunde Basis, aber kein Allheilmittel. Wie Frau den Wechseljahren begegnet, liegt maßgeblich an ihr. Manche mag es dabei beruhigen, dass sie in der Regel bei der Wahl ihrer Waffen gegen die Beschwerden eine Vielzahl von Möglichkeiten zur Verfügung hat, darunter nicht zuletzt natürliche Alternativen zur hormonellen Substitution. Und welchem Ansatz sie folgt, bleibt dabei jeder selbst überlassen.

Du musst zwei Frauen sein, die Heilige und die Hure, die Bibliothekarin und die Stripperin, einerseits musst du den Typen auf Abstand halten mit kalter Gleichgültigkeit, und andererseits musst du ein verführerischer Sextornado sein!
Die nackte Wahrheit

NATÜRLICH NATÜRLICH

Bevor es eine pharmazeutische Industrie mit ihren bestellten Studien und kommerziellen Interessen gab, verließen sich Frauen auf ihre Intuition, bewährte Hausmittel und Mutter Natur, um sich und ihre Familien gesund zu erhalten. Was damals wirkte, funktioniert auch heute noch. Heilpflanzen und bestimmte Nahrungsmittel können den Körper auf verschiedenen Ebenen dabei unterstützen, sich im Gleichgewicht zu halten. Zudem sind sie eine Alternative für Frauen, die auf der einen Seite Beschwerden lindern wollen, andererseits aber ein erhöhtes Krebsrisiko aufgrund der Einnahme von Hormonpräparaten fürchten.

Eine ausgewogene Ernährung wird in den Wechseljahren wichtiger denn je, weil der Körper auf eine ungesunde Lebensweise nun heftiger reagiert. Raffinierte Kohlenhydrate, wie sie zum Beispiel in Weißmehl und Kristallzucker enthalten sind, verschärfen sämtliche klimakterischen Probleme, da sie sich direkt auf die Hormonbalance auswirken. Körperliche Bewegung bleibt in diesem Zusammenhang wichtig, auch wenn damit häufig nicht mehr die gleichen Erfolge erzielt werden wie vor dem Hormonumbruch, weil sich Fettverbrennung und Stoffwechsel umstellen.

Viele Anhängerinnen der *pflanzlichen Hormontherapie* vertreten die Auffassung, dass sie lieber Heilpflanzen und Nahrungsmittel zum Wiederherstellen ihrer allgemeinen körperlichen und seelischen Balance nutzen wollen, als mit einer einzigen Pille gegen ein kleines Symptom vorzugehen. Wie bereits erwähnt, stellt sich zu Anfang der Wechseljahre meist ein Überschuss an Östrogenen im Körper ein. Gegen die damit verbundenen Symptome – Brustempfindlichkeit und das Gefühl von Aufgeschwemmtsein – empfehlen sich Gewächse aus der Familie der Kreuzblütler wie zum Beispiel Kresse, verschiedene Kohlsorten und Raps. Gleichzeitig senken sie das Brustkrebsrisiko, indem sie Östrogene im Körper umwandeln und deren Wirksamkeit schwächen. Den gleichen Effekt haben *Phytoöstrogene*, natürliche Hormone aus Pflanzen, die eine ähnliche, wenn auch viel mildere Wirkung haben

> Weisheit stellt sich nicht immer mit dem Alter ein. Manchmal kommt auch das Alter ganz allein.
> *Jeanne Moreau*

als die »echten« Hormone. Da sich Phytoöstrogene mit Hilfe der in ihnen enthaltenen Bioflavonoide (das sind die natürlichen Blütenfarbstoffe und Wachstumsregulatoren der Pflanzen) auf die Östrogenrezeptoren des Körpers setzen, gleichen sie das System nach Bedarf aus: Ist der Östrogenspiegel hoch, blockieren sie die körpereigenen Hormone, ist die Konzentration jedoch zu niedrig, haben sie einen östrogenisierenden Effekt. Die Phytohormone finden sich beispielsweise in Möhren, Pflaumen, Weizen, Oliven, Kartoffeln, Teeblättern, Kaffeebohnen, Sonnenblumensamen und Äpfeln. Auch in Soja und gemahlenen Leinsamen kommen diese Stoffe vor.

Soja hat Untersuchungen zufolge eine ganze Reihe von Effekten auf diverse Beschwerden: So soll es Hitzewallungen sowie depressive Verstimmungen lindern und damit eine klassische Hormontherapie wirkungsvoll unterstützen. Auch Haut, Haare und Nägel reagieren oft positiv auf Sojazufuhr. Die Scheidenfeuchtigkeit reguliert sich, Stimmungsschwankungen werden generell abgemildert, die PMS verringert, Migräne und unregelmäßige Perioden beeinflusst. Soja senkt nachweislich den Calciumverlust, wodurch sich die Knochendichte verbessert. Bei menopausalen Frauen reduziert es außerdem das Fettgewebe und fördert den Aufbau von Muskelmasse. Auch das Risiko einer Erkrankung der Herzkranzgefäße wird gesenkt. Die Lager teilen sich jedoch, sobald es um Soja im Zusammenhang mit Krebs geht: Vertreten die einen die Auffassung, dass die Phytoöstrogene des Soja eine hemmende Wirkung auf Zellwucherungen haben, warnte andererseits das Bundesinstitut für Risikobewertung 2007 vor einem zu hohen und längerfristigen Konsum des Lebensmittels, da ein erhöhtes Brustkrebsrisiko nicht auszuschließen sei. Es scheint, dass Unterschiede bei der körperlichen Sojaverwertbarkeit unter anderem damit zusammenhängen, ob das Sojaprodukt fermentiert ist oder nicht, was im asiatischen Raum häufiger der Fall ist als in Europa. Für diese Annahme spricht, dass Frauen in Asien weniger über Beschwerden in den Wechseljahren klagen und seltener an Brust- und Gebärmutterkrebs erkranken als ihre europäischen Geschlechtsgenossinnen. Bei Soja-Unverträglichkeit sind gemahlene Leinsamen eine bewährte Alternative. Auch ihnen eilt der Ruf voraus, mittels der in ihnen enthaltenen Lignane einen wichtigen Beitrag zur Krebsprophylaxe zu leisten und das Herz-Kreislauf-System zu unterstützen. Ihre Ballaststoffe helfen außerdem bei Verstopfung und senken das Diabetesrisiko.

Die Geburtsurkunde ist ein Gerücht, das eine Frau durch ihr Aussehen jederzeit dementieren kann.
Marlene Dietrich

Wir werden nicht jeden Tag älter, sondern jeden Tag neu.
Emily Dickinson

Heilende Kräuter   So manches Kraut ist gegen die Beschwerden in den Wechseljahren gewachsen. **Don Quai** (auch unter dem Namen **Angelica** oder **Engelswurz** bekannt) wird als *Ginseng der Frauen* bezeichnet. Es steigert die Energie und das Wohlbefinden, wirkt schmerzstillend sowie antiallergisch und entspannt die Muskulatur. Eine ähnlich große Wirkungspalette wird der **Yamswurzel** zugeschrieben. Dieses natürliche Progesteron ist im rohen Zustand giftig, man sollte sich deshalb vor Einnahme ausreichend informieren. Vor allem zu Beginn der Wechseljahre kann **Mönchspfeffer (Keuschlamm)** sich positiv auf die Menstruation auswirken. Er regt die Hypophyse an, sorgt für vermehrte Durchblutung der Organe, vermindert den Appetit, verbessert den Schlaf und hilft bei Depressionen. Bei der Einnahme von **Wanzenkraut (Traubensilberkerze)** verringern sich Hitzewallungen, nächtliche Schweißausbrüche und Emotionsschwankungen. Auch kann man es gegen Scheidentrockenheit einsetzen. **Sibirischer Rhabarber** gilt als allgemein verträgliches Mittel gegen Wärmeschübe. **Süßholz** tut gut bei Erschöpfungszuständen. Generell gilt, dass pflanzliche Wirkstoffe oft eine gewisse Zeit brauchen, bis der Organismus auf sie reagiert. Dafür treten Nebenwirkungen selten bis gar nicht auf. Es kann allerdings zu Unverträglichkeiten und Wechselwirkungen mit anderen Mitteln kommen.

Viele Frauen schwören auf **Hormon-Yoga**, das die körpereigene Hormonbildung aktivieren soll. Die Übungen beugen Osteoporose vor, lindern Hitzewallungen, helfen bei Schlafstörungen und Schweißausbrüchen sowie bei Unruhe im Zusammenhang mit Herzflattern. Außerdem haben sie einen positiven Einfluss auf Migräne, Depressionen und Gelenkschmerzen. Frauen mit hormonabhängigen Tumoren sollten dagegen kein Hormon-Yoga machen, um das Zellwachstum nicht unnötig anzuregen.

Zum Abschluss dürfen Omas kluge Worte nicht fehlen: »Kinder, esst mehr frisches Obst und Gemüse!« Die darin in Form von Vitaminen und Mineralien enthaltenen **Antioxidantien** bekämpfen Zellschäden, die oft an Herz- und Krebserkrankungen schuld sind.

ANN (67) & DEREK (67)
FOTOGRAFIEN VON ROBERTO RODRIGUEZ

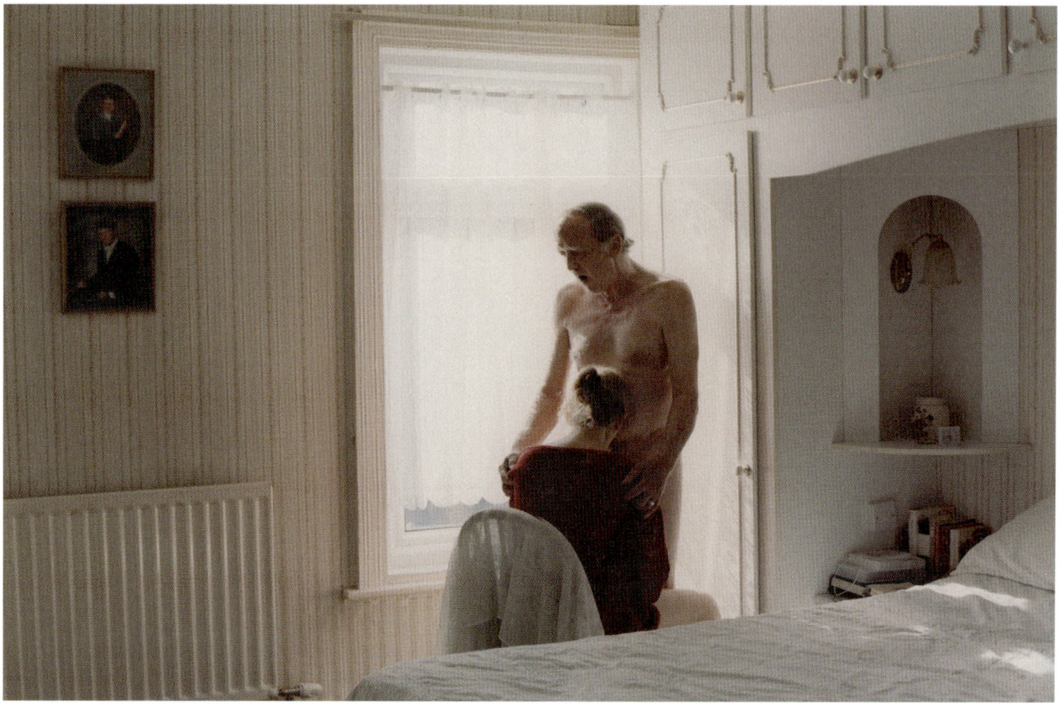

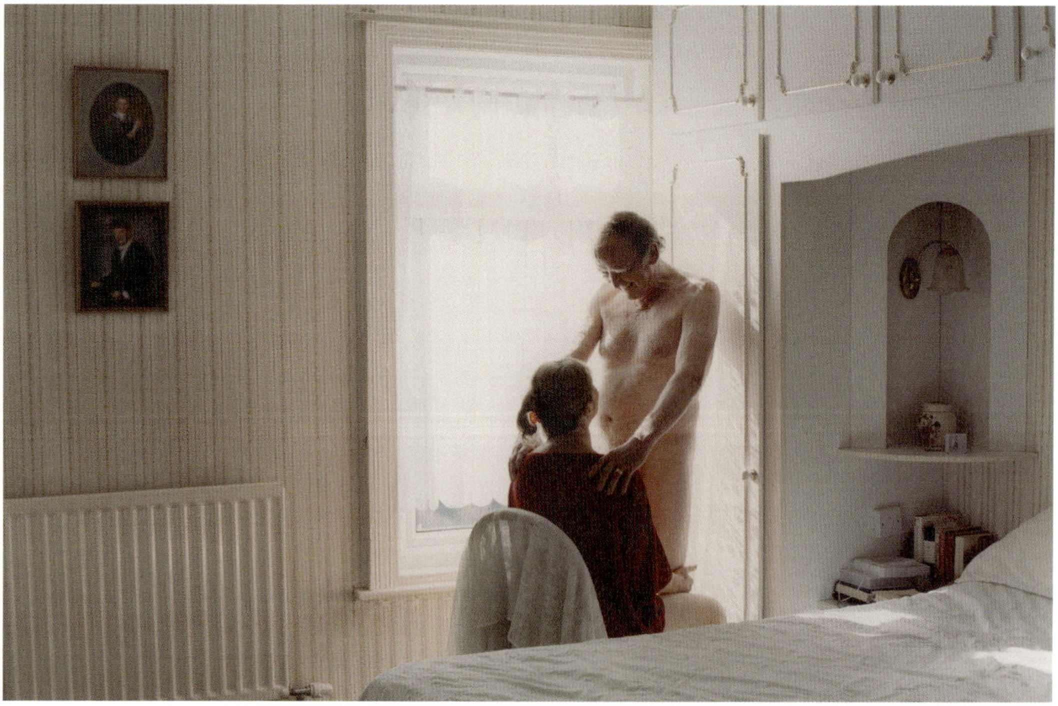

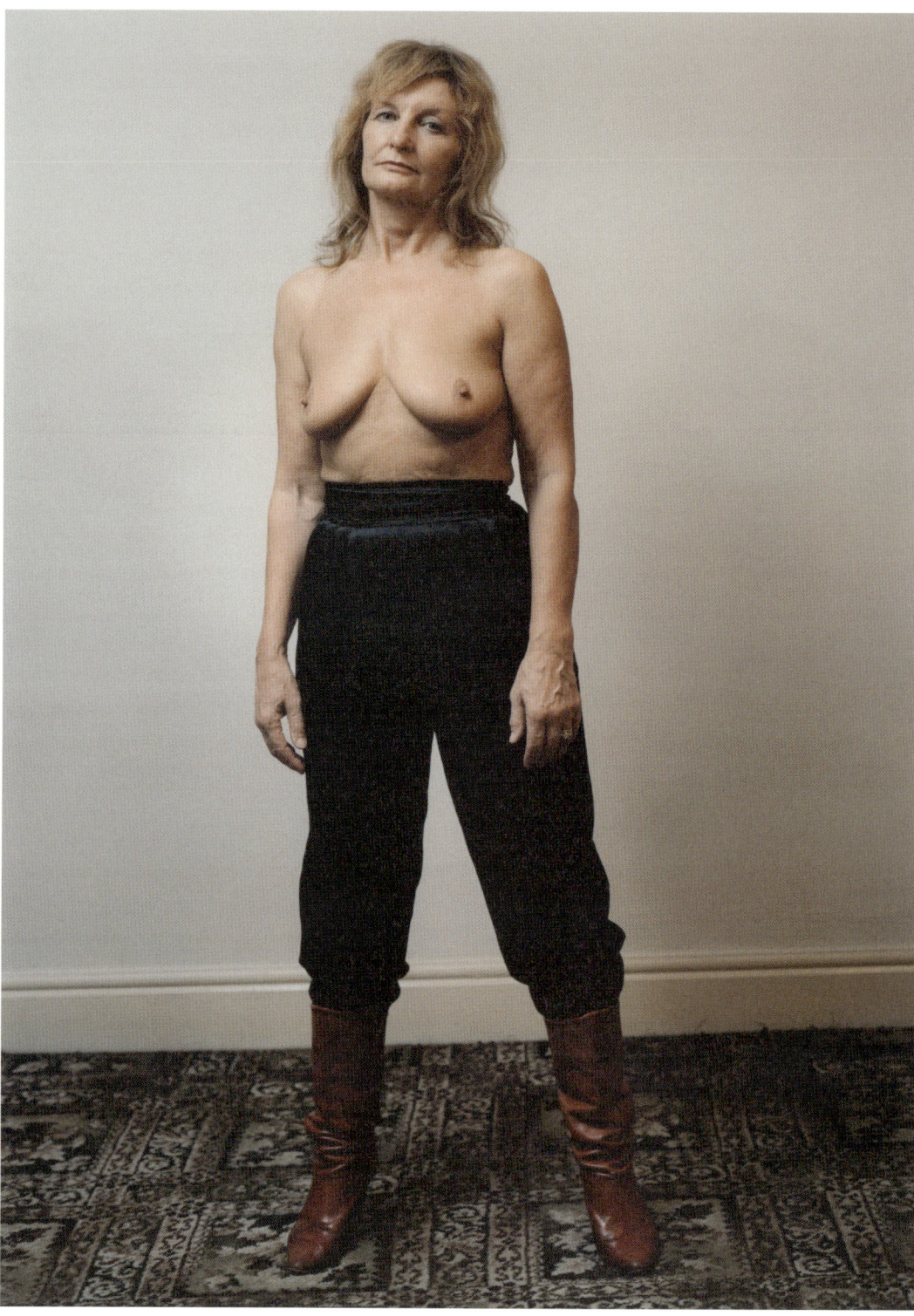

ANDROPAUSE

Die meisten sexuellen Funktionsstörungen finden sich bei jungen Frauen und älteren Männern. Bei Frauen im fortgeschrittenen Alter gilt zwar allgemein, wie schon beschrieben, dass die Scheidenwand nach der Menopause weniger elastisch und die Schleimhäute reizbarer sind und dass die *unerregte* Vagina weniger feucht ist. Hinzu kommt ein zumindest empfundener Verlust an äußerlicher Attraktivität, während grau melierte ältere Männer angeblich noch interessanter werden. Im Großen und Ganzen lässt sich aber feststellen, dass im Hinblick auf Sex besonders Männer von den unmittelbaren physiologischen Folgen des Älterwerdens eingeschränkt werden. Oft entsteht ein regelrechter Kampf um die eigene Erregung, wenn das schnelle Rein und Raus allein nicht mehr genügt, um die Erektion zu halten oder einen befriedigenden Höhepunkt zu erreichen. Kulminierend in der Sorge, dass der Penis bald seinen Dienst für immer versagen könnte, sind das für Männer die am schwersten wiegenden Probleme der Andropause.

Im Grunde besteht die sexuelle Funktionalität des Mannes aus drei Fähigkeiten: der *Erektion,* also dem Anschwellen des Penis, der *Ejakulation,* dem Samenerguss, und drittens schließlich aus seiner *Zeugungsfähigkeit.* Unter dem ersten Faktor kann jeder Mann sich etwas vorstellen, auch hat das Ejakulieren, lustvoll zelebriert oder peinlich berührt weggeputzt, meistens eine große Wichtigkeit. Meist wird der Heranwachsende in seiner Jugend von einem »feuchten Traum« überrascht oder ejakuliert mehr oder weniger zufällig, während er an sich herumspielt, jedenfalls funktioniert es wie selbstverständlich. Der dritte und letzte Faktor, das Erzeugen von Nachkommen, bleibt dem Mann bis ins hohe Alter erhalten. Mit den sexuellen Einschränkungen, die das Altern für den Mann mit sich bringt, sind folglich im Allgemeinen Aspekte gemeint, die Erektion und Ejakulation betreffen.

Irgendwann ab fünfzig, manchmal auch schon ab vierzig, halten Veränderungen seiner sexuellen Reaktion Einzug ins tägliche Leben des Mannes. Die Gedanken kreisen nicht mehr ganz so oft um das Thema Sex, und die Orgasmen sind, wenn sie kommen, längst nicht mehr so lang und intensiv wie gewünscht; manchmal bleiben sie sogar ganz aus. Die Menge an Ejakulat pro Erguss verringert sich, und generell dauert es länger, bis es zur Ejakulation kommt. Es besteht auch kein so dringender Wunsch mehr zu ejakulieren. Der Penis benötigt nun auch längere Erholungszeiten, bevor erneut eine vollständige Erektion realisiert werden kann, und der Sex mit Penetration wird schwieriger: Ein Betroffener beschrieb es in der sexologischen

Man wird alt, wenn die Leute anfangen zu sagen, dass man jung aussieht.
Karl Dall

Praxis mit den treffenden Worten: »Sex ab sechzig ist wie Billardspielen mit einem Seil.« Was viele Frauen zu diesem Zeitpunkt längst erlebt haben – dass Sexualität beschwerlich sein kann und sich deswegen mitunter regelrechte Unlust breitmacht –, betrifft nun mehr und mehr Männer.

Einfach aufhören mit dem Sex ist aber keine gute Strategie, denn: »Was man nicht benutzt, bildet sich zurück.« Genauer gesagt: Sexualhormone beeinflussen das Sexualverhalten ebenso, wie das Verhalten sich auf den Hormonspiegel auswirkt. Zum Beispiel ist der Testosterongehalt im Körper vor, während und nach dem Sex höher als in Zeiten der Enthaltsamkeit. Wer dennoch den Rückzug antritt, wird manchmal vom Partner mit dem Vorwurf der *Impotenz* konfrontiert, so wie Frauen in der gleichen Situation mit dem Schlagwort *Frigidität*. Beide Begriffe klingen so unnötig endgültig, wie sie falsch sind. Die Erregungsdefizite, die während der Wechseljahre bei beiden Geschlechtern zutage treten, sind glücklicherweise vorübergehende Begleiterscheinungen des körperlichen Umbruchs und definitiv keine Persönlichkeitsmerkmale.

> Gerne der Zeiten gedenk'
> ich, da alle Glieder
> gelenkig – bis auf eins.
> Doch die Zeiten sind
> vorüber, steif geworden
> alle Glieder – bis auf eins.
> *Johann Wolfgang*
> *von Goethe*

Die Prostata Zwischen dem männlichen Harnsystem und den Sexualorganen, direkt unter der Blase und tief im Beckeninneren, liegt die Prostata. Etwa so groß wie eine Walnuss, besteht sie zu 75 Prozent aus Drüsengewebe und steht vordergründig im Dienste der Sexualität. Sie produziert und speichert ein Drittel des Substrats, das als Ejakulat den Körper verlässt. Beim Orgasmus wird diese Prostataflüssigkeit durch Muskelkontraktion aus dem Penis katapultiert, wobei sie sich vor dem Austritt mit Spermien und der Samenflüssigkeit vermischt. Die Prostata wird von Adern und Nervensträngen durchzogen, die direkt in den Penis laufen und Informationen von dort an das Gehirn weiterleiten. Somit spielt die Drüse eine wichtige Rolle für lustvolle sexuelle Erfahrungen.

Irgendwann während oder nach der Hormonumstellung in den mittleren Jahren vergrößert sich die Prostata bei den meisten Männern. Die Blase bekommt es als Erste zu spüren, weil der Harnleiter, der durch die Prostata verläuft, in Bedrängnis gerät. Die Meldung »Blase voll« erreicht das Gehirn von nun an häufiger, während der Urinstrahl oft etwas dünner ausfällt und der gesamte Prozess des Wasserlassens sich mühsamer anlässt. Auch wenn die beschriebene Vergrößerung in den meisten Fällen nicht besorgniserregend ist, sollte man die Drüse im Auge behalten: Prostatakrebs ist in Deutschland mit etwa 63 400 Neuerkrankungen pro Jahr die häufigste Krebsart unter Männern, wenn auch die Sterblichkeitsrate bei dieser Krebsform seit Mitte der 1990er Jahre rückläufig ist.

STEIFER WIRD'S NICHT

Störungen der Erektion beim Mann treten in verschiedenen Formen auf. Im Falle einer *kompletten erektilen Dysfunktion* ist man kaum oder gar nicht in der Lage, Geschlechtsverkehr zu haben. Laut Statistik ist jeder vierte Mann ab sechzig von dieser schwerwiegenden Störung betroffen, ein paar erwischt es sogar noch früher. Fast alle Männer jedoch machen irgendwann in ihrem Leben, wenn auch nur vorübergehend, die Erfahrung einer *instabilen Erektion*, das heißt, sie erleben, dass sie nicht immer so können, wie sie gern möchten. Diese beiden Dysfunktionstypen zu unterscheiden ist wichtig, weil ein Mann für ein aktives Sexualleben gar keine andauernde und vollständige Erektion braucht. Mindestens genauso wichtig ist, dass man beim Sex etwas spürt, und das kann ein völlig entspanntes genauso gut wie ein Glied auf Halbmast oder ein Phallus erectus. Das »Stehvermögen« sagt letztlich also gar nicht viel über den Genuss am Sex aus wie gemeinhin angenommen. Mehr noch: Frauen merken zwar, dass es um die Liebhaberqualitäten ihrer Männer früher einmal besser bestellt gewesen ist, sagen aber oft, dass dieser Umstand ihrer Zuneigung zum Partner und ihrer Wertschätzung für ihn keinen Abbruch tut. Er selbst allerdings mag die Sache anders sehen. Und was den Sex allgemein betrifft, gibt es außer der Penetration zum Glück eine Vielzahl anderer schöner Dinge, die man gemeinsam tun und genießen kann. Im Fall des Falles kann, wer Lust, aber Schwierigkeiten mit der Erektion hat, nicht nur auf medikamentöse Stehhilfen zurückgreifen, sondern sollte sich ruhig die Kapitel über Erregung und über Techniken in diesem Buch zu Gemüte führen. Denn erlaubt und richtig ist alles, was beruhigt und Versagensängste abbaut – dann klappt's auch wieder ohne Pille.

Früher fielen die Frauen bei meinem Anblick fast in Ohnmacht. Heute sagen sie eher: »Ach, den gibt es noch? *Robert Redford*

Chinesische Reinkarnationsübung für den Penis   Mit dieser einfachen kleinen Übung können aufgeschlossene Paare die eine oder andere angenehme Überraschung erleben. Der halbsteife Penis darf sich dabei gemütlich in die Vagina kuscheln, und dann wartet man entspannt ab, wie er zu neuem Leben erwacht und auf welche Ideen er ganz von alleine kommt. Diese chinesische Technik wird von denen, die sie ausprobieren, oft als für beide Partner sehr anregend und vor allem als warmes und wohliges Gefühl beschrieben. Häufig reicht es vollkommen, sich tief in die Augen zu schauen und sich den Energien zu überlassen, die wie von selbst entstehen.

Die erste große Untersuchung zum Thema Erektionsstörung führte der berühmte Doktor Alfred Charles Kinsey in den 1940er Jahren durch, und fast fünf Jahrzehnte hindurch blieb sie auch die einzige. Im Zeitraum von 1987 bis 2004 wurde die *Massachusetts Male Aging Study* (MMAS) mit 1700 Teilnehmern durchgeführt und zeigte, dass die Hälfte der 40- bis 70-jährigen Männer unter Störungen der Potenz litt. Auch hier ist jedoch – wie stets bei derartigen Studien – wahrscheinlich von einer höheren Dunkelziffer auszugehen, da die Aussagen von Probanden über ihre Erektionsfähigkeit oft von Wunschdenken geprägt sind. Darüber hinaus blieben viele Fragen in dieser Studie ungestellt. Weiter reichende Antworten bezüglich des schwindenden Stehvermögens lieferte 1998 die *Kölner Untersuchung* anhand eines wesentlich umfangreicheren und differenzierteren Katalogs von Fragen wie zum Beispiel: »Wie häufig bemerken Sie morgendliche Erektionen? Reicht die Erektion für das Eindringen in den Partner/die Partnerin aus? Reicht die Dauer der Erektion für einen Geschlechtsverkehr aus? Erschlafft der Penis während des Geschlechtsverkehrs? Ist es Ihnen möglich, einen Orgasmus zu erreichen?«

Die Auswertung ergab, dass bei jedem fünften Mann zwischen dreißig und achtzig eine schwerwiegende Störung vorlag. Allerdings gaben nur knapp sieben Prozent aller Befragten an, unter der Störung zu leiden und deswegen einen Behandlungswunsch zu verspüren. Überraschenderweise hatten demnach gut zwei Drittel der betroffenen Männer kein Problem mit ihrer Potenzschwäche. Sobald man allerdings die Kategorie »geringfügige Dysfunktionalität« dazunimmt, steigt die Rate der Betroffenen auf etwa 50 Prozent, womit sie den Ergebnissen der MMAS entspricht.

> Natürlich nimmt Sex im Alter nicht ab, man vergisst ihn nur schneller.
> *Peter Rudl*

Nach Abzug der jüngeren Männer zwischen dreißig und fünfundvierzig, die tendenziell tatsächlich keine schwerwiegende und dauerhafte Beeinträchtigung aufweisen, ergibt sich als klares Fazit: Je älter ein Mann wird, desto höher ist das Risiko, dass bei ihm Erektionsstörungen auftreten.

Was ihre Häufigkeit betrifft, hat die *erektile Dysfunktion* andere typische Zivilisationskrankheiten wie Bluthochdruck, Diabetes oder Arteriosklerose inzwischen hinter sich gelassen. Falsche Ernährung und ungesunde Lebensweise leisten dazu ihren Beitrag. Hinzu kommt, dass noch immer viele Männer nicht genug über ihren Körper und insbesondere über Erregung wissen, um vorhandene Potenziale auszuschöpfen. Auch wenn Faktoren wie Krankheiten, Medikamente und deren Nebenwirkungen, der Hormonhaushalt sowie Hemmungen, Schuldgefühle, Scham, die Angst vor Intimität oder auch Schicksalsschläge, etwa der Verlust eines nahen Menschen, und Beziehungsstress Einfluss auf die Erregbarkeit und Erektion nehmen, ist es nämlich nie zu spät, weiter zu lernen und Verhaltensweisen zu ändern mit dem Ziel, die Selbstwahrnehmung deutlich zu erweitern – möglichst schon vor dem ersten großen »Störfall«.

Wahre Jugend ist eine Eigenschaft, die sich nur mit den Jahren erwerben lässt.
Jean Cocteau

DAS RICHTIGE TIMING

Apropos »Störfall«: Der vorzeitige Samenerguss, *Ejaculatio praecox* (EP), ist für ältere Männer ebenfalls ein häufig auftretendes Problem, auch wenn es fälschlicherweise oft als »Anfängerfehler« klassifiziert wird. Tatsächlich gehört das »schnelle Abspritzen« zu der sexuellen Steinzeit-Programmierung des Mannes. Und solange der Zweck sexueller Aktivität hauptsächlich in der Erzeugung von Nachwuchs gesehen wurde, bestand darin auch kein Problem. Im Zeitalter der Emanzipation sieht das anders aus: Die Frauen stehen nicht nur zu ihren sexuellen Bedürfnissen, sondern fordern auch die Erfüllung ihrer Wünsche ein, und für viele gehört das Penetriertwerden dazu – aber eben durchaus länger als nur für ein paar Minuten. Zu der Herausforderung an den Mann, eine Erektion zu bekommen und diese zu halten, kommt damit das Durchhalten und Hinauszögern der Ejakulation hinzu – nicht nur für die Frau, auch für ihn selbst.

Ein vorzeitiger Samenerguss tritt bei älteren Männern ungefähr ebenso häufig auf wie die eigentlichen Erektionsstörungen, nämlich laut einer amerikanischen Erhebung aus dem Jahr 2006 bei 30 Prozent der Männer zwischen 57 und 85 Jahren. Doch kaum einer von ihnen begibt sich in ärztliche Behandlung – vielleicht auch, weil es gegenwärtig kaum Therapieansätze und medizinische Behandlungsmethoden gibt, die nachhaltigen Erfolg versprechen, und weil für eine solche Behandlung in jedem Fall viel Zeit erforderlich ist. Selbst sexualtherapeutische Maßnahmen versagen an dieser Stelle oft, weil viele nur auf psychologischer Ursachenforschung beruhen, den Körper an sich aber außer Acht lassen. Wirksam gegensteuern kann aber nur, wer den Verlauf der eigenen Erregungskurve zu spüren gelernt hat.

Eher befremdlich muten hingegen die Versprechungen angeblich heilbringender Salben, Sprays und Cremes an, die, auf den Penis aufgetragen, das »Gefühl dämpfen« sollen. Ihre Wirkstoffe sind Anästhetika, die den Penis betäuben und dadurch angeblich die Dauer des Sex verlängern helfen. »Weniger spüren« lautet die Devise. Testpersonen hielten so »drei- bis achtmal länger« durch, wobei unklar bleibt, von welcher Dauer da ursprünglich ausgegangen wird. Ob ihn ein paar Stöße zusätzlich mehr befriedigen, mag jeder Mann selbst entscheiden. Tatsache bleibt, dass jede Form der Betäubung eigentlich nie Teil der Sexualität sein sollte. Auch der Tipp, mehrere Kondome auf einmal über den Penis zu stülpen, ist in diesem Sinne irreführend und geht vom Irrglauben aus, dass frühzeitiger Samenerguss von einer Überempfindlichkeit des Penis herrührt, was nur in den seltensten Fällen zutrifft. Im Gegenteil wird der Körper und die Erregung eher zu wenig wahrgenommen. Inzwischen sollte deutlich geworden sein, dass man wirkliche Kontrolle über den Körper und dessen Funktionen nur erreichen kann, wenn man ihn *besser spürt*.

> Das Alter hat zwei große Vorteile: Die Zähne tun nicht mehr weh, und man hört nicht mehr all das dumme Zeug, das ringsum gesagt wird.
> *George Bernard Shaw*

DER PENIS IM KOPF

Natürlich spielen sich Erektionsstörungen auf mehreren Ebenen ab. Für Ärzte steht oft die physiologische Komponente im Vordergrund, bei der es in erster Linie um die Durchblutung des Penis geht. An dieser Stelle setzen Erektionshelfer wie zum Beispiel Viagra an. Wem es aber an Lust mangelt, dem wird mit den sogenannten Potenzmitteln nicht wirklich geholfen, da Lust nicht nur von genitalen Faktoren abhängt, sondern auch vom Kopf. Hier, das heißt auf der psychologischen Ebene, geht es um Faktoren wie bewusste und unbewusste Gefühle, Gedanken, Versagensängste und Leistungsdruck. Hat der Mann bereits einmal erlebt, dass ihn sein Penis »im

> Früher wollte ich fünfmal am Tag Sex. Das war deprimierend. Heute will ich das wirklich nicht mehr. Das ist auch deprimierend.
> *Ben Affleck*

159

WELTWEITE RECHTE VON HOMOSEXUELLEN

Kanada

Argentinien   Ecuador   Kolumbien

Uruguay

Brasilien

Französisch-
Guayana

Grönland

Belgien
Dänemark
Frankreich
Island
Luxemburg (ab 2015)
Niederlande
Norwegen
Portugal
Schweden
Spanien

Deutschland
Finnland
Großbritannien
Irland
Malta
Österreich
Schweiz
Ungarn

Andorra
Kroatien
Luxemburg
Slowenien
Tschechische
Republik

Todesstrafe

**Freiheitsstrafe
von 14 Jahren bis
lebenslänglich**

**Freiheitsstrafe
bis zu
14 Jahren**

**Freiheitsstrafe
ohne genaue
Angabe über
deren Dauer**

**Homosexualität
nicht illegal,
doch teils massiv
homophobe
Gesetzgebung**

**Keine
speziellen
Rechts-
vorschriften**

**Ersatz für Ehe
mit teils deutlich
weniger Rechten
und Privilegien**

**Fast gleich-
wertiger
Ersatz für Ehe**

Ehe

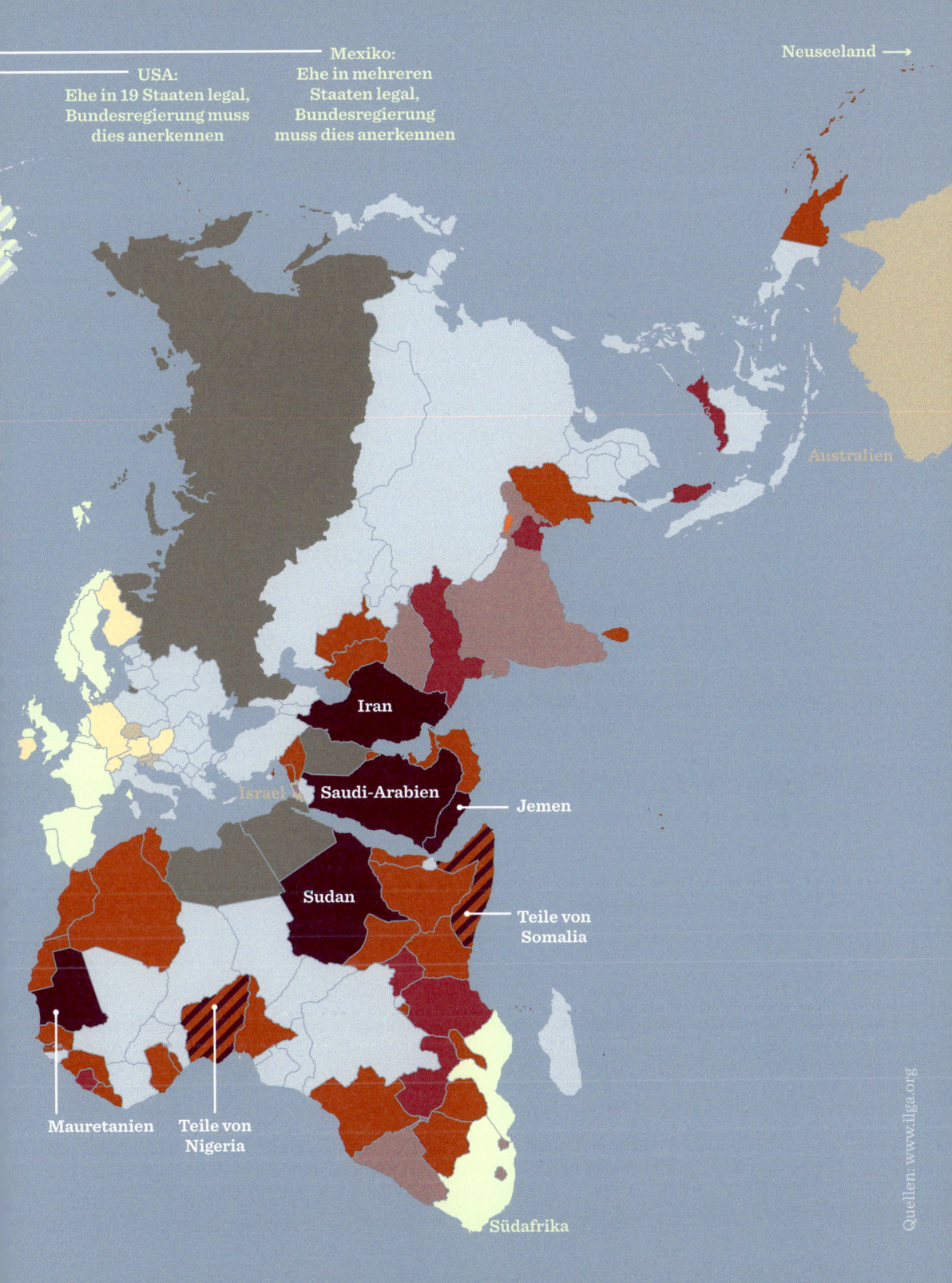

USA:
Ehe in 19 Staaten legal,
Bundesregierung muss
dies anerkennen

Mexiko:
Ehe in mehreren
Staaten legal,
Bundesregierung
muss dies anerkennen

Neuseeland →

Australien

Iran

Saudi-Arabien

Israel

Jemen

Sudan

Teile von
Somalia

Mauretanien

Teile von
Nigeria

Südafrika

Quellen: www.ilga.org

Stich ließ«, kann das die Entstehung von Sorgen und Ängsten fördern. Und wie bereits beschrieben, beeinflussen körperliche und seelische Abläufe einander. Wer vermutet, seine Erektionsprobleme wären eine Kopfsache, liegt damit unter Umständen nicht ganz falsch. Kaum eine Partnerin kann wirklich nachvollziehen, was sich dort abspielt, wenn die eigene Sexualität so sehr von einem physiologischen Geschehen abhängt, das dem Willen nicht unterworfen ist, und wird deswegen mit dem Thema vorsichtig und respektvoll umgehen. Die Psychologie der männlichen »Standhaftigkeit« ist ein Leben lang von entscheidender Bedeutung: Für die meisten Männer ist ihre Erektion ein Beweis ihrer Männlichkeit und damit ein wesentlicher und unverzichtbarer Teil ihrer Identität. Sexuelles Versagen konfrontiert Männer mit der Angst, nicht länger ein »Mann« zu sein. Das spiegelt sich auch im alltäglichen Sprachgebrauch wider, wo mit einem Begriff wie »Schlappschwanz« gleich der ganze Mann beleidigt wird, nicht nur seine Weichteile. Wenn die physiologische Reaktion seines sensibelsten Körperteils unberechenbar wird, empfindet Mann das als existenzielle Bedrohung seines gesamten Systems.

Die dänische Sexologin und Fachärztin für Psychiatrie Birgit Dagmar Johansen hat das folgendermaßen auf den Punkt gebracht: »Für den jüngeren Mann ist es ein Problem, wenn er das erste Mal merkt, dass er ein zweites Mal nicht kann. Für den älteren Mann ist es ein Problem, zum zweiten Mal zu merken, dass er das erste Mal nicht kann.« Denn nun besteht eine offenkundige Diskrepanz zwischen dem Willen des Mannes und seiner körperlichen Fähigkeit, den Willen in die Tat umzusetzen. Psychologisch betrachtet heißt das, dass sich in vielen Männerköpfen das Gefühl festsetzt, allmählich die Kontrolle über die eigene Existenz zu verlieren. Diese Männer fühlen sich von ihrem Körper im Stich gelassen und »verraten«; oft reagieren sie gekränkt, verunsichert oder trotzig. Manche büßen ihr Selbstwertgefühl ein, empfinden Scham oder gar Schuld. Einige verzweifeln so sehr, dass sie depressiv werden. Der eine oder andere versucht seine Männlichkeit dadurch zu »retten«, dass er nun häufiger onaniert, weil die Erektion bei der Selbstbefriedigung, zumindest anfangs, weniger Probleme bereitet als beim Sex mit dem Partner. Aber meist dauert es nicht lang, bis es auch mit der Selbstbefriedigung nicht mehr ohne weiteres klappt. Stärkere Erregungsreize sind nötig. Auf Teufel komm raus wird reibend und pressend versucht, die Erektion zu halten; Orgasmus und Ejakulation sollen regelrecht erzwungen werden. Dabei steigt der Druck auf den Körper, was noch mehr

Wenn man über fünfzig ist und morgens aufwacht und es tut nichts weh, dann ist man tot.
Jürgen von Manger

ANDROPAUSE

Muskelspannung zur Folge hat, der mit noch extremeren Reizmitteln begegnet wird – erst mehr, dann extremeren Pornos. Beim Geschlechtsverkehr mit dem Partner – falls der überhaupt noch praktiziert wird – kommt es zu heftigerer Rammelei als je zuvor. In dieser Phase leidet auch der Penis unter abnehmender Wertschätzung. Häufig heißt es: »Das verdammte Ding soll einfach wieder funktionieren.« In gewisser Hinsicht leiden also gleich zwei Beziehungen, nämlich die zum Partner und die zum eigenen Glied.

Manche Männer führt der zunehmend verzweifelte Kampf um ihre Erregung und Erektion aus der gewohnten Beziehung hinaus: Sie flüchten sich in Außenbeziehungen und fühlen sich wieder männlich, gesund und stark. Diese Art der Selbstbestätigung hält üblicherweise aber nicht lange vor, weil das eigentliche Problem nicht gelöst wird. Das besteht nämlich in der Verunsicherung ihres Bewusstseins von der eigenen Männlichkeit und zeigt sich vor allem im Zusammenspiel mit dem langjährigen Beziehungspartner: Die Nähe mit ihr oder ihm wird jetzt zum Problem. Wer sich ihm nicht stellt, wird jede Intimität meiden, denn schließlich muss man befürchten, gerade vom Partner den Spiegel vorgehalten zu bekommen, in den man partout nicht blicken will. Doch wer den Rückzug ins Innere wählt, bringt sich um eine wichtige Chance, mit Hilfe des Zuspruchs von außen aus dem Teufelskreis auszubrechen. Viele Partner sehnen sich geradezu nach diesem Kontakt zu ihren Männern. Die aber wittern Gefahr und meinen oft, sich schnellstmöglich wieder ablenken zu müssen. Im Französischen existiert für diesen verunsicherten Zustand der Männer die treffende Redewendung *le démon de midi,* der Dämon der mittleren Lebensjahre. Manche scheinen von ihm regelrecht besessen zu sein, und die Partnerin eines solchen Mannes mag sich in diesem Lebensabschnitt mitunter tatsächlich einen Exorzisten herbeiwünschen für dieses egoistisch, eigensinnig und absurd agierende männliche Wesen, das einen Kampf gegen unsichtbare Mächte und sich selbst zu führen scheint.

Wenn Männer wegen Erektionsstörungen eine sexualtherapeutische Praxis aufsuchen und dort mit gutem Grund nach der Beziehung zu ihrem Genital befragt werden, reagieren viele von ihnen zunächst irritiert oder mit Unverständnis. Dabei ist es eine vielfach bestätigte Tatsache, dass auffällig viele Männer mit erektiler Dysfunktion gar keinen oder einen ungünstig besetzten Bezug zu ihrem Penis haben. Das in solchen Fällen oft vorgebrachte Argument lautet: »Nein, damit hat das nichts zu tun, das hat immer gut funktioniert. Ich mag ihn!« Dem unkontrollierbar erschlafften Geschlechtsteil aber wird

Die heutige Jugend ist grässlich. Sie hat nicht den geringsten Respekt vor gefärbten Haaren.
Oscar Wilde

163

in Wirklichkeit nichts als ein großes Maß an Verachtung entgegengebracht. Zwei Überlegungen mögen demonstrieren, wie kontraproduktiv diese Einstellung ist. Zum einen mag sich jeder einmal die Frage stellen, wie er sich behandelt wissen möchte, falls er mal nicht ganz auf der Höhe oder angeschlagen sein sollte – ob ihn wohl ein paar grobe Worte und Beschimpfungen wieder aufrichten oder doch eher ein wenig verständnis- und liebevolle Zuwendung. Zum anderen: Jeder Musiker muss regelmäßig auf seinem Instrument üben und jeder Sportler trainieren, um ein gewisses Niveau zu halten oder sich gar zu verbessern. Wer es zum alten Meister bringen will, sollte sein Instrument beziehungsweise seinen Körper pflegen. Für die Stärkung der Männlichkeit ist ein liebevoller, stolzer Umgang mit dem Penis unerlässlich – genau wie damals, als der kleine Junge, ohne weiter darüber nachzudenken, bei jeder Gelegenheit große Begeisterung für seinen kleinen Pimmel zeigte. Und genau dort lässt sich anknüpfen, denn viele Frauen finden es äußerst anregend, beim Sex eine kräftige Männerhand zu sehen, die sich genussvoll dem eigenen Glied widmet.

Es dauert sehr lange, bis man jung wird.
Pablo Picasso

WANN IST MANN EIN MANN?

Man könnte denken, dass die Andropause und die Probleme, die damit im Zusammenhang stehen, weniger mit dem Mann-*Werden* als mit dem Mann-*Sein* zu tun hätten. Es scheint aber, dass gerade, wer bestimmte Lernschritte bezüglich des Mann-Werdens nicht tiefgehend vollzogen hat, in den mittleren Jahren eher Probleme bekommt und auf seine schwindende Potenz umso verunsicherter reagiert. Den »problemfreien« Mann, bei dem alles optimal gelaufen ist, gibt es kaum. Viele sind darauf schlecht vorbereitet und versuchen ihre verunsicherte Männlichkeit über Faktoren wie zum Beispiel zwischenmenschliches Dominanzverhalten, oberflächliches Machogebaren oder Statussymbole zu vertuschen – bis ins Absurde.

Was die Zeit dem Menschen an Haar entzieht, das ersetzt sie ihm an Witz.
William Shakespeare

Jede Kultur hat ihren eigenen Geschlechterkodex, in den ein Kind hineinwächst. Jungen lernen vom Vater oder anderen männliche Bezugspersonen, der erste Schritt ist allerdings die Erkenntnis, wie ein Mann *nicht* ist, nämlich wie die Mutter, der der Junge doch so innig verbunden ist. Mit der Loslösung von ihr beginnt der Prozess der Suche nach männlicher Identität. An die Stelle der Mutter treten männliche Bezugspersonen, aber der Weg zu ihnen ist nicht ohne

Hindernisse und von mancher Zurückweisung begleitet. Wegen dieses »Lagerwechsels« ist im Allgemeinen für Jungen die Entwicklung ihrer Geschlechtsidentität mühevoller als für Mädchen, es ist schwieriger, die benötigten Lernschritte zu unternehmen, um sich als vollwertiger Mann zu fühlen. Erst wenn der Jungmann verinnerlicht hat, dass Männlichkeit nichts mit dem krampfhaften Versuch zu tun hat, sich mit übertriebener Härte von Weiblichkeit zu unterscheiden, kann er wirklich im Mann-Sein ankommen und betrachtet Frauen nicht als potenzielle Bedrohung seines Seins. Zentral ist dabei die Beziehung, die er zu seinem Penis aufgebaut hat.

In der zweiten Lebenshälfte findet bei sehr vielen Männern in dieser Hinsicht eine positive Wandlung statt, dieses Mal weg von der äußerlichen Männlichkeit und hin zu einer Art innerer Aufrichtung. Das Selbstbild des Mannes verändert sich. In dieser Phase entdecken viele Männer neue, oft emotionalere Seiten ihrer Persönlichkeit, und nicht wenige suchen, vom Partner ermutigt, paar- oder sexualtherapeutische Praxen auf, um sich in diesem Lebensabschnitt begleiten zu lassen. Oft ist der vordergründige Anlass für die therapeutische Hilfe allerdings die Diagnose »Burn-out«. Wer sich aber jetzt den Fragen stellt, die auftauchen, findet bald heraus, wie entspannend und wohltuend es sein kann, die Probleme in Angriff zu nehmen und sie zu klären; der Druck verfliegt förmlich. Nicht selten fällt dann der Satz: »Das hätte ich nicht gedacht – dann hätte ich ja viel früher damit angefangen!« Es ist der erste Schritt, sich noch tiefer mit sich und seinem Körper zu beschäftigen und ihn in seiner neuen Verfassung anzunehmen. So wird es endlich auch einfacher, sich zu öffnen und mit dem Partner auseinanderzusetzen, auch wenn es um sexuelle Dinge geht. Nicht wenige Männer erleben nun, wie breit das Spektrum erotischer Spielarten und intimer Beziehungsmöglichkeiten tatsächlich ist.

> Jeder, der sich die Fähigkeit erhält, Schönes zu erkennen, wird nie alt werden.
> *Franz Kafka*

Freunde und Feinde der Erektion   Es gibt Freunde und Feinde der Erektion. Anhand der beiden folgenden Kataloge kann jeder selbst überprüfen, ob bei ihm die Helfer oder die Gegenspieler überwiegen. Die Aufzählung folgt in etwa der Reihenfolge, in der die meisten Menschen die jeweiligen Schritte in ihrem Lernprozess machen.

Erektionsfreunde   Kenntnisse über den eigenen Körper, fortwährendes sexuelles Lernen, Penetrationsfreude, positive Einstellung zur Sexualität, Fähigkeit zur Kontaktaufnahme und zur Kommunikation, Verführungskompetenz, Lust auf Sex, Kenntnis der Bandbreite dessen, was einen sexuell zu reizen vermag, Flexibilität beim Nutzen der bevorzugten Erregungsmethode, Gespür für Begehren, sexuelle Fantasien samt der dazugehörigen Emotionen, Beherrschung und Einsatz technischer Finessen, körperliche Gesundheit

Erektionsgegner   Allgemeine Unwissenheit über körperliche Zusammenhänge, Schuldgefühl, Stress, Angst, Druck, Leistungsdenken, negative Einstellung zur Sexualität oder zum weiblichen Genital, Ablehnung oder Abwerten von Männlichkeit, wenig Gefühl für den Penis haben, Unkenntnis einsetzbarer sexueller Reize, nur an Vereinigung und Liebe denken statt an genitalen Genuss, sich beim Sex fast ausschließlich um den Partner kümmern, mangelnde Verführungskompetenz, geringe sexuelle Selbstsicherheit, Unkenntnis technischer Finessen, Unlust, mangelndes Begehren, Unruhe, Alter, Krankheit, Medikamente und medikamentöse Nebenwirkungen

An dieser Stelle sei schon einmal verraten, dass in den folgenden Kapiteln eine Vielzahl von Tipps und Techniken vorgestellt wird, wie man die Gegenspieler der Erektion in den Griff bekommt!

VERSTEIFT, VERKRAMPFT, VERSAGT?

Wie schon beschrieben kann auch der partnerschaftliche Sex zum Erektionshemmnis werden, wenn er nicht mehr als Erfüllung oder Vergnügen empfunden wird. Hat man sich zum Beispiel bei der Selbstbefriedigung angewöhnt, sein Glied hart und fest anzufassen, kommt es häufig vor, dass der Druck oder die Reibung, die die Vagina der

Partnerin ausübt, als einziges Stimulanz nicht mehr ausreicht, weder für die Erektion noch für die Ejakulation. Für schwule Paare kann es ebenfalls schwierig werden, denn obgleich im engeren Anus mehr Druck entsteht, ist ein weicher Penis in diese Körperöffnung nur schwer einführbar. Solche Probleme führen rasch zur Einschränkung der Partnersexualität, wenn nicht sogar zu deren Einstellung. Und in den meisten Fällen leidet auch die Partnerin oder der Partner, weil sie die fehlende Erektion häufig auf eigenes Versagen oder mangelnde Attraktivität zurückführt. In Studien nennen Frauen als Begründung für ihre sexuelle Unzufriedenheit an erster Stelle Erektionsstörungen und an zweiter vorzeitige Ejakulation des Mannes. Weil Frauen aber wissen, wie labil eine Erektion mitunter sein kann, vermeiden sie es, ihren Mann darauf anzusprechen, um ihn nicht noch mehr unter Druck zu setzen. Dabei tun sie sich und dem Partner langfristig wahrscheinlich den größeren Gefallen, wenn sie das Problem zur Sprache bringen. Oft entsteht dadurch eine neue Nähe zwischen den Partnern, wenn sie die Sorge um ein gefährdetes oder in Schwierigkeiten geratenes Sexualleben miteinander teilen. Voraussetzung ist allerdings, dass der betroffene Partner die Auseinandersetzung aushält und offen für eine gemeinsame Problembewältigung ist. Viele Frauen suchen an dieser Stelle ohne ihren Mann Rat in der sexologischen Praxis, um sich nicht länger alleingelassen zu fühlen. Im Optimalfall kommen dann beide, und die therapeutischen Gespräche verwandeln irgendwann den Druck in Erleichterung, und innige Verbundenheit tritt an seine Stelle nach dem Motto: »Wäre doch gelacht, wenn wir das nicht auch gemeinsam durchstehen könnte.«

> Ein sicheres Zeichen für das Alter eines Mannes ist, wenn er vergisst, seinen Hosenschlitz zu schließen. Die richtigen Probleme kommen aber erst, wenn er vergisst, ihn zu öffnen.
> *Ephraim Kishon*

Erektionsstörungen können in jedem Alter überdies auch Warnsignale des Körpers sein. So weisen sie zahlreiche Gemeinsamkeiten mit Erkrankungen des Herz-Kreislauf-Systems auf, die durch Rauchen, Diabetes, Übergewicht und Bluthochdruck begünstigt werden. Erektionsstörungen können ein erstes Anzeichen oder eine Vorläufererscheinung eines bevorstehenden Herzinfarktes oder Schlaganfalls sein.

Genau wie bei den Frauen gibt es auch für die Männer eine Reihe pflanzlicher Produkte, die dabei helfen können, besser mit den gesundheitlichen Folgen der Andropause zurechtzukommen. Bei gutartigen Vergrößerungen der Prostata nehmen manche Männer gegen Probleme beim Wasserlassen **Serenosa repens**, ein Extrakt aus den Früchten der Sägepalme, dessen Wirksamkeit in Untersuchungen bisher leider nicht bestätigt werden konnte. Ein positiver Einfluss

EREKTIONSHILFEN

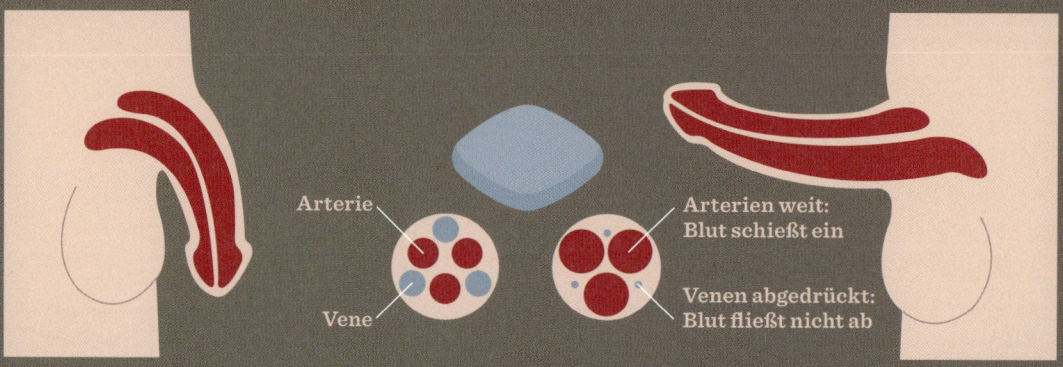

Arterie

Vene

Arterien weit:
Blut schießt ein

Venen abgedrückt:
Blut fließt nicht ab

Phosphodiesterase-5-Hemmer

Zu den P5-Hemmern gehören Medikamente (z.B. Viagra) mit den Wirkstoffen Sildenafil, Tadalafil oder Vardenafil. Sie erweitern die Blutgefäße, was zu einer erhöhten Durchblutung des Penis führt.

Die Libido wird durch die Einnahme nicht beeinflusst, eine Erektion tritt also nur bei Erregung ein und endet mit dem Samenerguss.

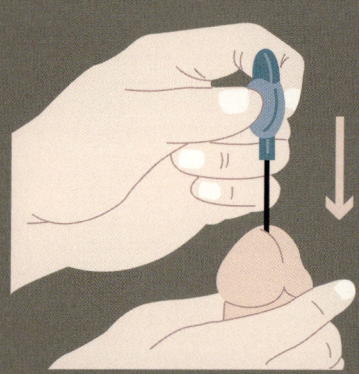

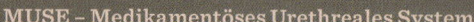
Quelle: www.isg-info.de|

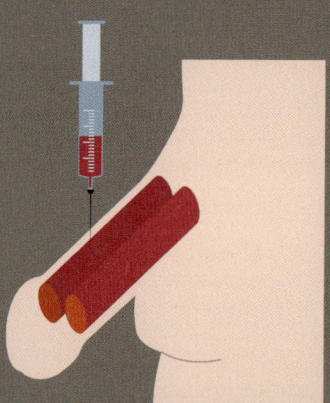

MUSE – Medikamentöses Urethreales System

Ein reiskorngroßes Pellet mit dem Wirkstoff Alprostadil wird mithilfe eines drei Zentimeter langen Einmalapplikators durch die Harnröhre an die Schwellkörper gebracht. Alprostadil bewirkt eine Erschlaffung der Muskelzellen der Penisarterie, so dass sich die Blutgefäße erweitern und Blut in die Schwellkörper fließt. Ein Abströmen des Blutes wird gleichzeitig durch eine Erweiterung der Schwellkörperhohlräume verhindert. All dies führt zu einer vollständigen Erektion, die 30-60 Minuten dauert.

SKAT – Schwellkörper-Auto-Injektionstherapie

Mit einer sehr dünnen Nadel wird ein Medikament mit dem Wirkstoff Alprostadil direkt in die Schwellkörper des Penis injiziert. Wie bei MUSE werden dadurch die Blutgefäße erweitert und der Bluteinstrom in den Schwellkörper wird erhöht. Gleichzeitig wird ein Abfließen des Blutes aus dem Penis verhindert. Eine vollständige Erektion bildet sich innerhalb von 10-15 Minuten aus und hält ca. 60 Minuten an.

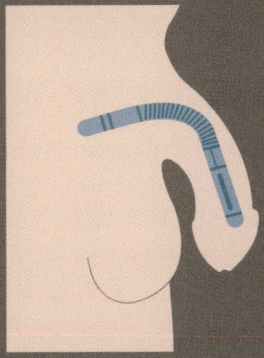

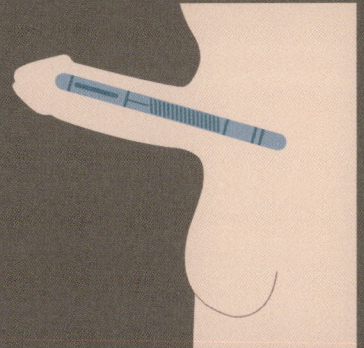

Penisimplantate I

Penisimplantate bestehen aus Kunststoffen und sind unterschiedlich komplex im Systemaufbau: einteilig (nur Zylinder), zweiteilig (Zylinder mit Pumpe) und dreiteilig (Zylinder, Pumpe und Flüssigkeitsbehälter). Durch einen operativen Eingriff werden die Zylinder in die beiden Schwellkörper des Penis eingebracht. Biegsame Implantate versteifen den Penis dauerhaft, sie können für eine Erektion nach oben gebogen werden.

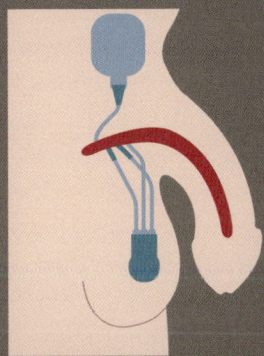

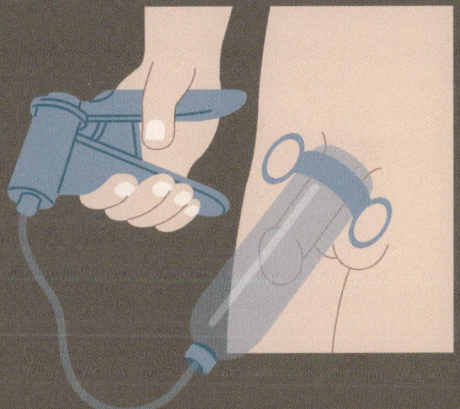

Penisimplantate II

Auffüllbare (hydraulische) Penisimplantate haben zusätzlich eine Pumpe, die zwischen den beiden Hoden implantiert wird, und einen Flüssigkeitsbehälter, der im unteren Bauchraum liegt. Mit der Pumpe wird Flüssigkeit in die Zylinder im Schwellkörper gepumpt, wodurch diese sich ausdehnen und der Penis versteift. Nach Drücken des Ablassventils im Hodensack fließt die Flüssigkeit wieder zurück in die Flüssigkeitsbehälter, der Penis erschlafft. Dies bedeutet volle Kontrolle über die Dauer der Erektion.

Vakuumserektionshilfen

Die Vakuumsaugpumpe besteht aus einem durchsichtigen Kunststoffzylinder und einer motorisierten oder manuell betriebenen Pumpe. Mit der Pumpe wird ein Unterdruck erzeugt, der Blut aus den Gefäßen in die Schwellkörper fließen lässt. Dies führt zu einer vollständigen Erektion. Ein Spannungsring an der Penisbasis verhindert anschließend einen Blutabstrom. Wenn dem Schwellkörper genug Zeit gegeben wird, sich auszudehnen, führt diese Methode zu einer vollständigen Erektion.

auf das Gewebe der Prostata wird den in **Soja** enthaltenen **Phyto-östrogenen** zugeschrieben. Vor allem der verstärkte nächtliche Harndrang soll dadurch abgeschwächt werden. Eine darüber hinaus vermutete antikarzinogene Wirkung von Soja wird derzeit noch in Studien untersucht. In den Wechseljahren empfehlen viele Heilpraktiker ihren männlichen Patienten die zusätzliche Einnahme von **Zink**, ihm wird eine die Testosteron- und Spermienproduktion unterstützende Wirkung nachgesagt. Als natürliches Potenzmittel wird auch **Arginin** gehandelt. Es wirkt gefäßerweiternd und kann, als Nahrungsergänzungsmittel eingenommen, Erektionsstörungen vermindern. Und ganz allgemein sollen die Inhaltsstoffe des **Gingko biloba** extrem widerstandsfähig gegen viele weitere Einflüsse machen.

Es braucht mehr als pflanzliche Ergänzungsstoffe, um einige der psychologischen Herausforderungen zu bewältigen, die Männer während der Andropause aus dem Gleichgewicht bringen können. Ein unerwartetes Problem zum Beispiel ist für viele Familienväter das Verlustgefühl angesichts des »leeren Nestes«. Gerade in der Lebensmitte entdecken immer mehr Männer das Familienleben für sich, wenn es damit fast schon vorbei ist, und leiden deswegen mehr unter den neuen Umständen als ihre Frauen. Auch fällt es ihnen weitaus schwerer, nach dem Auszug der Kinder den Kontakt zu ihnen zu halten und weiterhin aktiv an ihrem Leben teilzunehmen. Ein anderes Problemfeld in dieser Lebensphase ist, dass oft die eigenen Eltern hilfsbedürftig werden oder sterben; wichtige Bezugspersonen und Ratgeber gehen damit verloren und lassen ein Gefühl des Zurückgelassenseins entstehen. Hinzu kommt das Wissen darum, dass man nun selbst zu der Generation gehört, die als nächste abtreten wird. Und auch beruflich geht es in die letzten Runden; die Rente steht vor der Tür und damit die große Frage, was man mit dem Rest des Lebens anfangen will.

Die Andropause ist in vieler Hinsicht ein ernüchternder Lebensabschnitt. Es gehört viel Mut, Entschlossenheit und Ausdauer dazu, sich am eigenen Schopf aus der Sinnkrise zu ziehen und sein Leben neu auszurichten. Eine Antwort auf die Frage, woraus der neue Daseinszweck bestehen könnte, lautet: *Generativität*. Geprägt wurde dieser Ausdruck von dem deutsch-amerikanischen Psychoanalytiker Erik Erikson, der bereits in den 1950er Jahren die These aufstellte, dass nur derjenige, der die Krise der mittleren Lebensjahre zu überwinden vermag, das Gefühl bekomme, für künftige Generationen wertvoll zu sein. Konkret bedeutet das ein Engagement in Richtung Zukunft, indem man beispielsweise zum Mentor für einen Jüngeren wird, an den man seine Erfahrungen, sein Wissen und Können weitergibt. Auf diese Weise erweist man zugleich sich selbst einen großen Dienst, denn wer anderen hilft, ist nachweislich zufriedener mit dem eigenen Leben.

Vielleicht lohnt es sich in diesem Zusammenhang, auch einmal der Frage nachzugehen, ob es zwischen Himmel und Erde eventuell doch mehr gibt als das, was man mit dem Verstand erfassen und mit Technologie in den Griff bekommen kann – sei es Gott, das Universum oder das Gefühl, bei sich selbst angekommen zu sein. Nach Aussagen von Männern, die es erleben, fühlt es sich großartig, ruhig und zufrieden an. Danach befragt, beschreiben viele die Jahre nach dem großen Sturm der Wechseljahre als die leidenschaftlichsten, produktivsten und sinnvollsten, die ihr Leben für sie bereitgehalten habe. Anscheinend haben die wenigsten Männer in ihrer Sturm-und-Drang-Zeit einen Hang zu Spiritualität oder Emotionalität. Aber im Alter ändern sich die Bedürfnisse. Das Nachlassen der körperlichen Kraft und Leistungsfähigkeit spielt dieser Entwicklung in die Karten. Während der Körper unaufhaltsam altert, sucht die Seele nach neuen Energiequellen. Auch die früher als »absurd« abgetane Idee der Männergruppe leuchtet dem einen oder anderen jetzt eher ein. Der Austausch mit Gleichgesinnten über die Heimtücke der Hormone kann befreiend wirken. Vielleicht traut sich der eine oder andere sogar, die anderen wissen zu lassen, dass sie mit ihren Erektionsnöten nicht alleine dastehen. Und so verschieden die Erfahrungen und Erlebnisse im Einzelnen auch sein mögen, in den Geschichten der anderen erkennt man doch oft viel Eigenes wieder.

> Der Ruhestand muss etwas Herrliches sein. Man kann ja schließlich nicht ewig den Bauch einziehen.
> *Burt Reynolds*

All diese Vorgänge brauchen Zeit und sind Teil der Andropause – ein organischer Vorgang, an dessen Ende vielleicht die sogenannte Altersweisheit steht, eine Ruhe, die sich wissenschaftlich bis auf die Zellebene nachweisen lässt. Wer es dabei über die Jahre schafft, eine positive Einstellung zur eigenen Existenz und Persönlichkeit zu erhalten, lebt auch noch länger.

SCHATZ, WIR MÜSSEN REDEN …

In der Paarbeziehung sind die Zeiten des männlichen Dominanzstrebens im Optimalfall nun vorbei. Viele Männer hören nun öfter und besser zu, suchen körperliche Nähe, ohne dass daraus in jedem Fall Sex entsteht, zeigen Gefühle und machen sich kaum noch Gedanken darüber, das Gesicht zu verlieren. Diese Männer brauchen nun selbst mehr Zuwendung und Zärtlichkeit, pflegen Intimität und lassen vieles langsamer angehen. Natürlich gibt es diesen Typus Mann in Einzelfällen auch schon vor der Andropause, hier jedoch geht es um das Verhalten einer weitaus größeren Gruppe, der typischen Vertreter ihres Geschlechts. Die wichtigen Veränderungen des »Sich-selbst-Wahrnehmens« erleben im Allgemeinen auch die Frauen: Empfundene Ungerechtigkeiten und Unzufriedenheit mit Missständen werden nun meist schonungslos zur Sprache gebracht, weil es nicht länger zum weiblichen Programm gehört, die Beziehung um jeden Preis zu erhalten. Die meisten von ihnen erfahren Beziehungskrisen als häufige Begleiterscheinung des Klimakteriums.

Die zweite Lebenshälfte führt bei Paaren, die schon lange zusammenleben, nicht selten zu einem grundlegenden Rollenwechsel. Das Beziehungskonstrukt muss tiefgreifend renoviert werden, denn es funktioniert nicht mehr nach dem Bauplan, den man mit Mitte dreißig verfolgt hat. Männer könnten zum Beispiel Teile der täglichen Hausarbeit übernehmen und darin nun eine sinnvolle Aufgabe sehen, die weniger Stress verursacht als ihr gewohnter Alltag. Frauen orientieren sich in dieser Phase verstärkt nach außen, sowohl beruflich als auch in der Pflege von Sozialkontakten. Dieses Sich-Lösen von eingespielten familiären Programmierungen und gewohnten Abläufen bringt häufig Probleme und Unruhe mit sich, die sich über längere Zeit hinziehen können. Jeder Abschied von früher als selbstverständlich empfundenen Routinen ist mit Irritationen und mitunter schmerzhaften Zugeständnissen verbunden. Und doch gibt es in dem Umbauprozess der mittleren Jahre viel Neues und Schönes zu gewinnen, schließlich geht es darum, das Leben zu zweit gemeinsam zu verändern – und dazu gehört auch der Sex.

BEZIEHUNGSWEISE

Es scheint mehr zwischen grau melierten Schläfen zu passieren, als gemeinhin vermutet wird: Das Gehirn wird leistungsfähiger. Zahlreiche Langzeitstudien belegen, dass sich Wortschatz, verbales Gedächtnis und räumliches Vorstellungsvermögen mit den Jahren verbessern. Zwischen dem vierzigsten und sechsundfünfzigsten Lebensjahr erzielt der Mensch diesbezüglich die besten Ergebnisse. Zwar ist er leichter abzulenken, lernt langsamer und braucht mehr Pausen als früher, aber grundsätzlich optimiert sich vieles. Und neue Stärken entwickeln sich, beispielsweise die Fähigkeit, Zusammenhänge und Gesetzmäßigkeiten schneller zu erkennen, das heißt, in kürzester Zeit einen umfassenderen Überblick über Sachverhalte zu bekommen. Das geschieht weitgehend ohne viel Nachdenken, vielmehr stellt sich ein klares Gefühl ein, was zu tun ist: Die Intuition verbessert sich. Interessanterweise werden auch Alarmglocken, die früher in bestimmten Situationen Sturm läuteten, im Alter leiser. Die Amygdala folgt dem Gesamtsystem und ist ebenfalls ruhiger und entspannter, die Stressresistenz nimmt zu. Menschen werden mit den Jahren verträglicher, gewissenhafter und emotional stabiler. Für diesen Reifezustand des Gehirns entwickelte der Schwede Lars Tornstam ein Konzept, *Gerotranszendens*. Seine kontroverse Theorie geht davon aus, dass die Menschen in eine Art Altersweisheit hineinreifen, die einen inneren Perspektivwechsel mit sich bringt. Der Fokus verschiebt sich vom Materialistischen und Rationellen zum Kosmischen und Spirituellen. Die eigene Identität verändert sich, und eine neue Weltanschauung, die mehr Ruhe und Zufriedenheit ins Leben bringt, manifestiert sich. Gerotranszendenz ist Weisheit, eine kaum greifbare Kombination aus Auffassungsgabe und Erfahrungswerten, Urteilsvermögen und Bildung. Das Resultat des Ganzen ist eine bewusstere Art der Existenz und das sichere Urteilsvermögen darüber, was realistischerweise erwartet und geleistet werden kann und was getrost ignoriert werden darf.

Auch der Sex, der inzwischen längst nicht mehr so wild vonstattengeht wie früher, und die Beziehung verändern sich. Man hat jetzt Zeit – Qualitätszeit, die nach eigenen Vorstellungen mit den angenehmen Dingen des Lebens gefüllt werden kann. Während das eine Paar richtig findet, weiterhin Sex zu haben, hören andere lieber auf. Sinnvoll wäre es allerdings, vernünftig über das Thema zu sprechen, statt alles dem Zufall zu überlassen oder sich mit unausgesprochenen Entscheidungen abzufinden, unter

Die Ehe ist wie ein Schachspiel. Mit dem Unterschied, dass das Spielbrett aus fließendem Wasser besteht, die Spielsteine aus Rauch und dass kein Spielzug Einfluss auf das Ende des Spiels hat.
Seinfeld

Die Fantasie des Mannes ist die beste Waffe der Frau.
Sophia Loren

BEZIEHUNGSWEISE

denen einer der Partner leidet. Wie ist es aber überhaupt um den Sex in langjährigen Paarbeziehungen ab einem gewissen Alter bestellt? Ist irgendwann vielleicht einfach Schluss? Das kann in der Tat sein, muss aber nicht – die meisten machen jedenfalls weiter.

MEHR ZEIT – WENIGER LUST?

Ein verliebtes Paar um die sechzig hat mehr Sex als ein gleichaltriges Paar, das schon 20 Jahre Beziehung hinter sich hat. Nicht das Lebensalter, sondern die Dauer der Beziehung scheint den Sex zu bedrohen. Statistiken belegen aber eindeutig, dass entgegen der allgemeinen Überzeugung die meisten Menschen mit 60 Jahren noch Geschlechtsverkehr haben, nur verändert sich etwas. Die meisten Studien zeigen, dass 56- bis 65-Jährige sexuell reger sind als 18- bis 25-Jährige. Generell steigt die sexuelle Aktivität bis sechsundzwanzig, bleibt dann auf einem relativ konstanten Niveau, bevor sie ab fünfundfünfzig kontinuierlich abnimmt. Erst ab fünfundsechzig nimmt die Sexfrequenz deutlich ab. Nun geht es viel mehr um Qualitätssex, um eine ganz persönliche Zufriedenheit; letztere verringert sich im Alter nur leicht. Einige können sexuell nämlich nicht mehr so wie bisher, finden sich mit der Situation jedoch leichter ab als früher. Was aber, wenn sich doch noch der Wunsch nach mehr regt? Kaum jemand kennt sich mit den Veränderungen aus, die das Altern in dieser Hinsicht mit sich bringt. Deswegen werden vorhandene Möglichkeiten zur Problemlösung oft nicht genutzt und viel Potenzial verschenkt.

> Eine glückliche Ehe ist eine, in der sie ein bisschen blind und er ein bisschen taub ist.
> *Loriot*

Die emotionale Qualität der Beziehung und die Sexualität stehen in einer komplexen Wechselwirkung zueinander. Hat ein Paar zum Beispiel eher selten oder nie Sex, obwohl einer der Partner eigentlich häufiger möchte, verschlechtern sich allgemeine Stimmung und Beziehung gleichermaßen, und die Sexfrequenz sinkt noch weiter. Wer dagegen guten Sex hat, ist oft weniger empfindlich, wenn es um die Macken des Partners geht. Die Alltagsstimmung ist leicht, und die Partner sind im Kontakt, körperlich wie emotional. Auch Paare, die sich im beiderseitigen Einvernehmen damit abgefunden haben, keinen Sex mehr zu haben, führen oft ruhigere Beziehungen, weil nicht mehr über die Sexabstinenz diskutiert wird. Streit kann aber auch durch erhöhte Spannung und vergrößerte emotionale Distanz zu mehr Sex führen, »Versöhnungssex« eben. Die Faktoren Gesundheit und Beziehung beeinflussen in hohem Grad die sexuelle Aktivität einer Person. Und wer in einer Partnerschaft lebt, kann sich ohnehin darüber freuen, dass die allgemeine Lebenszufriedenheit mit steigendem Alter ebenfalls zunimmt.

Was ist entscheidend dafür, ob sich jemand wohlfühlt oder nicht – und was ist ein *zufriedener Sexpraktiker (ZS)*? Ein ZS hat im Laufe der letzten zwölf Monate mehrere sexuelle Berührungen gehabt und lebt in einer Partnerschaft. Körperlich und geistig ist er gesund sowie emotional in der Lage, in der Beziehung eigene Wünsche zu äußern. Er kann lieben, ist aufgeschlossen und vertrauensselig. Personen mit diesen Eigenschaften und Merkmalen erreichen meist freudestrahlend die Lebensziellinie und sehen dabei laut Untersuchungen oft zehn bis zwölf Jahre jünger aus als Gleichaltrige. Der männliche ZS empfindet sich häufig selbst als wenig aufdringlich und verfährt gern nach der Devise »Alles kann so bleiben, wie es ist«. Experimentieren ist nicht seine Sache. Die weibliche ZS erweist sich ihrem Partner gegenüber nicht als übertrieben fürsorglich, aber auch nicht als abweisend oder kalt. Sie besteht in jedem Fall auf emotionaler Nähe, und falls sie diese bei ihrem Partner erlebt, hat sie häufiger Lust, wird schneller feucht und hat mehr Orgasmen.

When I get older losing my hair / Many years from now / Will you still be sending me a Valentine / Birthday greetings, bottle of wine?
The Beatles

Nörgel-Koeffizient   Mit der durch Studien belegten Gottmann-Technik sorgt man in der Beziehung für gute Stimmung, indem man Kritik homöopathisch dosiert. Das perfekte Verhältnis beträgt 5:1, das heißt fünf positive Kommentare pro negative Bemerkung. Nach ein paar Jahrzehnten Beziehung kennt man eigentlich alle Schwächen des Partners, und gerade weibliche Wesen tendieren oft dazu, überkritisch zu werden. Männer reagieren auf ständiges Nörgeln, indem sie den Kontakt vermeiden. Sie haben das Gefühl, den Anforderungen ihrer Frau nicht zu genügen. Sein Rückzug macht sie dann nur noch unzufriedener, und gemeinsam landen sie in einer Negativspirale: Beide Partner bekommen nicht die Liebe und Zuneigung, die sie sich wünschen.

Beim Sex geht es um das Zwischenmenschliche: Nähe und Kontakt spielen eine große Rolle. Und es geht um Kommunikation, am besten auf mehreren Ebenen. In vielen Langzeitbeziehungen aber ist der kommunikative Austausch ins Stocken geraten. Nicht selten kommt es dann zur Beendigung der Sexualität und anderer Zärtlichkeiten.

BEZIEHUNGSWEISE

EIN ZÄRTLICHES GEFÜHL

Zärtlichkeit wird zum wichtigen Klebstoff für die Beziehung. Ein Viertel aller älteren Deutschen lebt laut eigener Aussagen ganz ohne dieses Gefühlselixier. Bei zärtlichen Berührungen wird das »Kuschelhormon« Oxytocin in großen Mengen ausgeschüttet. Dadurch reduziert sich das »Stresshormon« Cortisol. Bei Männern wirken diese Substanzen sogar noch länger nach als bei Frauen: Bis zu 24 Stunden hält der positive Effekt auf Körper und Geist bei ihnen an. Auf Liebkosungen reagieren Nerven, die Informationen für Gefühle an das limbische System senden. Das sanfte Streicheln wird dort als angenehm registriert und als emotional gefärbte Berührung gedeutet. Genau das scheint den wohltuenden Effekt im Körper hervorzurufen: Liebe und Zuneigung eben. Damit der körpereigene Stimmungscocktail spritzig bleibt, können Paare selbst etwas tun, Händchenhalten, gegenseitiges Streicheln und tiefe Blicke in die Augen jagen den Pegel der Wohlfühlhormone immer wieder in die Höhe. Diesbezüglich schickt übrigens auch der Orgasmus ein regelrechtes Feuerwerk an Glücklichmachern durch den Körper. Und nicht nur die Zufriedenheit in einer Beziehung steigt, auch der gesundheitliche Zustand beider Partner verbessert sich nachweislich durch zärtliche Berührungen.

> Sehen Sie sich um. Die meisten Ehemänner sind der beste Beweis dafür, dass Frauen Humor haben.
> *Donna Leon*

GEFÜHLE ZEIGEN

Gerade für Paare im mittleren Alter kommt es häufig zur Nagelprobe. Bei den einen rappelt es im Karton wie nie zuvor, bei anderen wird um den heißen Brei herumgeschlichen. Statt zueinander hin, entwickeln sich die Partner voneinander weg, aus *wir* wird immer mehr ein *ich*, weil das Älterwerden jeden auf sich selbst zurückwirft, notgedrungen besinnt man sich auf das eigene Innenleben.

Die Schweizer Psychologin Pasqualina Perrig-Chiello, eine der führenden Forscherinnen im Bereich des Älterwerdens von Paaren, ist der Ansicht, dass eine Partnerschaft immer aufs Neue definiert werden muss, vor allem in der Lebensmitte, und zwar wegen der vielen biografischen und familiären Übergänge in dieser Zeit. Immer mehr an Bedeutung gewinnt dabei, von seinem langjährigen Partner so geliebt zu werden, wie man wirklich ist, und als ganzer Mensch angenommen zu werden. Wer sich mit dem Partner weiterentwickelt, den erwartet eine spannende Zeit. Dabei gilt: Wer sich mitteilt, zeigt und in Kontakt tritt, gewinnt. Im Endeffekt geht es darum, wie der Einzelne mit Konflikten und auch mit alltäglichen Gefühls- und Gemütsschwankungen umgeht. Ist er eher schweigsam und zieht sich, sooft es geht, von Auseinandersetzungen zurück, behält das meiste für sich? Oder zeigt er sich mit allem, was ihm wichtig ist? Wer in einen ehrlichen und offenen Kontakt gehen möchte, kommt vorerst nicht drum herum, sich mit sich selbst auseinanderzusetzen. Das ist schwierig, weil man dazu nachspüren muss und oft eine ganz andere Routine hat, nämlich Wegschauen. Allein schon der Gedanke daran, was beim Blick ins Innere entdeckt werden könnte, macht nervös. Und dann auch noch darauf reagieren? Das könnte für Wirbel sorgen oder sogar für ein Ende der Beziehung. Viele entscheiden sich dann doch lieber für den oft geprobten Schrecken ohne Ende, der läuft immerhin verhältnismäßig leise und im Verborgenen ab. Gesund ist diese Wahl nicht, warum wird sie wohl trotzdem so häufig getroffen?

Der Mensch ist dafür gemacht, Gefühle zu erleben und auszuleben, die wie kurze Signale für Veränderungen funktionieren. Zu unterscheiden, was gut oder schlecht ist, kann lebensnotwendig sein. An Kindern lässt sich gut beobachten, wie einfach das ist: Ein Kind fällt und weint herzzerreißend, hört aber in Sekundenschnelle damit wieder auf, sobald es getröstet wird. Das System arbeitet auch im Todes-

In der Ehe muss man einen unaufhörlichen Kampf gegen ein Ungeheuer führen, das alles verschlingt: die Gewohnheit.
Honoré de Balzac

fall: Wenn ein geliebter Mensch stirbt, hält die Traurigkeit über Wochen und Monate an, aber immer nur für kurze Zeit, bis auf das Signal adäquat reagiert wird. Auf diesen konkreten Fall bezogen muss der Verlust angenommen und losgelassen werden. Erst wenn jemand über längere Zeit traurig ist, und zwar fast dauerhaft, wird von einer ernsthaften Verstimmung oder Depressionen gesprochen. Im gesunden Zustand dauern Gefühle eben nicht lange. Dennoch haben viele Erwachsene offensichtlich große Angst vor ihnen. Der Grundstein dafür wird meist in der Kindheit gelegt. Mädchen wird nach wie vor beigebracht, dass sie sich vornehmlich um andere zu kümmern haben und erst danach, wenn überhaupt, um sich selbst. Ihr Gehirn und die weiblichen Hormone unterstützen diese Erziehung. Jungen bekommen noch immer den alten Spruch »Ein Indianer kennt keinen Schmerz« zu hören. Die Botschaft an beide Geschlechter lautet, sich zusammenzureißen und die Gefühle wegzudrücken. So dauert es nicht lange, bis sie verstanden haben, dass Gefühle Probleme verursachen. Menschen haben ein großes Repertoire an Reaktionen, mit denen sie die Gefühle anderer bewerten und gegebenenfalls ablehnen:

Auslachen, Ignoriert- oder Abgewiesenwerden, Liebesentzug als Reaktion auf Wut, Traurigkeit oder sogar Fröhlichkeit, die für manche Menschen nicht auszuhalten ist. Aus den Erfahrungen werden unmerklich Persönlichkeitseigenschaften, die beeinflussen, was wahrgenommen, worauf geachtet und wie etwas bewertet wird. Sie lenken Entscheidungen, Gedanken, Gefühle und Handlungen. Die gelernten Verhaltensmuster zeigen sich dann auch in späteren Beziehungen: lieber den Mund halten, um nicht das Gleiche wie damals erleben zu müssen, nämlich ausgeliefert und abgelehnt zu sein. Das Unterbewusstsein hat sich gut gemerkt, wie es erreicht, dass das Gegenüber positiv reagiert. Wer hiernach lebt und handelt, kann sicher sein, dass er nicht bei sich ist, sondern permanent versucht, es anderen recht zu machen. Leider entsteht dabei das Gefühl, sich auf vertrautem Gelände zu bewegen, weswegen man in jeder Hinsicht die Beziehung erhalten möchte – selbst wenn sie einem nicht guttut. Viele Erwachsene gehen aus Angst davor, verlassen oder nicht gemocht zu werden, über so viele persönliche Grenzen, dass sie psychisch oder körperlich krank werden. Zum Glück ist es nie zu spät für emotionale Autonomie: Jeder kann jederzeit lernen, als unabhängiger und selbständiger Mensch zu agieren und zu reagieren.

> Richtig verheiratet ist der Mann erst dann, wenn er jedes Wort versteht, das seine Frau nicht gesagt hat.
> *Alfred Hitchcock*

PAAR EXCELLENCE

Der renommierte Paar- und Sexualtherapeut David Schnarch, mit fast siebzig selbst ein gereifter Herr, spricht und lehrt seit Jahren von einem Entwicklungsprozess jedes Einzelnen. Er benutzt dafür den Begriff der *Differenzierung*. In der Partnerschaft geht es dann darum, sich vom anderen zu unterscheiden, indem jeder sich so zeigt, wie er wirklich ist, und nicht, wie der andere einen mutmaßlich haben möchte. Das bedeutet, für sich einzustehen und dadurch mehr in Einklang mit den eigenen Gefühlen und Wünschen zu leben. Dazu gehört es auch, eigene emotionale Reaktionen zu regulieren und sich selbst trösten und beruhigen zu können, das heißt, einen differenzierten Abstand zum Partner zu haben. Er sollte nicht für einen zuständig sein. So entstand der Begriff *Versorgungssystem*: Viele Paare fühlen einander und die Beziehung unbewusst als automatische Versorgungssysteme, in denen die Erwartungshaltung herrscht, dass der Partner sich um einen kümmern muss. Wenn das System aber zu eng ist, hat das Einfluss auf das sexuelle Verlangen, denn *zu nah* bedeutet meistens, sich gegenseitig nicht sehen zu können. Wie soll so Lust aufeinander entstehen? Sex ist doch persönlich! Wer sich nicht zeigt, erfährt keine echte Berührung, es entsteht keine Intimität. Vielen bereitet es Schwierigkeiten, sich offen zu zeigen, weil sie dann verletzbar werden – und das verunsichert. Eine der größten Herausforderungen ist daher die Frage: Gehe ich das Risiko ein, abgelehnt oder gar verlassen zu werden?

Von klein auf ist der Mensch auf Bindung aus. Sex ist für Erwachsene die intensivste Form, diese Bindung zu spüren, und gleichzeitig auch die älteste Art, in Kontakt zu treten. Kommunikation liegt den Menschen quasi in den Genen und fand bereits statt, bevor überhaupt Sprachzentren in den Gehirnen existierten. Und heutzutage, da Sex noch nicht einmal mehr für Fortpflanzung nötig ist, könnte diese Begegnung wichtiger sein denn je. Fast alles kann ein Mensch allein, wenn er will, eines aber kann er nicht: sich selbst das Gefühl geben, auch von anderen angenommen zu sein. Dazu bedarf es eines anderen Menschen, besonders eines nahen Lebenspartners. Vielleicht wird dieser deswegen, bewusst und unbewusst, als so überaus wichtig eingestuft, dass der Gedanke, ihn verlieren zu können, wenn man sich in allen Facetten zeigt und er nicht mögen könnte, was er sieht, geradezu angsteinflößend wirkt. Dieses gut funktionierende System möchte man nicht verunsichern. Schnarch rät jedoch dazu, genau das zu tun. Warum das gut und richtig wäre, beschreibt er anhand eines Vergleichs mit dem Reibungspotenzial von Meeresfrüchten: »Die Auster entscheidet ja auch nicht, einfach so eine Perle zu machen! Ihre Ruhe wird von außen gestört. Etwas dringt in sie ein, und durch den Umgang mit diesem Fremdkörper entsteht eine Perle.« Die Schönheit entsteht also durch einen äußeren Reiz.

Mit der Heirat erhofft man sich Ruhe an der Privatfront, und dann ist plötzlich eine Frau im Haus.
Raymond Chandler

Wer Unangenehmes zulässt, kann daraus Gewinn ziehen. Es geht nicht darum, einen Streit vom Zaun zu brechen, sondern sich einfach zu trauen, mit einer klaren Meinung an den Partner heranzutreten, selbst wenn davon auszugehen ist, dass keine positive Reaktion folgt. Auf diese Weise entstehen häufig in Augenblicken wundervolle, ehrliche Situationen und Intimität, vor allem, wenn es sich um gefühlsgeladene Angelegenheiten handelt. Die als bedrohlich empfundene Verletzlichkeit gehört zum Leben dazu. Viele denken, es sei schwierig, den Moment zu spüren, in dem sie eigentlich etwas ansprechen und sich zeigen müssten. Dabei stellt sich beim Nachfragen heraus, dass der auslösende Augenblick, in dem die innere Stimmung kippt, genau wahrgenommen wird – es entsteht ein mulmiges Druckgefühl, die

Laune verdüstert sich. Man kann auch im Nachhinein Bezug auf den Moment nehmen und mit der Sprache herausrücken. Für viele Menschen ist es eine Herausforderung, Gefühle zu benennen. In diesem Fall kann ein erstes Nachspüren hilfreich sein: Ist es Traurigkeit, Wut, Verletzt- oder Genervtheit? Ist Angst im Spiel? Sofortige Klarheit wird sich kaum einstellen, aber nach und nach wird es einfacher zu erspüren, welches Gefühl dominiert. Danach den Partner miteinzubeziehen bedeutet nicht, dass ein Lösungsansatz, eine konkrete Fragestellung oder ein definiertes Gefühl benannt werden muss, sondern dass Kontakt zum anderen entsteht. Manchmal wird *dabei* erst klar, an welcher Stelle der Stachel sitzt. Plötzlich kommt ein Gefühl der Rührung auf, bei bestimmten Worten oder einem Thema steigen einem die Tränen in die Augen. Es tut wohl, das auszusprechen: »Ich spüre gerade, dass das Problem hier liegt …« Die Meldungen aus dem Unterbewusstsein und das eigene Warnsystem zu beachten führt dazu, dass es einem augenblicklich besser geht.

Beziehungshygiene für den Alltag   Mit dieser Übung lassen sich ganz einfach intime Gespräche oder Situationen kreieren. Tauscht euch darüber aus, worin für euch jeweils der Höhe- und der Tiefpunkt des Tages bestanden. »Was war heute dein Bestes und dein Schlechtestes? Meins war …« Das Beste kann übrigens von der kleinen Biene beim Kaffeetrinken auf dem Balkon bis zum Kompliment des Partners für den neuen Haarschnitt oder dem gut verlaufenen Bewerbungsgespräch reichen – alles ist möglich. Nicht selten gibt es kleine und große Überraschungen darüber, was für den anderen schön war und was eben nicht. Und keiner zwingt euch aufzuhören, wenn daraus tiefer gehende Gespräche entstehen.

Eine andere Übung könnt ihr bei Verstimmungen und Missverständnissen anwenden. Manchmal hilft Schreiben, um besser reden zu können. Legt euch dazu ein Heft an und nehmt euch, jeder für sich, in Krisensituationen zehn Minuten Zeit, um Gefühle und Gedanken zu Papier zu bringen. Versucht, ganz bei euch zu bleiben und dem anderen keine Vorwürfe zu machen. Formuliert lieber einen Wunsch, dessen Erfüllung euch beim Loslassen des belastenden Moments helfen würde. Dann lest euch vor, was ihr geschrieben habt, ohne einander zu unterbrechen. Auf diese Weise könnt ihr eure Beziehung von Alltagsmief befreien und immer mal wieder frischen Wind ins Versorgungssystem bringen.

Liebe und Intimität unterliegen einer Gummibanddynamik: Es geht auf und ab und bleibt in Bewegung – mal ist mehr und mal weniger davon vorhanden. So wie Lust und Begehren entstehen, wachsen und vergehen auch Liebe und Intimität, und beide sind sie eng mit Stress gekoppelt. Wenn also die Stimmung einmal für ein paar Tage sinkt, bedeutet es nicht gleich, dass die Beziehung gefährdet oder zu Ende ist, sondern es ist schlicht die Art, wie Liebe funktioniert. So ist sie immer spürbar, und die Sehnsucht, mit dem anderen intim zu werden, wächst. Auf Dauer empfiehlt es sich, Energie zu investieren, um dem anderen noch näher zu kommen, und neugierig nachzufragen, worum es ihm wirklich geht, auch wenn man denkt, ihn in- und auswendig zu kennen.

Stimmungswechsel   Schreibt euch die folgenden Fragen auf Karteikarten und setzt euch gemütlich einander gegenüber. Gestaltet die Szene wie einen Talkshow-Dialog. Ein Partner hat die Karten und schlüpft als Erster in die Rolle des Moderators, er interviewt seinen Gast. Danach werden die Rollen getauscht, und das Spiel beginnt von vorn. Spürt nach jeder Frage und beim Antworten nach, wie Gefühle und Stimmungen wechseln.

- Welche Stärke bringe ich in unsere Beziehung?
- Wie war der Moment, in dem du wusstest, dass ich diejenige/ derjenige welche(r) bin?
- Gab es eine Phase in unserer Beziehung, in der du den Eindruck hattest, dass wir mehr Aufmerksamkeit und Zeit füreinander gebraucht hätten?
- Wie zufrieden bist du mit der Menge an Zeit, die wir miteinander jetzt verbringen?
- Wie könnten wir in deinen Augen ein besseres Paar werden?
- Was macht dir im Hinblick auf unsere Zukunft am meisten Angst?
- Was haben wir früher gemacht, was dir jetzt fehlt?

ZU ZWEIT VEREINT

Intimität und Differenzierung haben mit *Nähe* und *Distanz* zu tun. Häufig sind es emotional sehr enge Beziehungen, in denen die gemeinsame Sexualität leidet oder ganz einschläft. Solche Paare erklären oft, dass sie alles zusammen machen und sich über alles lieben:

»Wir sind ein Herz und eine Seele!« Es sind Partner, die in ihrer emotionalen Befindlichkeit geradezu eine Abhängigkeit voneinander zeigen. Sie brauchen stets positive Rückmeldungen anderer, besonders des Partners, um sich wohlzufühlen. Anfänglich können diese Nähe und Fürsorge mächtige Aphrodisiaka sein. Nach einiger Zeit wird daraus allerdings oft ein klammerndes »Ich brauche dich!« – und das ist nicht besonders sexy! Aus einem gegenseitigen *Sich-Brauchen* freizukommen ist schmerzhaft, ist aber nötig, vor allem, wenn man die sexuelle Energie innerhalb einer Beziehung erhalten möchte. Ganz konkret bedeutet es also, das *Verschiedensein* auszuhalten.

Die Sehnsucht nach Nähe, Liebe und Geborgenheit und den gleichzeitigen Wunsch nach Freiheit und Unabhängigkeit kennt fast jeder. Paare bewegen sich entlang einer Skala dazwischen: Einerseits Symbiose und Bindung, also Beziehungen, deren Partner anhänglich und im schlechtesten Fall zu wenig bei sich selbst sind, und andererseits Beziehungen oder Affären, in denen Differenzierung und Selbstbestimmung vorhanden sind, aber vielleicht manchmal zu großer Abstand herrscht und zu wenig Interesse am anderen. Es ist für jeden eine alltägliche Gratwanderung, eine gesunde Balance zwischen den beiden Bedürfnisenden zu finden, besonders wenn ab einem bestimmten Alter beide Partner den ganzen Tag zu Hause sind. Wem es gelingt, gut auf die neue Situation zu reagieren, der klebt weder am Partner, noch flieht er oder sie vor intimen beziehungsweise intensiven Paar-Momenten oder Gesprächen. Wenn Abstand sowohl in emotionaler als auch räumlicher Hinsicht für ein Paar nicht zu Unsicherheit und Angst führt, kann er für das eigene Verlangen genutzt werden. Gab es beispielsweise Streit, einer der Partner ist beruflich unterwegs oder allein im Urlaub, dann träumt jemand, der gut mit Distanz umgehen kann, entspannt von dem, was alles passieren wird, wenn man wieder zusammenkommt. Und geht es einem der Partner schlecht, kann der positiv Distanzierte mitfühlend sein, verinnerlicht jedoch die Gefühle des anderen nicht, sondern bleibt emotional unabhängig. Sexuelle Anziehung und Begierde werden überhaupt nur möglich, wenn sich zwei Individuen aus einer gewissen Distanz in ihrer Einzigartigkeit begegnen. Es lohnt sich auf einmal, den anderen zu verführen, ihn näher kommen zu lassen.

Was ist dran am Mythos der Verführung? Das ist der Stoff, aus dem Hollywood Träume webt: attraktive Hauptfiguren, die in idealer Szenerie aufeinandertreffen, beneidenswerte Körper, die erotisch aufs Vorteilhafteste verhüllt sind. Kerzenschein, Luxushotel, Strand,

> Einen Menschen lieben heißt einwilligen, mit ihm alt zu werden.
> *Albert Camus*

Vollmond, Designermöbel und Musik – immer der passende Soundtrack, die Protagonisten können es kaum erwarten, übereinander herzufallen, um dann stundenlang hemmungslosen Sex miteinander zu haben. Danach sind alle verliebt – auch die Zuschauer, und zwar vor allem in das Konzept des vollkommenen Glücks. Im wirklichen Leben dagegen warten Leute darauf, dass das Gegenüber anfängt oder etwas von alleine passiert, wie beim Kennenlernen. Nach einer gewissen Zeit des Zusammenseins muss dabei aber nachgeholfen werden. Die Vielfalt der verführerischen Momente ist groß, doch nicht selten wird Verführung mit Manipulation gleichgesetzt. Auch lässt sich die Angst vor der möglichen Ablehnung nicht so einfach abschütteln, niemand möchte gern bloßgestellt werden.

Erotische Verführung ist eine Kunst, die gelernt sein will. Deswegen wird auch von klein auf trainiert. Wer kennt nicht die großen runden Kinderkulleraugen in den strahlenden, erwartungsvollen Gesichtchen, die ein »Bitte, bitte« so hinreißend untermalen und so lange nicht lockerlassen, bis nachgegeben wird und die kleinen Biester bekommen, was sie wollen? Genau das ist perfekte Verführung. Diese Fähigkeit ist unentbehrlich, will man Erotik in einer langjährigen Beziehung lebendig halten. Jeder sollte sich täglich selbst fragen, auf welche Art er oder sie sich liebenswert, attraktiv und sexuell begehrenswert zeigen kann. Bedürfnisse und Wünsche lassen sich mittels bewusst verführerischer oder auch ganz normaler Kommunikation mitteilen, nicht nur durch Worte, sondern auch mit Gesten, Emotionen und Verhalten. Verführung bedeutet, genau zu wissen, was man will, aber auch die Bedürfnisse des Partners zu erkennen und zu berücksichtigen. Denn der Partner soll ja gerne mitmachen. Halbherzigkeit wird häufig zum Verhängnis. Wer zum Beispiel zu früh wieder aufgibt, weil er sich nicht traut, zu den eigenen Bedürfnissen zu stehen, er

Mit vierzig fängt man an, das Wertvolle zu suchen, und mit fünfzig kann man anfangen, es zu finden.
Thornton Wilder

sich sowieso vorher keine Gedanken gemacht hat oder erwartet, dass der andere sie auch unausgesprochen lesen kann, reagiert aus Enttäuschung oft mit *Antiverführung*. Dabei ist die unwillkürliche Reaktion auf die gefühlte Ablehnung genau die, die sie nicht sein sollte. Für den Partner endet die Antiverführung nicht selten damit, dass er zwar mitmacht, aber nicht von Herzen, sondern widerwillig, was mit der Zeit meist zur Ablehnung *seinerseits* führt, mitunter sogar zur Aversion.

> **Antiverführung**   Eiseskälte verbreiten, Bestrafung, Beschimp-
> fung, Vorwürfe, Provokation, Beleidigtsein, dem Partner ein schlech-
> tes Gewissen machen, Hysterie, Betteln, Kletten, Forderungen
> stellen, den anderen analysieren, Zickereien, Ungeduld, Sex- oder
> Liebesentzug, Rückzug, Ablehnung, Geben, was man eigentlich
> selbst bekommen möchte, nächtelange Diskussionen, Infrage-
> stellung der Männlichkeit beziehungsweise der Weiblichkeit des
> Partners, Erziehen wollen, Schweigen, Kritisieren, Erklärungen
> verlangen und in Zweifel ziehen – und, und, und …

In Beziehungen wird Antiverführung zur Negativspirale, es sei denn,
einer der beiden Partner durchbricht den Teufelskreis. Natürlich
denkt in so einer Atmosphäre kaum jemand an Erotik. Konstruktiver
wäre es, sich durchgehend von einer liebevollen Seite zu zeigen, auch
wenn es schwerfällt. Ist die Grundstimmung zwischen den Partnern
gut, wird spielerisch schon bald ein neuer Versuch erfolgen, schließlich war das, was gerade abgelehnt wurde, ein »gutes Angebot«. Der
gute Verführer rechnet immer damit, dass es auch *nicht* gelingen
könnte – und weiß, dass er damit leben könnte.

Im wirklichen Leben hat das Initiieren von Sex in einer Partnerschaft viele Gesichter: »Ich mache die Tür zu, das tut sonst er!« oder
»Ich trage das ganz bestimmte T-Shirt … oder eben keins!« »Ich gehe
zuerst ins Bett und bin dann noch wach, wenn er kommt, manchmal
dauert das sehr lange« oder: »Sie geht dann immer vor mir ins Bett,
ich räume dann in der Küche rum, bis sie fest eingeschlafen ist – das
dauert manchmal ganz schön lange!« Auch direkte Verführungsvari-
anten gibt es: »Er fasst sofort an die Brustwarzen«, oder sie sagt ohne
Umschweife: »Wir müssten eigentlich auch mal wieder Sex haben!«
Es geht unendlich weiter: » … weil sie sich länger im Bad aufhält als
sonst« oder »weil sie sofort das Licht ausmacht, dann will sie heute
schon mal lieber mich als den Krimi!« Lässt sie dagegen das Licht an
und holt das Buch aus dem Nachtschrank, weiß er, dass heute nichts
mehr geht. Offensichtlich hat jedes Paar seinen eigenen Sprach- und
Verhaltenscode, um dem anderen mitzuteilen, dass er oder sie Lust
hat, mit ihm zu schlafen – oder eben nicht.

Zunächst wäre es gut, ein paar *Reizpunkte* zu setzen. Es geht darum, eine erotische Stimmung aufzubauen, ein Signal zu geben, dass
man den anderen gerade nicht nur als besten Freund oder Freundin
wahrnimmt, sondern auch als sexuelles Wesen. Dabei muss es überhaupt nicht gleich zum Sex kommen. Im Gegenteil, für viele Paare

ist es sogar besser, wenn sie üben, Reizpunkte zu setzen, die *nicht* gleich zum Sex führen. Dadurch verringert sich der (Erwartungs-) Druck, denn nicht wenige haben längst aufgehört, den Partner zu umarmen, zu küssen und anzufassen, weil sie meinen, dass er dann gleich mehr will, frei nach dem Prinzip »Kleiner Finger, ganze Hand«. Wer oft abgelehnt wurde, hofft natürlich auf mehr, wenn die Stimmung zur Abwechslung mal sexuell wird. Deswegen kann es für beide Partner wichtig sein, die reizende Situation klar abzugrenzen. Dazu reicht die Vereinbarung, dass es nicht gleich weitergehen darf. Der Sex folgt erst später oder eben nicht, damit müssen beide dann leben – oder bei sich selbst Hand anlegen. In der Zwischenzeit kann die sexuelle Energie, die entsteht, schlummern und vor sich hin glühen – und ganz bald anheizend wirken. Wirkungsvolle Reizpunkte könnten innige Umarmungen sein, bei denen man ganz leicht, fast unauffällig, das eigene Geschlecht gegen den anderen drückt, oder man lässt die Hände langsam zum Po gleiten, spannt kurz an, um den Körper des anderen etwas näher zu sich heranzuholen. Auch ein Kuss in den Nacken, ein Finger, der zärtlich den Hals hinabfährt, oder kleine Seufzer, während am anderen geschnuppert wird, können reizend wirken, ebenso wie ein Kompliment darüber, wie er gerade auf sie wirkt. Oder man legt beim Aufwachen ganz behutsam eine Hand auf das Geschlecht des Partners. Dieses Repertoire lässt sich beliebig von jedem selbst ausprobieren und erweitern.

In länger dauernden Beziehungen gehen diese Dinge oft verloren. Viele haben kein Bewusstsein dafür, verführt zu werden oder selbst zu verführen. Zum Glück ist es jederzeit möglich, das Einerlei mit einer Prise Erotik zu würzen. Das können auch Menschen, die noch nicht gelernt haben, sexuelle Wünsche und Bedürfnisse zu artikulieren, weder durch Körpersprache noch mit Worten. Es beginnt im Kleinen mit dem simplen Versuch, den anderen auf sich aufmerksam zu machen und im weiteren Verlauf erotisch zu verführen.

EROTIK: HUHN ODER FEDER?

Laut Duden ist Erotik »den geistig-psychischen Bereich einbeziehende Liebe; Liebes-Geschlechtsleben«. So faktisch, wie der deutsche Sprachwächter klingt, so plastisch wirkt die Beobachtungsgabe einer dänischen Autorin: »Erotik ist, wenn man mit einer Feder streichelt, Porno, wenn man das ganze Huhn nimmt.« In jedem Fall wird sie durch Subtilität gekennzeichnet. Je feiner, versteckter und vorsichtiger, desto auf- und erregender kann die Wirkung sein, besonders im Zwiegespräch. Erotik entsteht manchmal durch Blicke, Bewegungen oder einfach über eine bestimmte Art der Berührung. Sie entwickelt sich vielleicht über ein kleines Spiel oder eine Interaktion, die sexuelle Energien aufkommen lässt. Bemerkenswert ist, dass dieselbe Berührung einmal als angenehm erotisierend und ein anderes Mal als abtörnend erfahren wird. Ob etwas als erotisch erlebt wird, hängt nämlich nicht nur davon ab, was gerade gemacht wird, sondern davon, wie diese Handlung bewertet wird. Einfühlungsvermögen macht dabei einen großen Unterschied. Wenn beim Streicheln das Gefühl entsteht, dass eher unbeteiligt oder zufällig herumgefummelt, Routine abgespult oder nur getestet wird, ob eventuell noch mehr geht, fällt bei vielen der Vorhang. Wenn dagegen ein Gefühl für den anderen spürbar ist, eine körperliche Kommunikation entsteht und wirkliche Berührung stattfindet, wird es spannend.

Im Grunde ist es eine Frage von Aktion und Reaktion. Und immer wieder sollte man in sich hineinspüren. Mit dem geduldigen Spiel der Hände, mit Blicken und Atem sowie wechselnder Muskelspannung, Bewegungen und Rhythmik wird der Körper des anderen wachgeküsst, umarmt und berührt. Die unterschiedlichen Wege, sich dem Partner erotisch zu nähern, haben jeweils eine eigene Wirkung auf das Liebesspiel. Erotisch ist es allemal auch, sich dem anderen als sexuelles Wesen zu zeigen. Vielen ist aber nicht klar, was sie tun müssten, um eine erotische Wirkung zu entfalten. Sie wissen auch nicht, wie sie Intimität herstellen oder den Partner ohne Worte dazu einladen können, eine persönliche Nähe aufkommen zu lassen, in der sexuelle Energien entstehen können. Dabei gibt es dafür unzählige Möglichkeiten und auch Lernschritte, die oft gar nicht mit dem Thema in Zusammenhang gebracht werden. Es ist zunächst von Belang, dass man sich im eigenen Körper wohlfühlt. Wer sich als erotisches Wesen präsentieren möchte, braucht eine Idee davon, dass das, was er zeigt, auch beim Gegenüber Gefallen findet, damit der andere überhaupt gern in Kontakt treten möchte. Oft spielen Grübeleien, Unwissenheit und Vorurteile eine Rolle, wenn es darum geht, auf jemanden erotisch wirken zu wollen. Deswegen bleibt das Licht im Schlafzimmer häufig aus. Außerhalb des Bettes entsteht dafür ein umso klarerer Eindruck davon, ob sich jemand begehrenswert fühlt. An der Art des Gehens, Stehens und Bewegens wird sichtbar, ob ein Mensch zufrieden mit sich ist und weiß, was er Tolles zu bieten hat, auch sexuell. Das ist erotische Anziehungskraft. Er oder sie zeigt sich gern und lässt sich anschauen.

BEZIEHUNGSDAUER UND SEXHÄUFIGKEIT
Häufigkeit des Geschlechtsverkehrs in den letzten vier Wochen
nach Beziehungsdauer und Alter

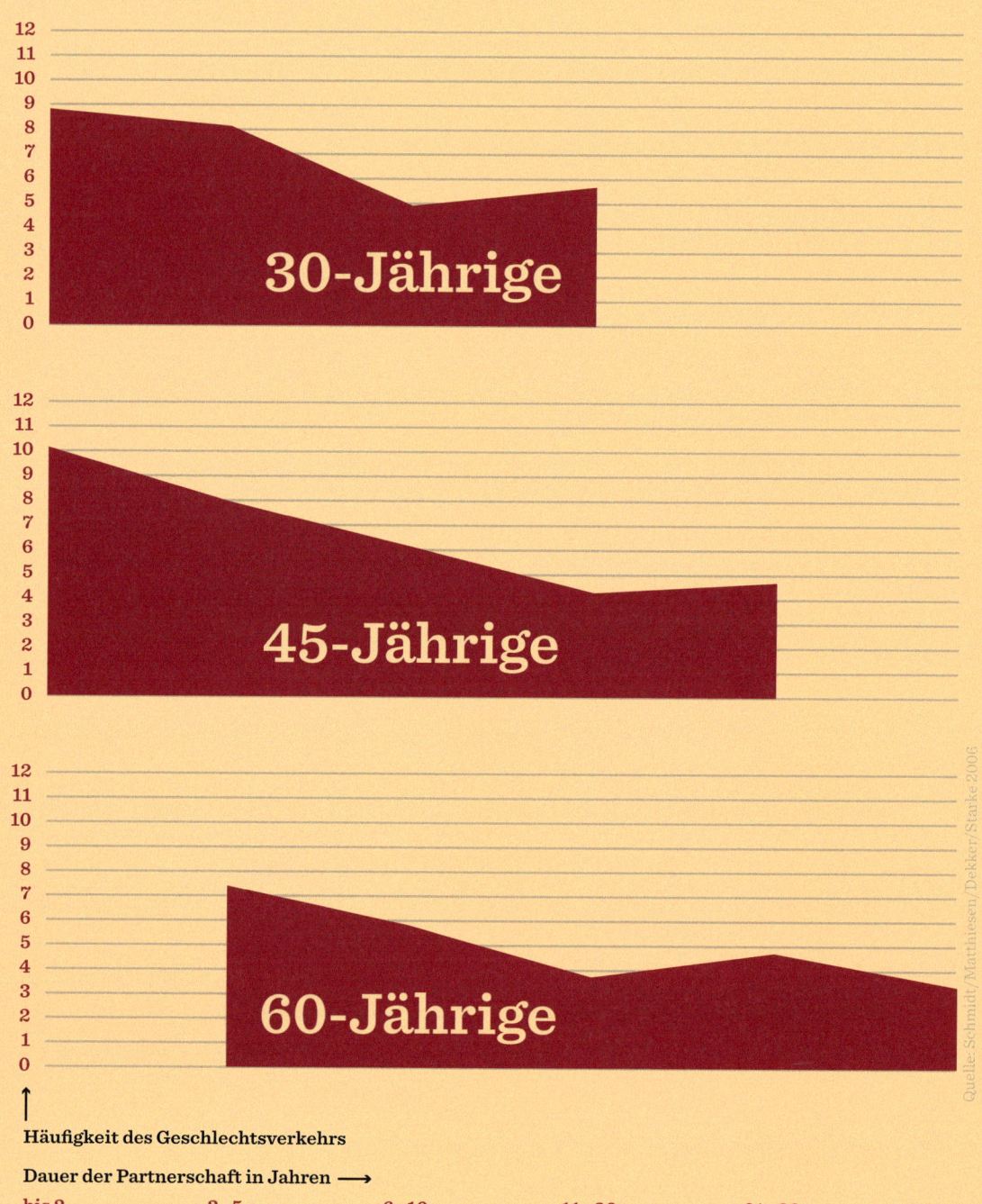

30-Jährige

45-Jährige

60-Jährige

Häufigkeit des Geschlechtsverkehrs

Dauer der Partnerschaft in Jahren ⟶

bis 2   3–5   6–10   11–20   21–30   31+

Quelle: Schmidt/Matthiesen/Dekker/Starke 2006

BEGEHREN

Ein anderer Begriff, der häufig in einem Atemzug mit Erotik und Verführung genannt wird, ist das sexuelle Begehren. Bevor jemand wirkliche Begierde spüren kann, hat er in der Regel die vier folgenden Aspekte gelernt:

- das bloße Spüren von Erregung,
- das eigene Geschlecht lustvoll willkommen zu heißen,
- das Gefühl, vom Partner und dessen Geschlechtsteil angezogen zu werden,
- sehnsuchtsvolle Distanz.

Auch **das Gespür an sich** gehört zur Begierde. Wer wenig spürt, wird in jeder Hinsicht weniger wollen. Das Empfinden von genitaler Lust bei Männern – also mit dem Penis wirklich zu fühlen, wie er Millimeter für Millimeter eindringt oder wie er intensiver bewegt wird – kann für einen älteren Mann und den Erhalt seiner Erektion sehr wichtig werden. Mehr Erregung, das heißt mehr Gefühl, ist nötig, um den Penis über längere Zeit aufrecht zu halten. Wer weniger imstande ist wahrzunehmen, wird vielleicht mechanisch und krampfhaft versuchen, den Orgasmus mit schnellen Bewegungen zu erjagen, doch der ist mit steigendem Alter des Mannes immer schwieriger einholbar. Apropos *schnelles Bewegen*: Für Frauen bedeutet es, dass sie weniger empfinden, wenn ein Mann erst einmal eingedrungen ist und sich mechanisch bewegt. Sie kann es als Leidenschaft verbuchen, dass es so zugeht, aber die Zellen in ihrer Vagina reagieren bekanntermaßen größtenteils auf langsamere Bewegungen. Vielleicht liegt hier die Antwort darauf, warum Frauen in diversen Untersuchungen immer wieder äußern, dass sie sich eher Zärtlichkeit oder andere sexuelle Praktiken als Geschlechtsverkehr wünschen. Wie bereits erwähnt, begehrt man nichts, was einem nicht besonders gefällt. Tatsache ist aber, dass Frauen, die gelernt haben, sich über eigene Bewegungen vaginal zu erregen, auch mit einem rammelnden Mann ihr Vergnügen haben können.

Aufgrund des schamvollen Umgangs vieler Frauen **mit ihrem eigenen Geschlecht** wird es für sie schwierig, sich dem Partner stolz mit gespreizten Beinen zu zeigen oder ihn womöglich noch näher herankommen zu lassen. Sie fühlen sich selbst nicht wohl mit ihrem Geschlechtsorgan und haben gerade für die Vagina kein Bewusstsein – sie ist nicht *bewohnt*. Es will gelernt sein, Genuss damit zu verbinden, jemanden in sich zu begrüßen, ihn aufzunehmen und penetriert zu werden. Und wem das zu passiv klingt, dem sei versichert, dass eine aktive Vagina den Penis sogar förmlich anziehen und kraftvoll rannehmen kann. Spürdefizite betreffen aber nicht nur Frauen, auch Männer können bezüglich des eigenen Geschlechts oft dazulernen. Nicht wenige finden ihren Penis zu klein, zu kurz, zu dünn oder bemängeln einen Knick. Dabei haben sie keine Ahnung, ob ihre Kritik tatsächlich angebracht ist, weil ihre Messlatte aus Pornostreifen stammt. Dazu kommt, dass Männer sich oft jahrelang auf die hormonelle Automatikfunktion ihres Glieds verlassen und keinen Gedanken auf ihr bestes Stück verwenden. Das eigene Geschlecht bewusst zu genießen, intensiv zu spüren und liebevoll zu behandeln kann auch für Männer eine ausgesprochen neue und unerwartete Erfahrung sein, ebenso wie das bewusste Eindringen mit Genuss. Nicht wenige verbinden das kraftvolle Nehmen, das Penetrieren, mit etwas Negativem oder Unerlaubtem, weil sie annehmen, dass es zu viel oder zu heftig für die Partnerin sein oder als Macho-Gehabe empfunden werden könnte. Um als aktiver Mann wohlwollend, intensiv und genussvoll zu penetrieren, bedarf es einiges mehr, als nur seinen Penis irgendwo reinzustecken. Sexuelle Intensität an sich selbst anzunehmen und auch daran zu glauben, dass der Partner genau das erleben möchte, wird erst mit der Zeit gelernt.

Nicht nur das Erotisieren des eigenen Körpers prägt sich über die Jahre allmählich aus, auch das **lustvolle Empfinden einer anderen Person**, der Merkmale ihres Körpers oder ihrer Persönlichkeit, muss gelernt werden. Natürlich beginnt das meist in der Pubertät, aber was sexuell anziehend oder erregend für den Einzelnen ist, unterliegt einem stetigen Wandel, gerade im Alter. Die Vorlieben ändern sich, die eigenen Erregungsauslöser müssen fortlaufend angepasst werden. Zugegebenerweise fällt es manchem schwer, eine wohlwollende Einstellung dem alternden Körper gegenüber zu finden, aber auch an Falten, Gewicht und graue Haare kann man sich gewöhnen – oder sie sogar erotisieren, also mit Lust verbinden. Aus der Nähe betrachtet haben sie Spuren des Lebens gezeichnet – Wein- oder Lachfalten, die einen berühren, weil sie auf einen Erfahrungsschatz schließen lassen, der Vertrauen schafft und Intimität vielleicht erst möglich macht. Oder es sind schön gewellte Haare, die silbergrau immer noch genau so herrlich duften und am Hals kitzeln wie zuvor. Es sind innige Umarmungen, im Laufe der Jahre verfeinert, bei denen ein Bein oder ein Knie bewusst gegen den Körper des anderen gepresst wird, oder Küsse, die aufkommendes Begehren kommunizieren. Und es sind lustvolle Körper, die einander bekannt sind, regelrecht aufeinander eingespielt, auch genital. Längst geht es nicht mehr nur um die Optik, sondern neben schönen Augen-Blicken auch um innige, wahrhaftige Momente, in denen ein knackiger Hintern nicht mehr die Hauptrolle spielt.

Sexuelles Begehren hat in jedem Fall etwas mit einer angenehmen gedanklichen Assoziation im Vorwege eines Geschehens zu tun. Man erwartet etwas, was im Moment nicht da ist. Vielleicht träumt man von einer sexuellen Begegnung später am Tag mit sich selbst oder mit einem Partner. Oder man denkt an das Wochenende, an dem mehr Zeit füreinander sein wird. Es wird **ein Minimum an Distanz** gebraucht, um Begehrlichkeit zu wecken. Erst wenn man sich Sex lustvoll vorstellen kann, entsteht Begierde. Die meisten haben nie darüber nachgedacht, was genau sie am und mit dem Partner begehren, warum sie überhaupt mit ihm Sex haben wollen. Prinzipiell gibt es eine ganze Reihe von Begehrenswertem: Liebe, Nähe, Kinderwunsch, Verschmelzung, das Spüren von einfacher Lust oder den Genuss an einem Orgasmus beziehungsweise die Entspannung danach. Es kann sehr aufschlussreich sein herauszufinden, welches Bedürfnis bei einem selbst im Vordergrund steht. Geht es vielleicht auch um die Bestätigung der eigenen Weiblich- oder Männlichkeit, der Beziehung selbst oder um die Befriedigung anderer emotionaler Bedürfnisse?

Es gibt Menschen, die überhaupt kein sexuelles Begehren empfinden und denen auch nichts fehlt. Bei anderen löst der Gedanke an Sex sogar Ablehnung, Ekel oder Aversionen aus. Gründe dafür könnten beispielsweise jede Art von Grenzüberschreitung sein. Es braucht also einiges mehr als einen angeborenen Erregungsreflex, um Erotik lebendig zu halten, nämlich viele Lernschritte, die manchmal wie von selbst passieren, oft aber, schambehaftet, über Jahre erarbeitet werden müssen. Auch ist jedes sexuelle System individuell und fortwährend in einen dynamischen Prozess eingebunden. Für ein langjähriges Paar bedeutet das, sich dessen bewusst zu werden und das Repertoire andauernd zu erweitern beziehungsweise zu verändern. Glücklicherweise haben die meisten Menschen längst noch nicht alles ausgelebt. Dazu lohnt es sich, auf die eigenen Wünsche zu hören und den Partner anzusprechen. Konkret auf den Sex bezogen hieße das, klare Fragen zu stellen und auch Antworten für sich selbst zu finden: »Was magst du denn lieber? Was turnt dich ab? Ich werde geil, wenn ...« Niemand weiß, wann, wo und wie der sexuelle Lernweg enden wird. Einzelne Etappen brauchen vielleicht etwas länger, dafür kann die eine oder andere Station eventuell übersprungen werden. Es geht um Entwicklung und Dazulernen, damit alles irgendwann einen Sinn ergibt, das Leben selbst führt einen dabei.

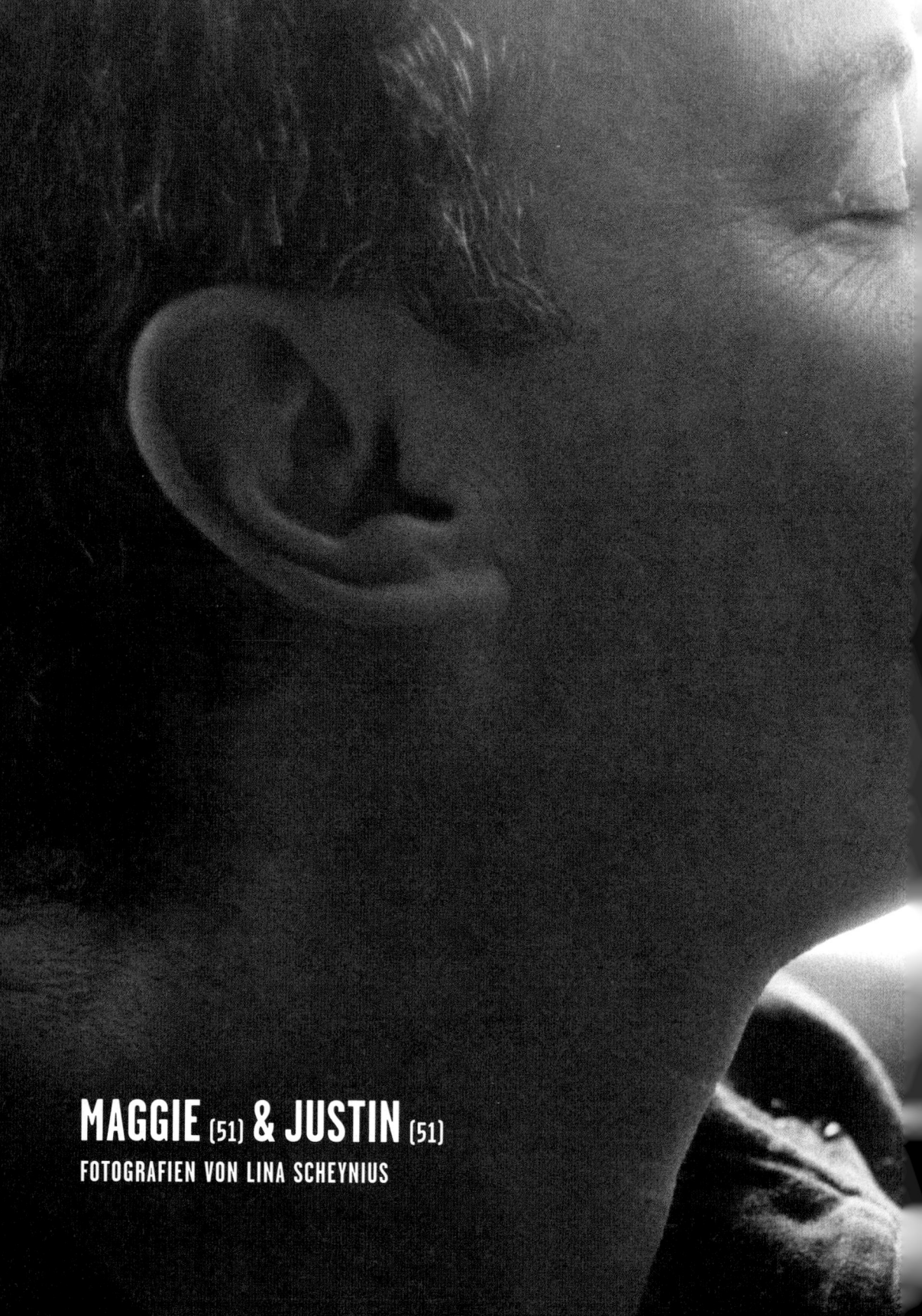

MAGGIE (51) **& JUSTIN** (51)

FOTOGRAFIEN VON LINA SCHEYNIUS

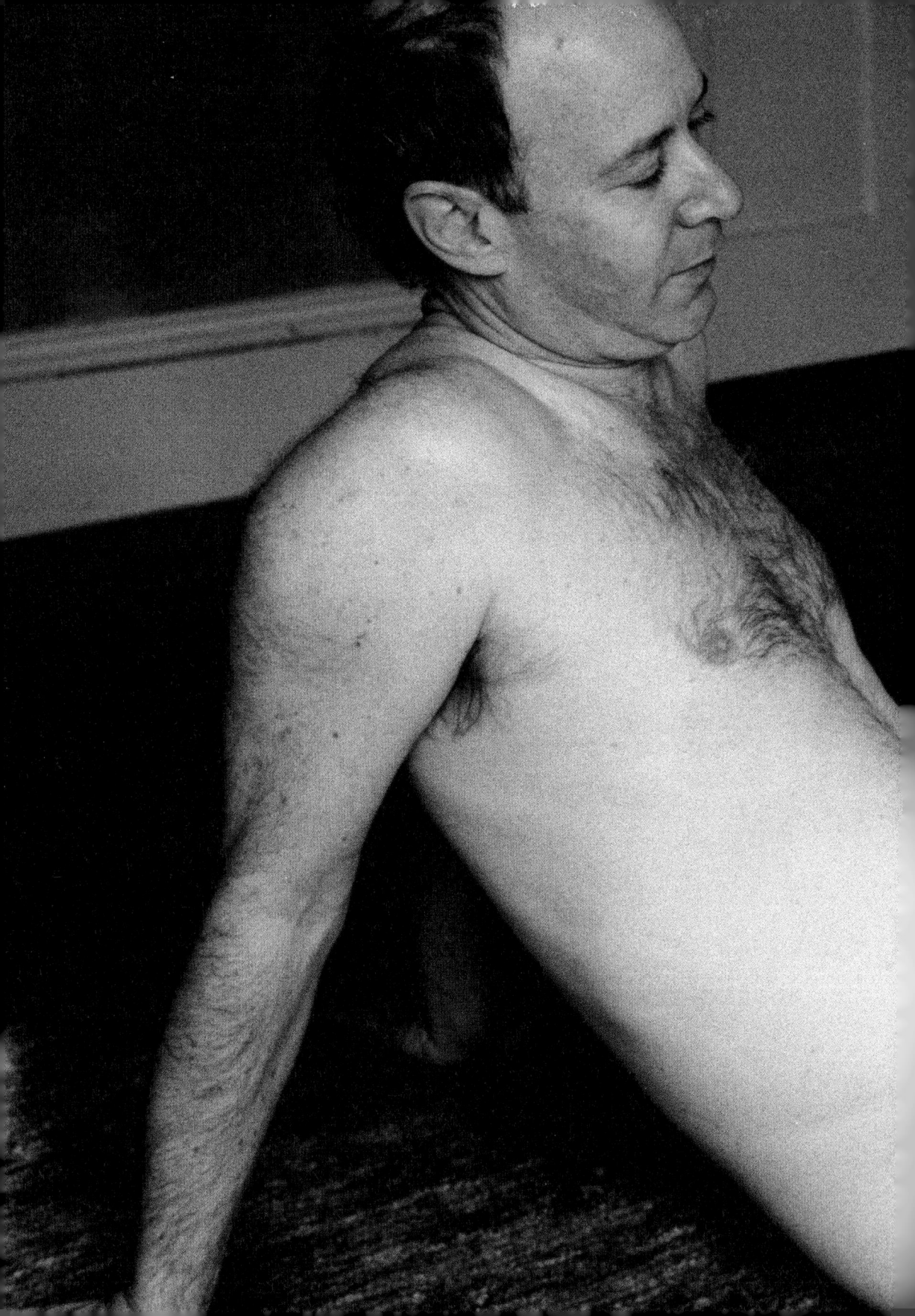

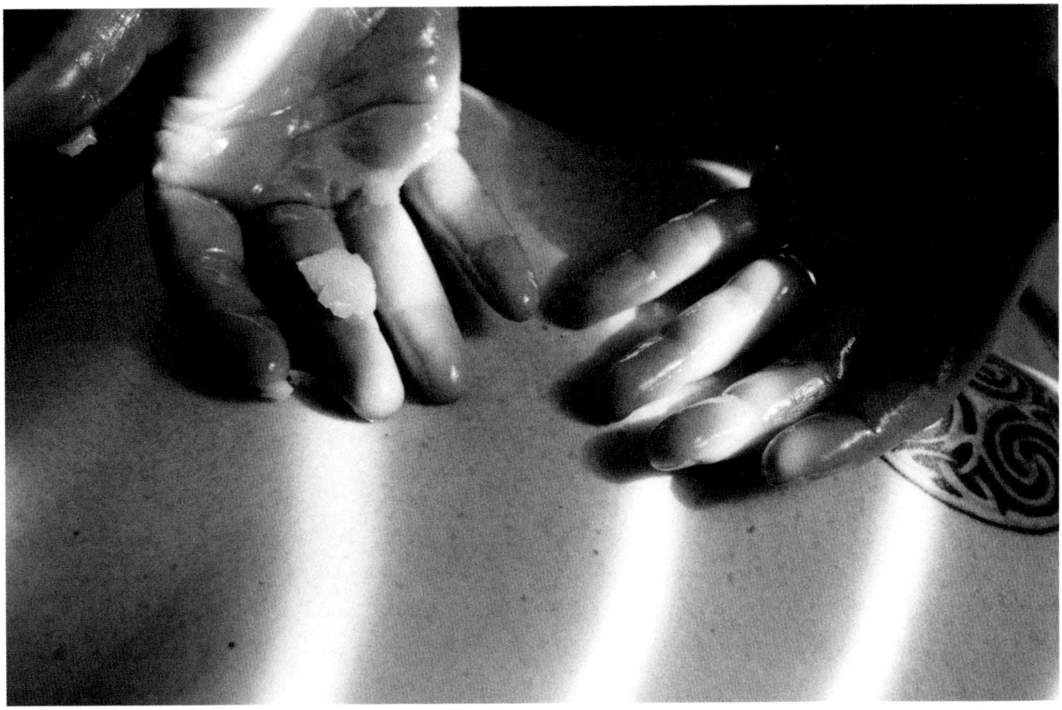

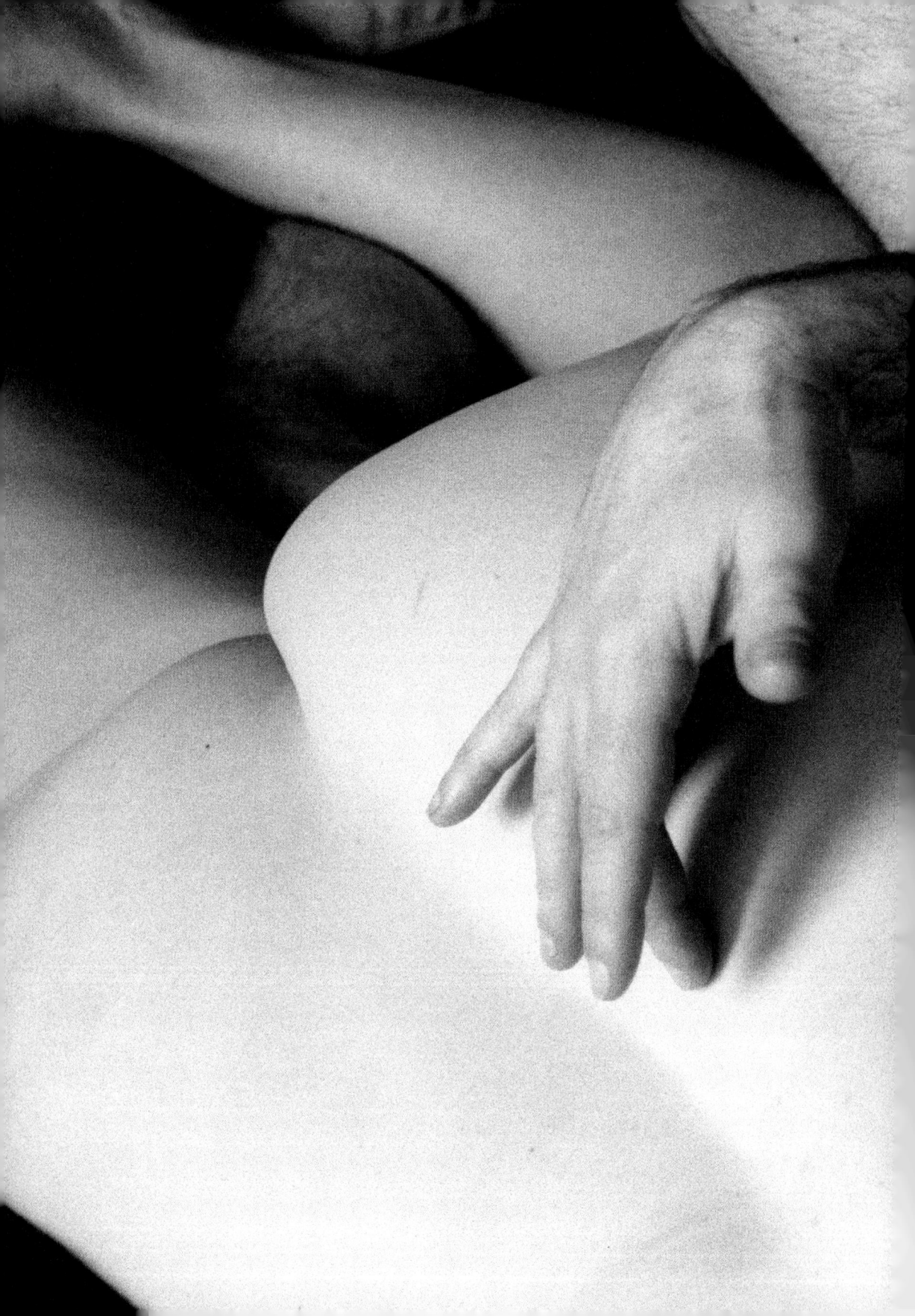

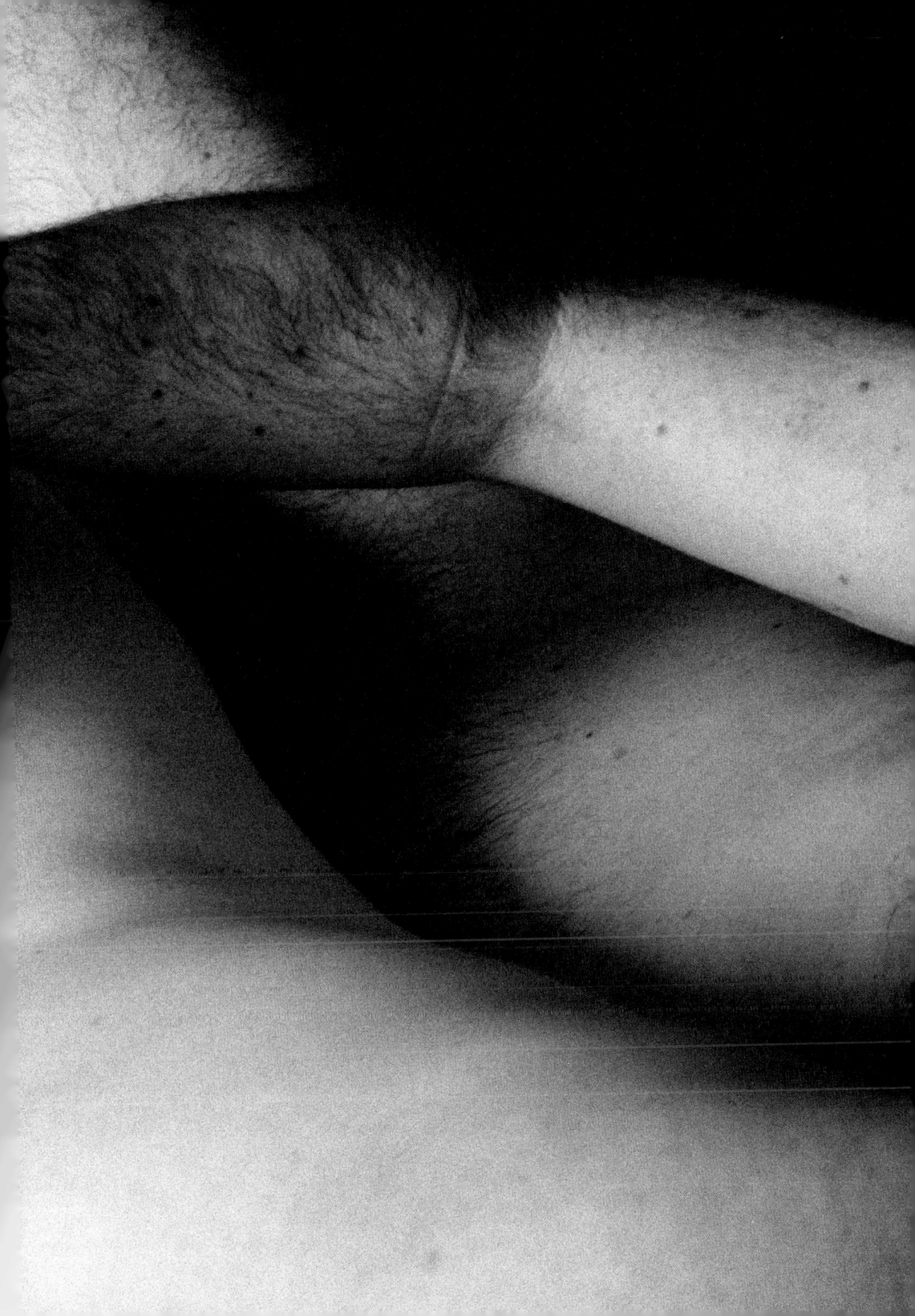

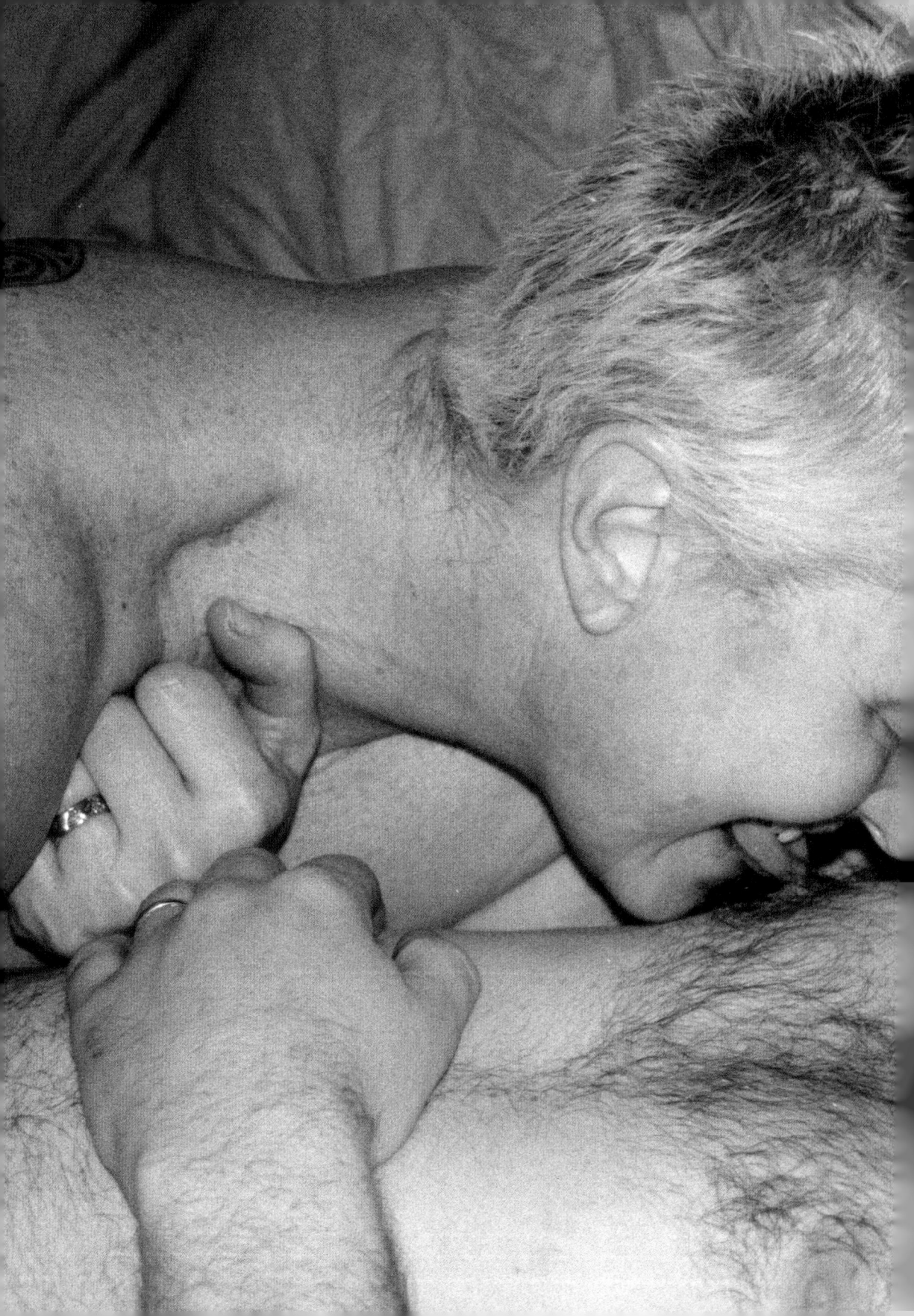

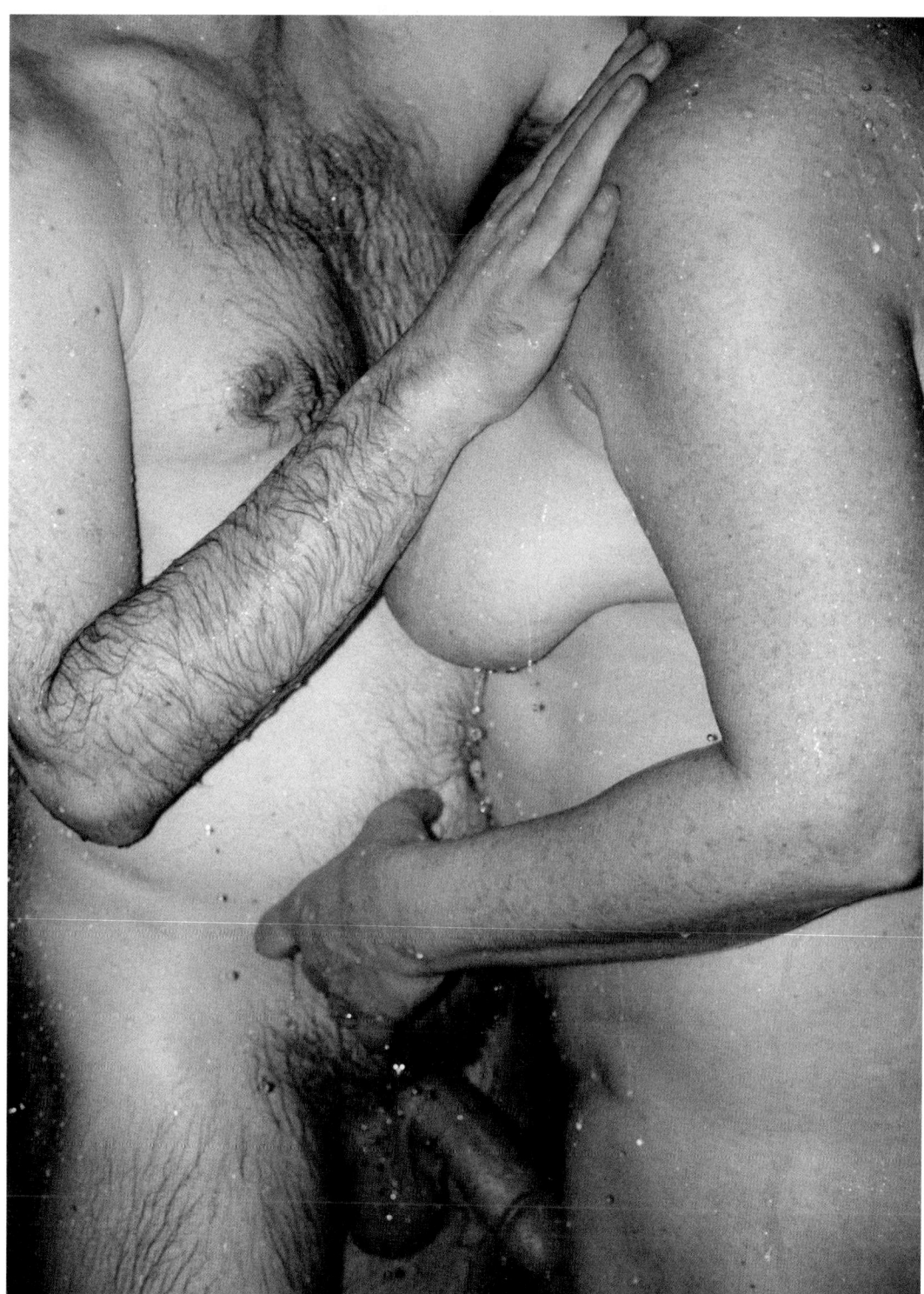

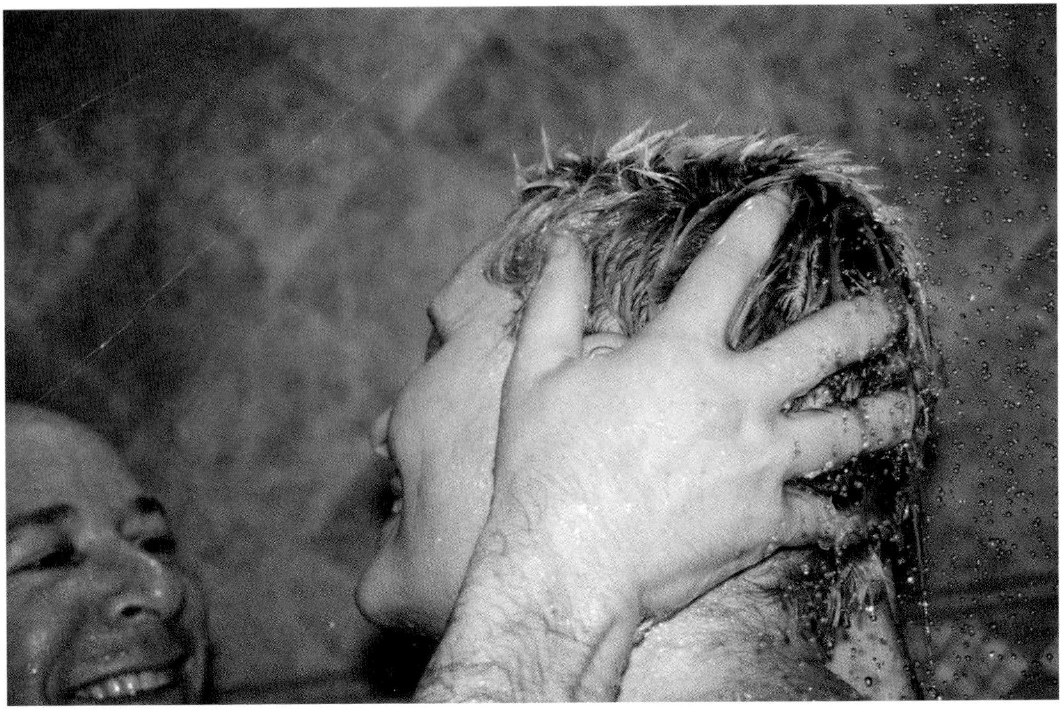

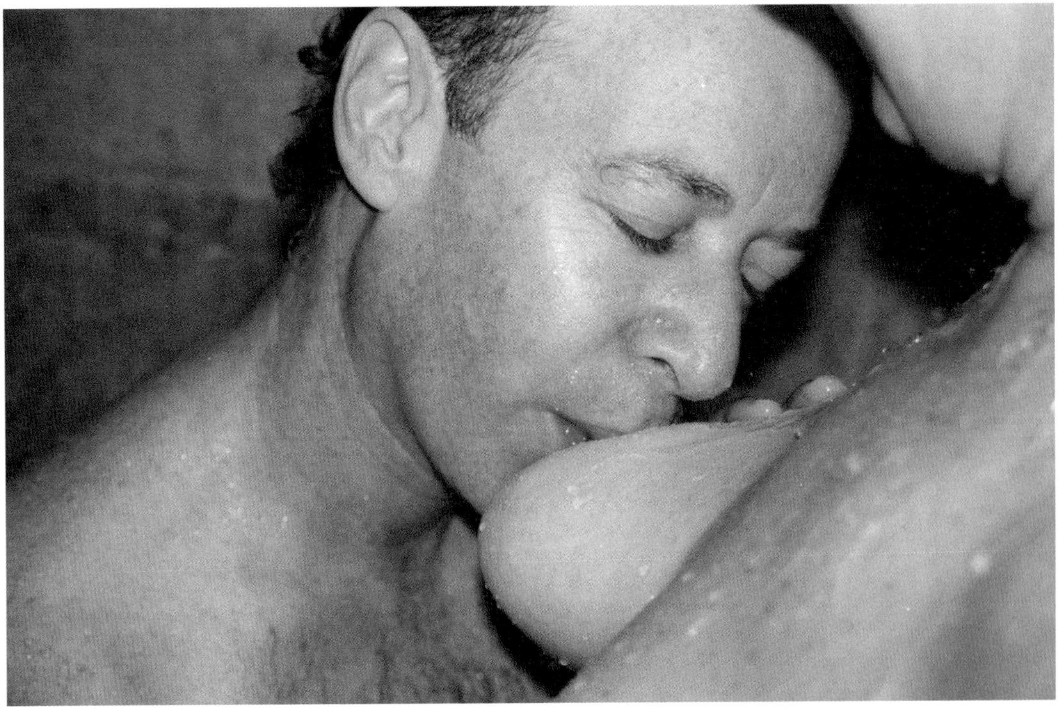

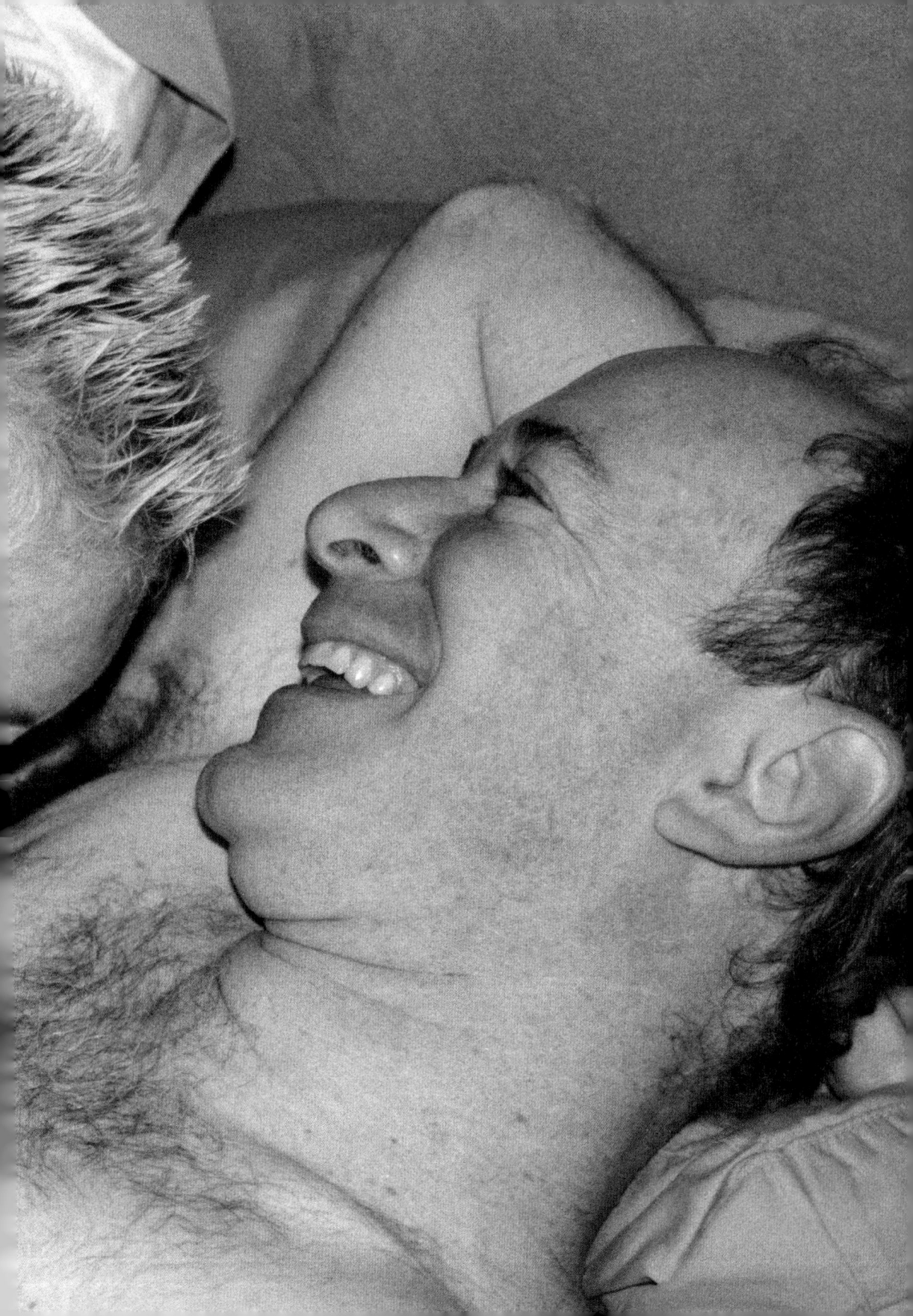

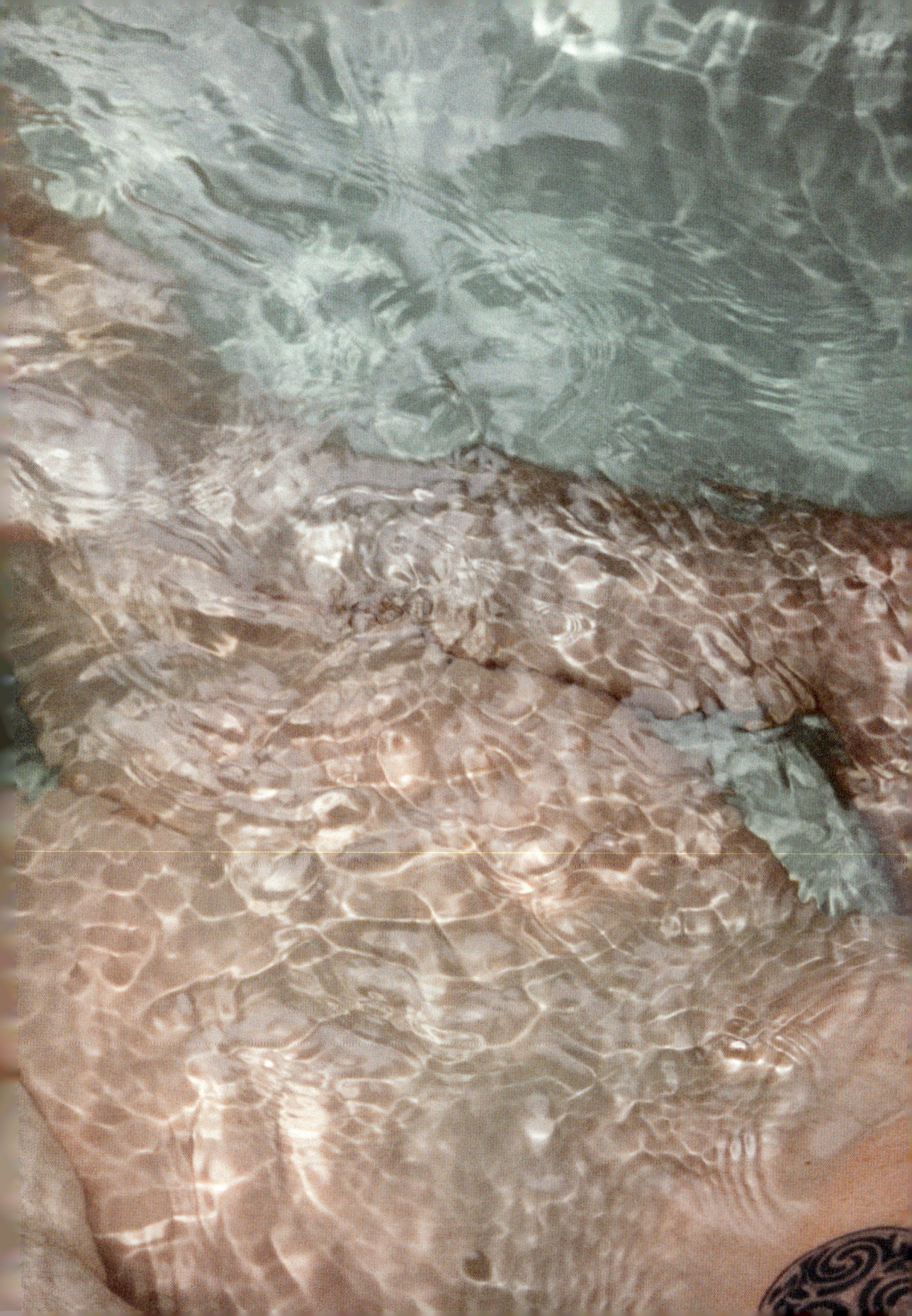

REDEBEDARF

Wenn es um Sexualität geht, scheint es noch schwieriger zu sein, sich mitzuteilen, als in alltäglichen Dingen. Jeder Mensch besitzt ein gewisses Maß an Scham. Der einseitige Umgang mit Sexualität in den Medien kommt erschwerend hinzu: Vergewaltigungen, Pornografie, Kindesmissbrauch, Prostitution, Sexsucht, Kind-Täter, Sex in der Öffentlichkeit, die Affären Prominenter – all das sind skandalträchtige und emotional hoch aufgeladene Themen. Die Menschen sind diesbezüglich unbewusst von negativen Wertungen durchdrungen. Sexualität ist gesellschaftlich und auch individuell problembehaftet. Genitalität wird eingegrenzt und genitales Lernen kaum gefordert und gefördert. Es besteht ein eklatantes Missverhältnis zwischen öffentlicher Zurschaustellung von Sexualität und der gehemmten Zurückhaltung, wenn es darum geht, über eigene Intimität zu sprechen. Letztere ist und bleibt ein Tabu. Gerade im Alter verändern sich aber die sexuellen Bedürfnisse, und das Sprechen darüber wird unabdingbar.

Hirnmasse dank Genverlust   Der Mensch unterscheidet sich von seinen ihm sonst zu beinahe 100 Prozent ähnlichen Artverwandten, den Schimpansen, dadurch, dass er ein Gen verloren hat. Dieses Gen verhindert, wie ein Forscherteam der Standfort University herausgefunden hat, das Wachstum des Gehirns. Das Großhirn der Menschen konnte nach dem »Verlust« an Masse zulegen und entwickelte sich im Lauf der Evolution bis fast zur doppelten Größe. Dadurch wurde es möglich, bewusster zu denken, abzuwägen oder Dingen eine Bedeutung beizulegen. Seitdem ist der Mensch als einziges Säugetier imstande, auch seinen Sex zu bewerten. Nicht auszudenken, für wie viele Probleme diese Entwicklung seither gesorgt hat. Allein der Mensch macht sich Vorwürfe, wenn er sexuell abgewiesen wurde, oder überlegt verzweifelt, ob er beim Sex alles richtig macht, weil ihm die Scham offenbar ins Genmaterial geschrieben ist. Man stelle sich nur einmal vor, dem wäre nicht so ...

SPRACHLOS INS PARADIES

Wenn Menschen sagen, dass sie *mehr* Sex haben wollen, meinen sie meistens, dass sie *besseren* Sex wollen, und das bedeutet häufig, dass sie *anderen* Sex wollen. Aber wenn man weiß, was besserer oder anderer Sex ist, warum hat man ihn dann nach 20 oder mehr Jahren des sexuellen Erkundens noch immer nicht? Geht es etwa um *perversen* Sex? Nein – es handelt sich um ganz *normalen* Sex, der bisher einfach nicht gelebt wurde, weil ihn einer von beiden Partnern nicht mochte. Was jahrelang praktiziert und genossen wurde, hat sich einfach aus der gemeinsamen Schnittmenge der Vorstellungen ergeben.

Was ist jedoch, wenn das sexuell Altbewährte nicht mehr so einfach oder gar nicht mehr funktioniert und Neues auszuprobieren natürlich Verunsicherung mit sich bringt? Ist es überhaupt möglich, darf überhaupt etwas anderes verlangt werden, und wie wird der Partner wohl reagieren? Immer wieder kommt die Idee auf, etwas zu sagen, das bisher nicht gesagt worden ist, aber dann wird aus Rücksicht doch lieber geschwiegen: Sexualität als Kompromiss. Das Resultat ist irgendwann erotisches Desinteresse.

Wie lässt sich die gemeinsame Schnittmenge vergrößern? Paradoxerweise kann gemeinsame Entwicklung erst anfangen, wenn zur Routine gewordene Kompromisse aufgekündigt werden: Manch einer hat vielleicht jahrelang nur Dinge vorgespielt, von A wie »Analsex ist toll« bis Z wie »Zu dritt ist schön«, obwohl die eigene Lust dazu eher nicht vorhanden war. Das Aus- und Ansprechen von Unzufriedenheit und Widerwillen gegen solche Praktiken stellt allerdings große Anforderungen an die seelische Reife jedes Einzelnen, ist aber nötig, um neue Impulse zu setzen und unbekannte Wege einzuschlagen.

Checkliste   Anhand der folgenden Fragen von Ingrid Hülsmann kannst du überprüfen, wo sich auf deiner persönlichen sexuellen Landkarte vielleicht noch weiße Flecken befinden.

Kann ich ...

... sexuelle Erregung so gestalten, dass sie lustvoll ist?

... sexuelle Fantasien entwickeln und ausbauen?

... sexuelle Wünsche und Bedürfnisse mitteilen?

... jemand anderen von meinen sexuellen Wünschen überzeugen?

... intensive emotionale und sexuelle Erregung miteinander verbinden?

... einen anderen Menschen sexuell begehren?

... Beziehungen gestalten und Bindungen eingehen?

Weiß ich, was für mich sexuell anziehend ist?

Fühle ich mich wohl in meinem eigenen Geschlecht?

Fühle ich mich sexuell kompetent und selbstsicher?

Liebe und Sex sind nicht selbstlos, und Verlangen ist purer Egoismus. Dabei gibt es viele Abstufungen: Konzentriert sich jemand nur auf sich selbst, das heißt, ist er *egozentriert*, so spürt und nimmt er hauptsächlich sich selbst wahr. Sollten ihm die Befindlichkeiten seines Partners doch auffallen, sind sie für ihn nicht maßgeblich. Viele Menschen allerdings tun das Gegenteil und versuchen – *heterozentriert* –, nur dem Partner und seinen Bedürfnissen zu genügen. Ein heterozentrierter Mensch ist kaum bei den eigenen Empfindungen. Darunter leidet der Genuss. Dabei erklären viele, dass gerade die Erregung des anderen so anregend für sie selbst sei – letztlich also für beide. Wie könnte man auf wohlwollende und allgemein verträgliche Art mit der Aufmerksamkeit gleichermaßen bei sich *und* beim Partner sein? *Autozentrierung* heißt, was in der Sexualität große Bedeutung genießt. Jeder ist bei sich und spürt den eigenen Körper und kann so gleichzeitig den des Partners spüren. So jedenfalls ist es im Idealfall.

MIT LUST UND LIEBE

»Wer sich liebt, hat Lust aufeinander.« Der Mythos, dass Sexualität ganz von allein funktioniert, hält sich noch immer, unbeschadet der Tatsache, dass in Wirklichkeit zahlreiche liebende Paare längst keinen Sex mehr haben. Vielen Menschen verursacht die vermeintliche Selbstverständlichkeit des Sex Leistungsdruck; erschöpft von ihren lähmenden Gedanken an die fehlende Lust suchen sie schließlich die sexologische Praxis auf, verzweifelt über das eigene Unvermögen. Dabei werden bereits in der ersten halben Stunde einer Sitzung in der sexologischen Praxis oft so viele Probleme genannt, dass es an ein Wunder grenzen würde, hätte dieses Paar noch Sex. Erst wenn klar wird, dass die Lust nicht naturgegeben und immer gleichmäßig vorhanden ist, sondern von verschiedenen Faktoren und Umständen abhängig und deshalb schwankend, hellen sich die Minen auf, und Erleichterung macht sich breit: also doch nicht *frigide* oder *impotent*, nur weil es gerade nicht so läuft! Sexuelles Lusterleben braucht, im Gegensatz zu dem angeborenen Erregungsreflex, nämlich positive Gefühle und wird oft mit Begehren verwechselt. Auf Nachfrage antworten viele Klienten dann auch: »Ach so! Lust habe ich, aber eben nicht auf meinen Partner ...«

Lust und Begehren werden auf ganz unterschiedliche Art erlebt, zum Beispiel als triebhaft drängend, übermächtig, störend, banal, bereichernd, lustvoll oder Leiden schaffend, sehnsüchtig oder als Spiel.

Weibliche Nacktheit muss man den Männern mit dem Teelöffel geben, nicht mit der Schöpfkelle.
Coco Chanel

Mangelnde Lust und Begierde wird häufig mit äußeren Faktoren erklärt: anstrengenden Kindern, Stress bei der Arbeit oder mangelndem Schlaf. Meist ist der wahre Grund ein anderer, subjektiver. Vielleicht fühlt man sich ungeliebt oder nicht wahrgenommen, oder man wähnt sich aus materiellen Gründen bei oder mit dem Partner nicht in Sicherheit. Eventuell entspricht auch das hedonistische Vergnügen, das Lusterlebnis beim Sex, nicht den eigenen Vorstellungen. Lusterleben und Begehren konfrontieren uns mit den eigenen Grenzen und Widersprüchen. Wie alles im Leben erfordern sie, dass wir uns Zeit nehmen und aus Erfahrungen lernen.

Man lebt heutzutage länger und bleibt dementsprechend länger zusammen, und der Wunsch nach Lust am Sex besteht weit über den fortpflanzungswilligen Lebensabschnitt hinaus. Die Beziehungsphase, mit der alles beginnt und von selbst klappt, nämlich während des Verliebtseins, ist kein Dauerzustand. Die Phase Rosarot, in der man sich gegenseitig in den Himmel lobt und potenzielle Störfaktoren ignoriert, ist spätestens nach ein paar Monaten oder einem halben Jahr vorbei – manchmal sogar früher. Bei manchen allerdings hält der Kribbelzustand auch das ganze Leben an. Die ersten Verliebtheitssymptome haben weniger mit Gefühlen zu tun, als allgemein gedacht wird, sondern gleichen eher einer Drogenabhängigkeit. Nicht Liebe macht blind, sondern Verliebtsein. Im Gehirn sind dabei vermehrt Dopaminrezeptoren aktiv, das heißt, Belohnungssubstanzen werden ausgeschüttet, sobald das Objekt der Begierde in Sicht-, Hör- oder Tastweite oder auch nur in Gedanken auftaucht. Und das macht abhängig. Man bekommt einfach nie genug davon, braucht kaum noch Schlaf, sucht die Nähe des anderen, sooft es geht, und auf Wolke sieben schwebend strahlt man vor Glück. Der Sex läuft nicht nur bestens, sondern auch auf Hochtouren. Bestimmte Gehirnbereiche werden von Sexualhormonen und Stimmungsaufhellern wie beispielsweise Serotonin überflutet.

Allmählich dann wird das Belohnungssystem jedoch müde. Die Wirkung der körpereigenen Wunderdroge Dopamin lässt nach. Jetzt ist es nur noch eine Frage der Zeit, bis das erste Gewitter heraufzieht. Wie bei anderen Suchtstoffen tritt auch beim Glückscocktail des Körpers ein Gewöhnungsfaktor ein, und dann braucht man eine höhere Dosis für den Rausch. Es fühlt sich an, als ob etwas fehle oder nicht mehr genügt, und man betrachtet den Partner plötzlich mit anderen Augen. Viele Paare trennen sich in dieser Phase, bei anderen geht es jetzt erst richtig los. Etwas Neues fängt an, aus Verliebtsein

Sexuelle Dinge nicht besprechen? Wie wenn der Botaniker sagte: »Wir wollen uns auf das Wurzelleben der Pflanze nicht weiter einlassen ...«
Peter Altenberg

wird Liebe. Ein ruhiges Gefühl der Vertrautheit entsteht. Im Gehirn übernehmen andere Hormone das Kommando und sorgen für Wahrnehmungen wie Sicherheit, Geborgenheit, Verbindlichkeit, Verlässlichkeit und den Wunsch nach Dauerhaftigkeit. Man fühlt sich angenommen und angekommen. Leider wird aus diesem angenehmen Dasein in mancher Hinsicht bald Routine. Träge Gewohnheiten und lethargische Muster verdrängen endgültig die Lusthormone Testosteron und Dopamin. Das ist natürlich, weil es dem menschlichen Reptiliengehirn in erster Linie um das Aufziehen von überlebensfähigem Nachwuchs geht, was kaum gelingen könnte, wenn die Eltern sich gleich wieder in den nächsten Balztanz stürzen. Dazu passt, dass Frauen, wenn es um die Wahl zwischen »Ja« oder »Nein« zum Sex geht, eine etwas andere Erregungsleitung ins Gehirn haben als Männer. Bei ihnen scheinen mehr Faktoren in Betracht gezogen und erwogen zu werden, bevor Frau entscheidet, und oft kommt dabei ein »Nein« heraus, wenn in der Beziehung gerade etwas im Argen liegt. Lust beziehungsweise Begierde wird »abgestellt«.

Das klingt fast, als müsse man sich mit der Langeweile auf dem Laken abfinden. Mit etwas Fantasie ist es aber möglich, das Reptiliengehirn aus der Reserve zu locken. Für länger andauernde Beziehungen heißt das, zwischendurch immer wieder aus dem Alltagstrott auszubrechen. Die Vorhersehbarkeit wirkt auf Dauer einschläfernd und verursacht Langeweile, auch für das Reptil im Kopf. Wer sich hingegen stets in all seinen Facetten lebendig präsentiert, kann seinen Partner immer wieder aufs Neue überraschen. Vielleicht lässt man dabei auch eine Seite von sich sehen, die dem anderen nicht gefällt oder nur schwer zu akzeptieren ist. Viele kennen das dadurch entstehende Gefühl des plötzlichen Wachwerdens. Es bedeutet, dass man in diesem Moment die Andersartigkeit des Partners realisiert – und gerade damit wird es und er wieder spannend.

Es scheint, als wäre es am besten, die für aufregenden Sex und Verliebtsein verantwortlichen Hormone mit den Hüterhormonen der liebenden Ruhe zu kombinieren, denn ihre richtige Mischung zu finden, darin besteht die Herausforderung an langfristige Beziehungen in der heutigen Zeit. Die neurochemische Beschaffenheit des Menschen ist nicht natürlicherweise auf moderne Partnerschaften eingerichtet. Man muss etwas dafür tun. Und je mehr man über die Zusammenhänge Bescheid weiß, desto besser kann man Einfluss ausüben. Zunächst heißt das, sich mehr Mühe zu geben, um das System am Leben zu halten. Wer meint, in seiner Beziehung sei so weit alles in Ordnung, auch wenn es nicht mehr so recht prickelt, sollte sich damit nicht zufriedengeben, sondern kreativ werden. Richtig wäre es herauszufinden, was die meiste Energie abzieht, und dem entgegenzuwirken, anstatt gerade dahin auszuweichen. Sich weiterhin allein auf äußere Faktoren wie beispielsweise Kinder, Sport oder Arbeit zu konzentrieren ist eine Gefahr für die Beziehung.

Ein zusätzliches Problem in unserer Zeit ist die Erwartungshaltung, dass ein einziger Partner einem Menschen alles geben soll, was er braucht. Wir leben doppelt so lange wie früher, haben dafür aber auch doppelt so viele Rollen in einer Beziehung: Freund, Liebhaber, Ehepartner, Vater, Mutter und so weiter – viel mehr, als ein Einzelner ausfüllen kann. Im Gegensatz dazu ist es für zwei gleich starke und gleich differenzierte Partner möglich, das gemeinsame Leben als spannende Reise zu gestalten, auf der Überraschungen, neue Gefühle und manches Geheimnisvolle warten, aber auch Ehrlichkeit und Risikobereitschaft gefordert sind. Unterwegs zur Intimität darf zusammen gelacht und geweint werden, dann kann die Lust aufeinander wachsen. Wieder gilt: Sex und Liebe sind persönlich. Ein guter Grund, sich dabei höchst-persönlich zu zeigen und darum zu kümmern.

A fine romance, with no kisses / A fine romance, my friend this is / We should be like a couple of hot tomatoes / But you're as cold as yesterday's mashed potatoes.
Ella Fitzgerald

Die australische Anthropologin Helen Fisher bestätigt, dass es wirklich Paare gibt, denen es gelingt, ihr gesamtes gemeinsames Leben hindurch irgendwie verliebt zu bleiben. Computertomografische Aufnahmen zeigten, dass bei ihnen auch nach 30 Jahren Zusammensein noch die gleichen Gehirnareale aktiv sind wie bei Frischverliebten. Sie freuen sich täglich auf und über den Partner, fast wie einst. Der Unterschied zwischen ihnen und anderen Paaren ist, dass sie sich einander mit allen täglichen Impulsen zeigen, sich gegenseitig mitteilen und dass jeder dabei auch sein eigenes Leben hat. Klingt ganz einfach – Differenzierung ist eben nicht kompliziert, sondern eine praktische Herausforderung.

ROLLENMUSTER

Schon im Mutterleib werden die hormonellen Grundlagen für die geschlechtsspezifische Entwicklung des Gehirns gelegt. Das hat Auswirkungen auf das spätere Verhalten. Hinzu kommt natürlich die Erziehung. Das Resultat wird immer ein Mensch sein, der Verhaltensweisen beider Geschlechter an den Tag legt; wie die Ausprägung ausfällt, ist von Individuum zu Individuum verschieden. Paartherapeuten

HOMOSEXUALITÄT UND GESETZE

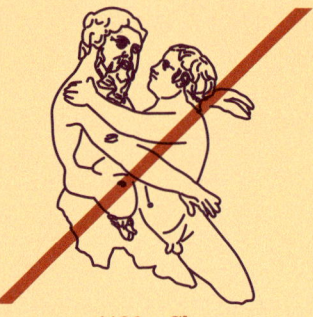

1100 v. Chr.
Erstes Verbot von homosexuellen Handlungen
zwischen Männern im assyrischen Reich
(heute Irak, Syrien, Libanon, Türkei)

550 v. Chr.
Altes Testament, 3. Buch Mose (Levitikus)
Kapitel 18, Vers 22: »Du sollst nicht bei einem
Mann liegen wie bei einer Frau; es ist ein Gräuel«

1935–1945
Verschärfung des § 175. Tatsächliche Berührung
ist nicht mehr erforderlich, um den Straftat-
bestand zu erfüllen. Schwule Männer werden auch
in Konzentrationslager inhaftiert und müssen
dort den rosa Winkel tragen.

DDR: 1949 zunächst Rückkehr zum § 175 der
Weimarer Republik, ab 1957 Straffreiheit bei homosexuellen Handlungen zwischen Erwachsenen

23. November 1973
gesetzlich festgelegtes Recht auf
sexuelle Selbstbestimmung

1980
FDP fordert in ihrem Wahlprogramm
die rechtliche und gesellschaftliche
Gleichstellung von Homosexuellen.

Quelle: www.bpn.de, www.zeit.de/wissen/geschichte/2014-01

1532

Die Constitutio Criminalis Carolina (gesetzliche Grundlage des Heiligen Römischen Reiches Deutscher Nation) stellt »widernatürliche Unzucht« – auch zwischen Frauen – unter Strafe. Zunächst droht der Feuertod, das Gesetz wird aber im Laufe der Jahre abgemildert.

1872

Das Strafgesetzbuch des Deutschen Reichs tritt in Kraft. Der Paragraph 175 verbietet den Geschlechtsverkehr zwischen Männern und den zwischen Menschen und Tieren. Die Strafe sind Gefängnis und Aberkennung der bürgerlichen Ehrenrechte.

BRD: Übernahme des § 175 in der Fassung von 1935, 1969 dann Überarbeitung des Gesetzes, nun nur noch qualifizierte Fälle strafbar, z. B. homosexuelle Prostitution

~~Verbrechen und Vergehen wider die Sittlichkeit~~

Straftaten gegen die sexuelle Selbstbestimmung

1973

Reform des Sexualstrafrechts:

• Abschnitt wird umbenannt von »Verbrechen und Vergehen wider die Sittlichkeit« in »Straftaten gegen die sexuelle Selbstbestimmung«

• nur noch Sex mit Minderjährigen unter Strafe

• Schutzalter von 21 auf 18 Jahre abgesenkt, für Mädchen 14 Jahre.

• sexuelle Kontakte zwischen Frauen fanden keine Erwähnung

1994

Abschaffung §175

2001

Das Lebenspartnerschaftsgesetz ermöglicht lesbischen und schwulen Paaren, ihren Beziehungen einen rechtlichen Rahmen zu geben.

bestätigen, dass eine Reihe von typischen Problemen in Partnerschaften in engem Zusammenhang mit den gelebten Geschlechterrollen stehen: Das jeweilige geschlechtsspezifische Rollenverhalten der Partner hat Einfluss auf ihre Beziehung.

Der Neurophysiologe und Psychologe David Deida beschäftigt sich seit Jahren damit, wie beide Geschlechter von ihrer maskulinen beziehungsweise femininen Essenz beeinflusst werden. Deida beschreibt das sogenannte *feminine Prinzip*, das für körperliches und geistiges Leben und Lieben steht. Dazu zählen Bewegung, Emotionen und Bindung. Als femininer Typ will man sich öffnen, in sich hineinlassen. Man will geliebt, gefüllt und auch körperlich penetriert werden. Das *männliche Prinzip* beruht auf Kampf. Der maskuline Typ spürt sich durch direktes Kräftemessen, hier liegt der Zugang zu Emotionen. Eindringen, Vordrängen, Wegdrängen, Drücken, Bohren, Stecken sind allesamt maskuline Dynamiken. Wer diese Verhaltensweisen in Rein- oder Teilform lebt, wird in den eigenen Beziehungen gespürt haben, was sie ausmachen. In der Sexualität ist es laut Deida besonders wichtig, dass der Mann seine essenziell stoßende, männliche, kraftvolle Energie gefunden und angenommen hat und die Frau ihre geschlechtsspezifisch aufnehmende, die keineswegs nur passiv ist. Körperlich verbinden sich diese Energien über den penetrierenden Penis und die sich öffnende und empfangende Vagina. Beide Geschlechter können mit den Essenzen spielen. So ist es unmaßgeblich, wer gerade die Initiative ergreift, die aktive oder passive Rolle einnimmt, sich hingibt oder sich einnehmen lässt.

Oft sind diese Energien so verteilt, dass Frauen maskuliner leben als ein typischer Mann und umgekehrt. Laut Deida ist genau das eines der größten Probleme für Beziehungen heutzutage, besonders für den Sex, denn nach wie vor ist es der Mann, der dabei selbstbewusst etwas *aufrichten muss*, und die Frau, die nicht zu angespannt sein sollte, um *sich zu öffnen*. Die Polarität zwischen dem Maskulinen und dem Femininen ist – im Prinzip völlig unabhängig vom Geschlecht – eine anziehende Kraft, die überhaupt erst sexuelle Energie in Beziehungen bringt. Die Frage: »Wo sind eigentlich die echten Kerle geblieben?« wird in der sexologischen Praxis von vielen Frauen gestellt, die mittlerweile das Gefühl haben, nur schwache Männer um sich zu haben. Darüber hinaus nehmen immer mehr Frauen das männliche Prinzip so sehr für sich in Anspruch, dass sie dabei gänzlich den Zugang zu ihrer weichen, verletzbaren Seite verloren haben. Sie beeinflussen ihre Partnerschaft und ihre Partner damit oft negativer, als ihnen bewusst

Wer morgens betet, hat den ganzen Rest des Tages Zeit für Spaß und Sauereien.
Marilyn Monroe

ist. Wer seinen Partner ständig korrigiert und ihm immer wieder sagt, was er wie tun soll, demontiert ihn Zug um Zug und zerstört sein Selbstvertrauen. Beziehungsexperten sprechen in diesem Zusammenhang von psychischer *Entmannung*. Häufig kommt es dabei zu Streit, Missstimmung oder dem Rückzug ins Schweigen. Frauen werfen bei solchen Gelegenheiten häufig alles in einen Topf und können zum Beispiel einen Streit am Mittag nicht vom Sex am Abend trennen. Viele wünschen sich eigentlich Nähe, können gerade in solchen Momenten aber nicht nachgeben, weil etwas im Kopf noch wütend sein möchte. In diesem Fall empfiehlt sich: springen – und zwar über den eigenen Schatten.

Die Reaktion des Partners: »Sie ist echt ein Kaktus!« Und ist jemand nicht äußerst kampfbereit oder ruht sicher in seiner Männlichkeit, folgt daraus, dass er sich zurückzieht – in mehr als einer Hinsicht. Wäre die Frau hingegen liebend, weich, offen, nachgiebig und strahlend im Sinne der weiblichen Essenz, zöge sie Männer an wie ein Magnet – so jedenfalls die Theorie. Gemeint ist damit natürlich nicht, devot, klein und verletzlich zu sein, sondern nur, den femininen Energien einen gewissen Raum zuzugestehen. Dann kann der Mann wiederum seine männliche Essenz besser spüren.

Um welche typisch männlichen Fähigkeiten könnte es den Frauen wohl gehen? Da wäre zum Beispiel seine Einstellung, Kapitän im eigenen Leben zu sein, die sich in einer gewissen Entscheidungsfreude äußert, und darin ihr nicht alles zu überlassen. So ein Mann legt sich fest, nimmt die Dinge in die Hand und übernimmt Verantwortung für sich und andere. Männer, die in der Lage sind, sich schnell und konsequent zu entscheiden, kommen selten in Situationen, in denen sie sich schwach und unterdrückt fühlen. Entscheidungsschwache Typen hingegen sind kaum in der Lage, Kraft und Macht auszustrahlen. Je weniger Entscheidungen ein Mann selbst fällt, desto mehr Raum überlässt er anderen, das Steuer zu übernehmen. Viele Frauen erledigen das gern, respektieren ihren Partner in der Folge allerdings um einiges weniger, eben weil sie übernehmen durften. Wer männlicher werden möchte, sollte also damit anfangen, Entscheidungen selbst zu treffen, statt ständig zu fragen: »Was möchtest du, Schatz?« Sehr heterozentrierte Männer, die sich fast automatisch auf ihre Frauen einstellen, könnten zum Beispiel für sich eine kleine Liste der Lebensbereiche erstellen, in denen sie andere Menschen – nicht zuletzt die eigene Frau – Entscheidungen für sie treffen lassen. Auf diese Weise kann der heterozentrierte Mann

> Staat und Kirchen können nur zwei Möglichkeiten dulden: Ehe oder Prostitution, und in den meisten Fällen ist Ihnen die Liebe außerhalb dieser beiden Gehege verdächtig
>
> *Heinrich Böll*

allmählich mehr Kontrolle in eigener Sache übernehmen und dadurch mehr Selbstvertrauen und Selbstwertgefühl aufbauen. Auch übt er dadurch mehr Einfluß auf das alltägliche Leben aus.

Im Gegensatz zur landläufigen Meinung legen Frauen auf die Meinungen und Gefühle ihres Partners großen Wert, auch wenn sie ihnen nicht passen oder unangenehm sind. Anders ausgedrückt: Sie haben dann das Gefühl, einen Mann gefunden zu haben, auf den sie sich verlassen können, weil er nicht einfach seine Meinung ändert, wenn sie nur lange genug auf ihn einreden. Manche Theorien gehen davon aus, dass eine Frau naturbedingt (Steinzeitprogrammierung!) dazu tendiert, den Mann zu testen, seine Männlichkeit auf die Probe zu stellen. Erst wenn er dem standhält, erweist er sich in ihren Augen als stark genug, um sie – und den potenziellen Nachwuchs – im Notfall zu schützen. Ist das nicht der Fall, meint sie, dafür selbst sorgen zu müssen, und kann sich – jederzeit auf den Ernstfall gefasst – nie wirklich fallen lassen, auch nicht sexuell. Das bedeutet konkret, dass der Mann halten sollte, was er verspricht, und erledigen sollte, was er behauptet, tun zu wollen. Nur wenn auf Versprechungen auch Taten folgen, wird Vertrauen aufgebaut. Wer etwas nicht einhalten kann, sollte es erst gar nicht versprechen oder rechtzeitig Bescheid geben, dass alles anders läuft als ursprünglich geplant. Dabei geht es oft um Banalitäten wie zum Beispiel, einen Anruf zu erledigen, etwas zu organisieren oder endlich wie angekündigt Sport zu treiben, aber auch darum, die gemeinsamen Finanzen in die Hand zu nehmen oder im Job kürzerzutreten. Es funktioniert übrigens hervorragend, Dinge auch ganz ohne vorheriges Versprechen einfach zu tun. Sie wird es schon merken. Solche Männer strahlen maskulines Selbstvertrauen aus, was sehr anziehend wirkt.

Jede Verachtung des geschlechtlichen Lebens, jede Verunreinigung desselben durch den Begriff ›unrein‹ ist ein Verbrechen am Leben selbst.
Friedrich Nietzsche

ZU HAUSE IST ES AM SCHÖNSTEN

Erstaunlicherweise kann man beobachten, dass sich die Geschlechter in ihren Verhaltensmustern im Alter immer mehr angleichen. Wer ab der Lebensmitte versucht, stur an alten Rollen festzuhalten, hat es daher schwer. Studien haben gezeigt, dass Männer im Alter »weiblicher« werden und Frauen »männlicher«. War er früher dominant, unabhängig, wenig sentimental und eher ichbezogen, wird er jetzt gefühlvoller und sanfter. Im Gegenzug tritt sie, ehedem von Sinnlichkeit, Verbindlichkeit und Mütterlichkeit bestimmt, nun leichter reizbar, aktiver und durchsetzungsstärker auf. Diese Entwicklung hat eine Vorgeschichte: Bis zur Pubertät gleichen die Geschlechter, was ihr Rollenverhalten betrifft, einander weitgehend. In den fruchtbaren Jahren unterscheiden sie sich in dieser Hinsicht evolutionsbedingt dann sehr deutlich, um sich nach den Wechseljahren wieder ähnlicher zu werden. Meist werden Männer in späteren Jahren häuslicher und genügsamer, Frauen hingegen agieren jetzt oft dynamischer und erfinden ihre Welt neu. Aus ihrem alten Vorwurf: »Du bist nie zu Hause!« wird nun: »Du sitzt ja nur noch zu Hause!« Der berufliche Ruhestand des Mannes stürzt viele Beziehungen in eine Krise. Während er an Initiative, Energie und Antrieb verliert, womöglich zum »dritten Kind« wird oder sogar in Depressionen verfällt, hat seine Frau genug davon, orientiert sich nach draußen und möchte ihr Leben leben. Diese Umkehrung der Polaritäten hat auch hormonelle Ursachen: Wenn bei Frauen die Östrogen- und bei Männern die Testosteronproduktion abnimmt, verschiebt sich jeweils das Verhältnis von Testosteron und Östrogen – und schon sieht die Welt für beide anders aus. Die Altersforscherin Pasqualina Perrig-Chiello spricht in diesem Zusammenhang von *Androgynisierung*: Männlein und Weiblein werden einander dermaßen ähnlich, dass es manchmal schwerfällt, sie auseinanderzuhalten, jedenfalls was Emotionen, Wahrnehmung und Verhalten angeht. Perrig-Chiello vertritt die Auffassung, dass es für ältere Paare deshalb mehr als je zuvor um das Ausbalancieren von weiblichen und männlichen Eigenschaften und Energien geht. Ihre Forschungen haben ergeben, dass Menschen mit einer eher androgynen Rollenausrichtung generell als attraktiver empfunden werden, wenn es um die Partnerwahl geht.

> Mit siebzig muss man damit rechnen, aus biologischen Gründen vertragsbrüchig zu werden.
> *Loriot*

Fazit: Auch Altern will gelernt sein. So kann es in Partnerschaften zu tiefgreifenden Konflikten führen, wenn es gilt, sich in die neuen Rollen einzuleben. Andererseits kann es aber auch große Freude bereiten. Für ein Paar, das gelernt hat, miteinander zu reden, und fähig ist, sich veränderten Umständen anzupassen, bietet die neue Rollenverteilung eine Fülle an Möglichkeiten für beide. Paare hingegen, die glauben, dass ihnen das Leben einfach so passiert, und die deshalb alles laufen lassen, wie es kommt, haben schlechtere Karten als Paare, die eine *hohe Selbstverantwortlichkeit* an den Tag legen. Letztere wissen, dass es auf sie ganz allein ankommt, und können, nach Perrig-Chiello, ihre jeweilige Situation akzeptieren, gestalten und verbessern. Diese Menschen sind erwiesenermaßen im Alter deutlich zufriedener.

> Samantha: »Dreier sind immer noch schwer aktuell, sie sind der Blowjob der 90er Jahre.«
> Charlotte: »Was war der Blowjob der 80or?«
> Samantha: »Analsex.«
> *Sex and the City*

229

LEBENSLANGE HAUSAUFGABEN

Inzwischen betrachten viele Experten das Fördern der Beziehung als menschliche Entwicklungsaufgabe, gerade in fortgeschrittenem Alter. Das macht es zu einer kontinuierlichen gemeinsamen Herausforderung, als Paar erwachsen zu werden und sowohl miteinander als auch individuell zu reifen. So vermeiden die Partner, nebeneinanderher zu leben. Vielmehr geht es um ein Leben voller Entdeckung, Lebendigkeit, Herz und Intimität. Letztere ist übrigens nicht das Gleiche wie Nähe.

Harville Hendrix und Helen Hunt entwickelten das »Konzept der No-Negativität«. Auf Dauer wirkt Negativität wie ein Gift, böse Worte schneiden in die Seele und verletzen, und oft geht es einem sehr negativ eingestellten Partner in Wirklichkeit darum, dass er das Anderssein des anderen ablehnt, das heißt, er protestiert gegen die Unterschiede. Es ist dann, als liefe bei beiden Partnern jeweils ein eigener Film ab, in dem der andere nach einem vorgegebenen Drehbuch mitspielen soll, sich jedoch immer aufs Neue als Fehlbesetzung entpuppt: Er tut nicht, was von ihm erwartet wird. Das erbost den vermeintlich Regieführenden, denn er ist davon überzeugt, dass der andere absichtlich etwas falsch macht.

Der Witz ist der verkleidete Pastor, der jedes Paar traut.
Jean Paul

Dabei hat Negativität in Beziehungen in 95 Prozent aller Fälle gar nichts mit dem Partner zu tun, sondern man ist selbst das Problem. Häufig war der andere ganz einfach mit dem *eigenen* Film beschäftigt, der vielleicht durchaus sehenswert ist. Es gibt einen Trick, mit dem Paare entdecken können, wann »verschiedene Filme« gleichzeitig nebeneinander ablaufen. Dazu braucht man einen großen Kalender und verschiedenfarbige Klebepunkte, auf die jeweils lachende und weinende Gesichter gemalt werden, zum Beispiel werden grüne Punkte zu *Smileys* und rote zu *Crylys*. Der Kalender wird gut sichtbar aufgehängt, und jeden Abend wird besprochen, ob während des abgelaufenen Tages Negativität in der Beziehung eine Rolle gespielt hat. Wenn dem so war, klebt man einen Cryly. Als negativ gilt, was mindestens von einem als negativ empfunden wurde. Der betreffende Partner bestimmt auch, wann es Zeit ist, über die auslösende Situation zu sprechen: Worin bestand das Negative? Was war der Auslöser? Was wurde dadurch im Innern ausgelöst? Bei diesem Gespräch geht es darum, Neugierde am Erleben des Partners zu entwickeln und deshalb von Verurteilungen Abstand zu nehmen. Wer es schafft, mit einer durchgehend positiven Einstellung herauszufinden, wie es dem Partner in seinem Film ergangen ist, der wird die wohltuende Wirkung des aufgeschlossenen Gesprächs spüren. Die Form der Unterhaltung macht den Unterschied aus, ungeachtet ihres Inhaltes. Bei Beschwerden geht es generell nicht darum, *was* beklagt wird, sondern *auf welche Weise* es mitgeteilt wird.

Und wie kann man der Negativität im konkreten Moment begegnen? Indem man sie nicht zurückgibt! So entsteht Wertschätzung, ganz alltäglich. Auf diese Weise wachsen Sicherheit und das Vertrauen, und das führt früher oder später zu einer Wende. Dann ist er plötzlich da, der Smiley-Tag ganz ohne jede Negativität. Bis es so weit ist, hilft es vielleicht zu wissen, dass das Ehepaar Hendrix, beides erfahrene Therapeuten, selbst an manchen Tagen mehr als 20 Heuler hintereinander im Kalender hatte und sich mehrfach beinahe getrennt hätte. Doch ihre Methode funktioniert, irgendwann bleibt die Lage stabil, und man erlebt ein Zusammensein ohne Negativität, ohne Verurteilung. Man lernt, respektvoll und achtsam miteinander zu reden. Und ohnehin steigert es die Aufmerksamkeit innerhalb der Beziehung, wenn man solche Dinge übt. Irgendwann kommt jeder aus der Reserve, zunächst vielleicht vorsichtig, dann immer mutiger. Endlich sieht man die Welt einmal aus dem Blickwinkel des Partners, ohne sich davon bedroht zu fühlen. Oder wie Hendrix es formulierte: »Verstehen kann es eigentlich jeder, man muss es nur umsetzen!«

> Sex ohne Erotik ist wie Turnen ohne Geräte.
> *Faye Dunaway*

SPRACHEN DER LIEBE

Der amerikanische Therapeut Gary Chapman hat jahrelang immer wieder Paare gebeten zu beschreiben, wann sie sich am meisten geliebt fühlten. Aus ihren Antworten entwickelte er die fünf Sprachen der Liebe, die er mit Fremdsprachen vergleicht. Chapman geht davon aus, dass jeder Mensch hauptsächlich eine der fünf Sprachen nutzt, um Liebe zu zeigen, und auch besser versteht, wenn andere in dieser Sprache mit ihm sprechen beziehungsweise ihre Zuneigung zeigen. Treffen zwei Menschen mit unterschiedlichen Liebessprachen aufeinander, gestaltet sich ihre Kommunikation schwieriger, vor allem in problematischen Situationen. Dann ist es gut, die Sprache des Partners zu kennen, um besser in liebevollen Kontakt mit ihm treten zu können. Und auch wenn alle im Folgenden aufgeführten Sprachen angenehm sind, stellt jeder von uns beim genauen Nachspüren fest, welche ihm »echter« vorkommt als die anderen.

Kleines Lexikon der Beziehungssprachen

Lob und Anerkennung
Menschen mit dieser Beziehungssprache sprechen oft und gerne
Lob aus. Sie verbinden damit Respekt, Liebe und Anerkennung.

Zweisamkeit – Exklusivzeit
Hier geht es um gemeinsame Zeit zu zweit, ohne Störung, roman-
tische Abende, essen gehen, Wochenenden, Reden, Qualitätszeit
eben. Gleichzeitig dreht es sich um die uneingeschränkte Aufmerksamkeit des anderen.

Geschenke, die von Herzen kommen
Materielle Werte spielen keine Rolle, der Gedanke zählt. Wer merkt,
dass ein anderer sich Zeit genommen hat, um das ganz persönliche
Geschenk zu finden, schmilzt dahin. Große Freude verbreitet auch
Selbstgemachtes oder fein Eingepacktes.

Hilfsbereitschaft
Als Mensch mit dieser Liebessprache hilft man anderen leidenschaftlich gerne. Auch dabei kommt es nicht darauf an, wie groß
der Gefallen ist.

Zärtlichkeit
Jetzt geht es um Umarmungen und Streicheleinheiten, die glück-
lich machen. Eine zärtliche Berührung zählt mehr als ein inniges
»Ich liebe dich«. Jede Berührung ist ein Liebesbeweis.

Wer die eigene Liebessprache nicht auf Anhieb identifizieren kann,
überlege einmal: Wie zeigst du selbst Zuneigung? Was fehlt dir am
häufigsten? Welche Vorwürfe machst du deinem Partner? Wem das
noch immer nicht hilft, der fülle einfach die Torte aus. Dabei gilt:
Je weniger wichtig dir eine Sprache ist, desto schmaler wähle das
Tortenstück. Anschließend ist der Partner an der Reihe, und dann
werdet ihr sehen, ob ihr überhaupt den Geschmack des anderen trefft.

LIEBESTORTE

Jeder Mensch äußert seine Zuneigung anders. Unten kannst du ausfüllen, welche Liebessprachen dein Partner und du in welchen Anteilen sprechen

Eigene
Liebestorte

Lob und Aner- kennung

Zwei- sam- keit

Ge- schenke

Hilfs- bereit- schaft

Zärtlich- keit

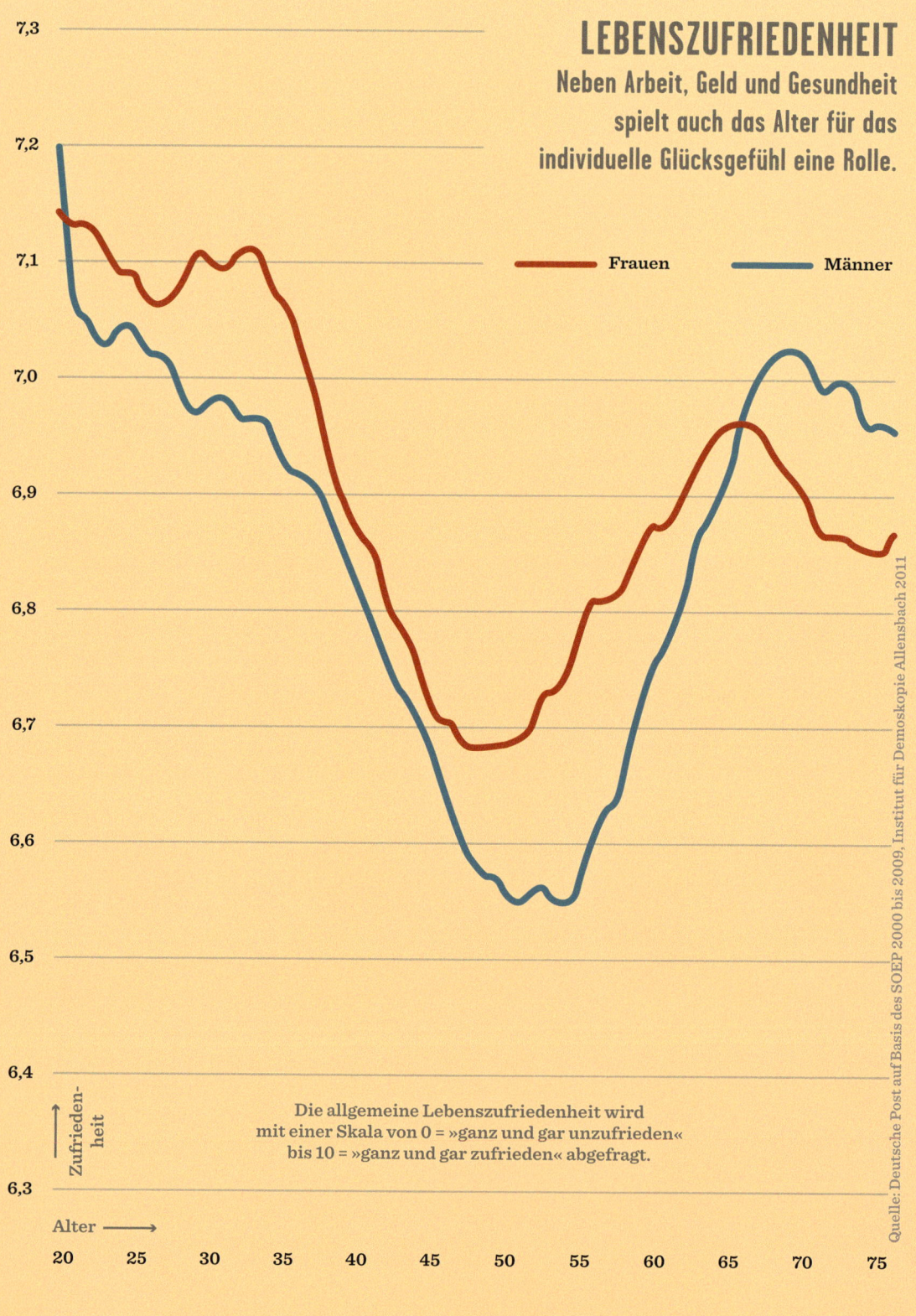

LEBENSZUFRIEDENHEIT
Neben Arbeit, Geld und Gesundheit
spielt auch das Alter für das
individuelle Glücksgefühl eine Rolle.

Frauen   **Männer**

7,3
7,2
7,1
7,0
6,9
6,8
6,7
6,6
6,5
6,4
6,3

Zufriedenheit

Die allgemeine Lebenszufriedenheit wird
mit einer Skala von 0 = »ganz und gar unzufrieden«
bis 10 = »ganz und gar zufrieden« abgefragt.

Alter ⟶

20   25   30   35   40   45   50   55   60   65   70   75

Quelle: Deutsche Post auf Basis des SOEP 2000 bis 2009, Institut für Demoskopie Allensbach 2011

Wissen ist Macht Was machen Paare, bei denen es klappt? Sexocorporel hat ein paar wichtige Antworten auf diese Frage zusammengefasst:

- Sie haben verstanden, dass es einen erotischen, sexuellen Raum gibt, der zu jedem Einzelnen gehört; sie sind jeder für sich und bei sich – *autozentriert*.

- Sie wissen: Das Vorspiel kommt nicht vor dem Sex, sondern *ist* der Sex.

- Sie betrachten den Sex nicht als etwas, das damit anfängt, den anderen zu streicheln und zu erregen, sondern als Raum, in dem sie eine Atmosphäre schaffen, Kontrolle und Vorstellungen aufgegeben werden und sie die Dinge stattdessen geschehen lassen. Man weiß eben nicht, was passiert, es ist jedes Mal neu und anders. Man vergisst die Verantwortung und ist einfach.

- Sie haben dem Mythos abgeschworen, Sex sei spontan, und wissen, dass sie etwas dafür tun müssen.

- Sie haben erkannt, dass Sex haben bedeutet, Ja zu sagen und sich einzulassen. Er ist geplant, fokussiert, gewollt und gegenwärtig. Engagement statt Arrangement.

- Sie fühlen, dass Intimität den Mondphasen gleicht: Einmal ist Vollmond, ein anderes Mal Neumond, und dazwischen nimmt er ab oder zu – es sind Phasen, aber diese Paare wissen auch, wie sie die Phasen beeinflussen können.

Es gibt viele weitere Verhaltensweisen, die helfen, eine reife Beziehung aufrechtzuerhalten. Vertrauen und Offenheit sind essenziell. Das bedeutet, richtig zu kommunizieren, Informationen zu teilen, nicht nur in Bezug auf Alltägliches, sondern vor allem auf das, was einen wirklich bewegt. Man sollte es wagen, alle Karten auf den Tisch zu legen und sich verletzlich zu zeigen. Auch sich gelassen in Konflikte zu begeben gehört dazu. Wer Niederlagen, Enttäuschungen und Verletzungen nicht irgendwann abhakt und unerledigte Dinge endlich zum Abschluss bringt, verbaut sich den Weg zum wirklichen Glück. Dabei hilft es, Unangenehmes auszuhalten, um daran zu wachsen, und die Wünsche und Träume des anderen zu akzeptieren, selbst wenn sie sich noch so sehr von den eigenen unterscheiden mögen. Wer gewillt ist, immer wieder gute Seiten am Partner zu entdecken, und nicht vergisst, ihm so etwas auch mitzuteilen, macht nicht nur dem Partner, sondern auch sich selbst eine Freude damit: Komplimente wirken oft Wunder.

Es kann eine überwältigende Erfahrung sein, sich in das Leben selbst zu verlieben, welche Formen es auch annehmen mag. Führt man das gedankliche Experiment fort und stellt sich sexuelle Energie im größtmöglichen Zusammenhang als Lebenskraft vor, wird die Verbindung zwischen einer lebendigen Sexualität und der Gesundheit deutlich. Wenn es einem Paar im Alter gelingt, eine tiefgehende, wahrhaftige Beziehung miteinander zu pflegen, erlebt es häufig ein Aufflammen der Lebensenergie, was auch zu einem Schub an sexueller Energie führt – und umgekehrt. Wer diesbezüglich prüfen möchte, wo Nachholbedarf besteht, stelle sich selbst und dem Partner einmal folgende Fragen:

- *Zeigen wir einander Zärtlichkeit, Lust und Respekt?*
- *Wie gelingt es uns im Alltag, entspannte und erotische Momente zu gestalten?*
- *Wie kann Verführung in unserer weiteren Liebesbeziehung aussehen?*
- *Weiß ich von unseren unterschiedlichen Bedürfnissen, sexuellen Wünschen und Fantasien?*
- *Wie setzen wir uns beide damit auseinander?*

Ältere Menschen unterscheiden sich viel mehr als junge voneinander, auch was das Ausleben ihrer Sexualität betrifft. Die Möglichkeiten, eine Liebesbeziehung zu gestalten, werden im Alter vielfältiger, individueller und lassen sich kreativer nutzen. Schön wäre es, wenn sich endlich mehr Leute trauen würden, das zu tun, was sie eigentlich schon lange wollten. Es ist Zeit, die eigene Sexualität auszuleben.

KÖRPERLICHKEITEN

In den meisten deutschen Schlafzimmern ist es düster. Hier findet Sex fast immer zur gleichen Tageszeit – meist am späten Abend oder nachts – und ohne Licht in ein bis zwei gewohnten, eingespielten Positionen statt. Experimente werden selten gemacht. Durchschnittlich dauert der Akt 17 Minuten, dann ist schon alles vorbei. Kaum jemand traut sich, mal etwas Besonderes aus dem Bettgeschehen zu machen oder Neues vorzuschlagen. Dabei gäbe es viele Ideen, Übungen und Techniken zu entdecken, um das gemeinsame, aber auch das ganz persönliche Repertoire zu erweitern. Sie bilden den Praxisteil des Buches. In den folgenden Kapiteln geht es daher ums Nachspüren und Lernen am eigenen Körper. Die Übungen und Anregungen werden hier detaillierter geschildert. Es empfiehlt sich, etwas Zeit einzuplanen, um sie nachzuvollziehen. Geübt wird grundsätzlich im eigenen Tempo und nach persönlichem Dafürhalten. Dabei geht es nicht nur darum, den eigenen Körper neu zu entdecken, sondern genauso den des Partners – das kann sehr erregend sein. Und noch eins: Alle vorgestellten Ideen, Übungen und Techniken sollten unbedingt geschlechtsunspezifisch verstanden werden – wer mit wem und wie, überlege sich jede und jeder selbst.

Ich frage mich, warum heute hinsichtlich der Sexualität alles so sportlich geworden ist.
Hildegard Knef

FRAUENKÖRPER KENNENLERNEN – FÜR SIE

»Nee, das mag ich nicht ... Das mache ich eigentlich nur, wenn ich keinen Partner habe.« Weder fassen Frauen sich gerne an, noch reden sie über Selbstbefriedigung, Selbstliebe, Masturbation oder Onanie. Zwar fängt die Beschäftigung mit dem eigenen Körper früh an, doch der arglose Fummelspaß wird in den meisten Fällen schon in der Kindheit jäh beendet. An seine Stelle treten Scham und das schlechte Gewissen, etwas Ungehöriges zu tun. Wie wichtig und richtig es aber ist, körperliche Vorgänge an sich selbst zu entdecken und zu erforschen, bevor andere einbezogen werden, ist vielen nicht oder nur unzureichend bewusst.

Vor allem Frauen haben ihre Sexualität bisher kaum selbstbestimmt entdecken und erforschen können. Viele haben noch nie einen Orgasmus erlebt. Manche beschreiben zwar, schon mal etwas gespürt zu haben, wenn sie sich anfassten, hätten dann aber mit der Stimulation wohl zu früh wieder aufgehört. Längst hätten sie in dieser Hinsicht etwas unternehmen wollen, aber die Gelegenheit dazu habe sich irgendwie nie ergeben. So ist es nicht ungewöhnlich, dass eine Frau, wenn sie mit ihrem Anliegen schließlich in die sexualtherapeutische Praxis kommt, zwischen 40 und 50 Jahre alt ist, einige sind sogar noch älter. Auch wenn der Partner sich verständnisvoll gezeigt habe, sei der Druck, so beschreiben sie ihre Situation, immer mehr gewachsen. Diese Frauen sind manchmal nahezu verzweifelt, so gern möchten sie sich und ihrem Partner das Erlebnis ihres sexuellen Höhepunktes ermöglichen. Die Möglichkeit dazu besteht, wenn sie damit anfangen, ihren Körper kennenzulernen. Jede Frau kann dazulernen, wenn sie ihre Vulvina neugierig und liebevoll erkundet. Wenn es seit Jahren nicht mehr oder sogar noch nie dazu gekommen ist, wissen sie oft nicht, wie sie sich überhaupt anfassen sollen. Eine Möglichkeit wäre, damit zu warten, bis sich die Lust von alleine einstellt. Aber warum nicht gleich damit anfangen und die Sache sozusagen als Forschungsprojekt in eigener Sache betreiben, bei dem Frau zunächst einmal ergründet, wie sie überhaupt gebaut ist.

> Mit Männern hat man's schwer. Aber ohne sie funktionieren leider viele Stellungen nicht.
> *Pamela Anderson*

Erste Berührungen

Wie wäre es damit, einmal *bewusst* zu duschen? Gemeint ist, dass du dich während des Einseifens oder danach beim Eincremen *genau* wahrnimmst. Beginne bei einem Fuß: Streiche erst über die Sohle, dann über den Spann. Fahre um den Knöchel herum. Wechsle dann zum anderen Fuß, bevor du langsam über die Schienbeine und Waden gleitest. Fühlt sich die Haut immer gleich an? Wie fasst sich Knochen an, wann spürst du Muskeln oder auch Pölsterchen? Seife dich weiter ein bis hinauf zum Knie. Umkreise die Kniescheiben. Kitzelt die Berührung in deiner Kniekehle? Wie nimmst du verschiedene Körperstellen wahr, gibt es Unterschiede? Mach weiter, über die Oberschenkel und natürlich auch über Vulva, Hintern, Bauch und Rücken bis zu den Brüsten. Was siehst du? Findest du Leberflecke? Erzählen dir kleinere oder größere Narben Geschichten aus deinem Leben? Fahre fort – über Schultern, Nacken, Arme und Hals, bis du deinen ganzen Körper einmal wahrgenommen hast. Gibt es Stellen, die du nicht gerne anfasst, und solche, an denen du Berührungen besonders genießt? Wenn du aus der Dusche steigst, könntest du mit einem Spiegel einen näheren Blick auf deine Vulvina werfen. Setze dich dafür auf ein warmes Handtuch. Öffne deine Beine und ziehe deine inneren und äußeren Geschlechtslippen auseinander. Zur Erinnerung: Deine Vulva ist alles, was sich außen befindet: große und kleine Geschlechtslippen, Klitoris und deren Vorhaut, Harnröhrenaustritt und der Eingang zur

Vagina. Die Vagina ist deine Scheide, in der sich unter anderem die Prostata, der Muttermund weiter hinten sowie große innere Anteile der Klitoris im vorderen und mittleren Bereich befinden. *Vulvina* bezeichnet die Gesamtheit all dieser Bestandteile. Was siehst du? Welche Farben? Versuche, den Harnröhreneingang zu finden. Widme dich dem Ganzen mit neugierigem Entdeckergeist, als wärest du ein junges Mädchen, das alles zum ersten Mal sieht. Stell dir vor, du sollst das, was du gerade betrachtest, gleich mit Buntstiften auf ein weißes Blatt Papier zeichnen. Nimm mit deinem Finger auch eine kleine Geruchs- und Geschmacksprobe. Wie riechst du? Wie schmeckst du? Die meisten Frauen sind davon angenehm überrascht. Zum Abschluss des Forschungsprojekts kannst du noch einen kurzen Blick auf deine Prostata werfen, die du vielleicht bisher noch nie gesehen hast. Presse dazu leicht, als würdest du einen Tampon aus deiner Vagina befördern wollen, dem der Rückholfaden abhandengekommen ist. Dabei kommt bei den meisten Frauen eine kleine geriffelte Wölbung zum Vorschein.

Auch Frauen haben eine Prostata. Obgleich manche Ärzte deren Existenz noch immer bezweifeln, konnte Milan Zaviacic im Jahr 2001 nach mehr als zwei Jahrzehnte dauernden Studien zeigen, dass es sich dabei um ein funktionsfähiges, sexuell aktives Organ in Form einer Ansammlung von Drüsen und Gängen entlang der Harnröhre handelt, das allerdings nicht so kompakt wie beim Mann und in der Größe unterschiedlich ausgeprägt ist. Der Begriff »weibliche Prostata« wird mittlerweile international von der Schulmedizin akzeptiert.

Die weibliche Prostata ist kleiner, aber dafür länger als die männliche und sitzt etwa zwei bis fünf Zentimeter innerhalb der Scheide, wo sie sich um die Harnröhre schmiegt. Nahe der Harnröhrenmündung im vorderen Drittel des Vaginaleinganges tritt sie als Verdickung in Richtung Scheidenausgang hervor. Bei einigen Frauen befindet sie sich etwas weiter hinten. Frauen empfinden eine Berührung an der Prostata übrigens sehr unterschiedlich: Einige mögen sie, andere sind wie taub oder bekommen das Gefühl, dringend auf die Toilette zu müssen. Diese Empfindung entsteht durch die örtliche Nähe zur Harnröhre und lässt vermuten, dass das Gehirn diese Berührung nicht kennt oder noch nicht mit Lust kombiniert. Die weitere Beschäftigung mit der Prostata ist aber lohnend, denn nach und nach werden sich die Gefühle mit Erregung verbinden.

Striptease ist Anatomieunterricht mit Musik.
Frank Sinatra

KÖRPERLICHKEITEN

> **Prostata-Erforschung** Diejenigen, deren Prostata etwas weiter hinten liegt und die sie deswegen vielleicht nicht sehen, können sie mit den Fingern ein paar Zentimeter im Scheideninneren ertasten. Drücke ein bisschen dagegen oder massiere sie ein wenig. Kannst du die geriffelte Fläche mit dem Finger spüren? Falls es dir zu trocken ist, nimm etwas Speichel oder Öl. Bewege deinen Finger hin und her oder kreisend ein bisschen hoch und runter, variiere den Druck. Dann halte den Finger auch mal ganz still und spüre hin. Auf dem hinteren Teil der Prostata, etwas weiter im Inneren in Richtung Schambein, befindet sich ein besonders sensibler Bereich, die sogenannte G-Zone.

Ob nun mit den Fingern oder durch einen Penis stimuliert, dessen Besitzer gute Stoßtechniken beherrscht: Eine lebendige, wahrgenommene Prostata kann beim Sex viel Spaß bringen! Bei sexueller Erregung schwillt die weibliche Prostata bei manchen Frauen an und füllt sich mit Flüssigkeit. Mit rund 40 Drüsen und Drüsengängen verfügt sie über dreimal so viele wie ihr männliches Pendant. Die weibliche Ejakulation erfolgt über die Prostata, ist unabhängig vom Höhepunkt möglich und wird deswegen oft nicht bemerkt, die Flüssigkeitsmenge ist außerdem gering. Ein überraschender Nebeneffekt des Ganzen scheint die Präventionswirkung der Prostataflüssigkeit zu sein: Sie soll aufgrund ihrer antibakteriellen Eigenschaften Blasenentzündungen vorbeugen und Spermien den Weg ebnen können.

Entfaltungsmöglichkeiten

Such dir eine Zeit aus, wenn niemand außer dir zu Hause ist, und mache es dir gemütlich. Vielleicht legst du dich einfach entspannt ins Bett. Sorge in jedem Fall dafür, dass es warm und kuschelig ist – im Kalten erregt es sich schlecht. Stelle etwas Öl bereit, einfaches aus der Küche und Duftöle aus der Apotheke oder Drogerie eignen sich hervorragend. Du kannst das Öl eventuell vorher auf eine angenehme Temperatur bringen. Es ist ein tolles Gefühl, die warme Flüssigkeit über den Körper laufen zu lassen und sie langsam einzumassieren. Beginne, deinen Bauch und die Brüste einzuölen, beziehe Oberarme, Schulter und Hals mit ein, vielleicht auch die Innenseiten deiner Oberschenkel. Streichle deine Vulva. Gleite mit mehreren Fingern über die inneren und äußeren Lippen, drücke dabei hier ganz leicht, streichle da und massiere dort. Fängt es an, irgendwo zu kribbeln?

Wie fühlt es sich weiter unten an, auf den Geschlechtslippen Richtung Pobacke, wenn du mit der flachen Hand ein paar Male darüberstreichst? Und wenn du mit zwei Fingern drückst? Erinnere dich: Diese Bereiche gehören zu den Schwellkörpern der Klitoris und sind sehr erogene Zonen. Wie geht es eigentlich deiner Klitorisperle? Suche auch wieder den Bereich um den Ausgang deiner Harnröhre. Reibe in kleinen Kreisen darüber. Wie fühlen sich sanfte Berührungen an deinem Scheideneingang an? Währenddessen versuche immer wieder, deinen Körper zu bewegen, ruhig und wogend, wie in langsamen, kleinen Wellen, und streichle dich dabei. Lasse deine kreisenden Finger leicht in deine Scheide eindringen. Findest du die G-Zone? Bewege deinen Finger weiter nach hinten und suche diesen kleinen Bereich. Einige Frauen nehmen genauer wahr, wenn sie nicht gleichzeitig die eigenen Finger spüren, und üben deswegen lieber mit dem Partner oder mit einem Dildo. Benutze keinen Vibrator. Deine Prostata reagiert viel eher auf Druck.

Mit zunehmender Übung kannst du darauf achten, welche Muskeln du anspannst und wie deine Erregung darauf reagiert, wenn du etwas veränderst. Finde heraus, was Bewegung, Druck, Tempo und vor allem Atmung ausmachen: Was nimmst du wahr, wenn du über deine Vulva streichst, während dein Becken in kleinen, vorsichtigen Stößen rhythmisch vor- und zurückgleitet? Ändere dein Tempo, indem du deine Hüfte schneller und langsamer, ruckartig und fließender, einmal mehr und einmal weniger weit nach vorne schiebst. Wenn du zu den Frauen gehörst, die wissen, wie sie einen Orgasmus bekommen, errege dich weiter und probiere im letzten Moment, bevor du kommst, tief zu stöhnen, damit der Beckenboden sich zusammenzieht. Wie war das für dich? Diese Spür-Übung ist keine Anleitung zum Orgasmus, sondern soll dazu ermuntern, mit der Erregung zu spielen und sich auszuprobieren. Und natürlich kannst du die Beckenbewegungen und das tiefe Atmen auch beim Sex einsetzen.

Wer häufiger übt, wird allmählich ein Gefühl für seinen Körper und insbesondere die Vulvina entwickeln. Vielleicht bist du auch erstaunt, was alles möglich ist, und ein liebevolles Gefühl zum eigenen Genital stellt sich ein. Dann ist etwas dazugekommen: Das Geschlecht ist *bewohnt*. Auch Männer können lernen, noch intensiver zu spüren und jeden Millimeter der Vagina beim Eindringen genussvoll wahrzunehmen, und dabei den Penis als Verlängerung des eigenen Körpers erfahren. Auf diese Art kann er der Partnerin sehr nahekommen.

MANNOMANN

Funktioniert beim Sex und bei der Selbstbefriedigung alles einwand-
frei, gibt es kaum Anlass, etwas zu verändern, schließlich »läuft es« ja,
die eigene Art Sexualität zu erleben ist vertraut und daher Normalität.
Handlungsbedarf entsteht erst, wenn Probleme auftauchen. Genau
dazu allerdings führt das Älterwerden oft. Spätestens dann sollte man
sich darum kümmern.

Viele Männer onanieren mehrmals pro Woche vor dem Bildschirm
und sind dabei so sehr auf ihn fixiert, dass sie kaum spüren, was währenddessen in ihrem Körper passiert. Wie wäre es daher, an dieser
Stelle einmal den Penis mehr in den Fokus zu nehmen und etwas
mehr Abwechslung ins Spiel zu bringen? Als Erstes kann
jeder einmal darüber nachdenken, wie er seinen Penis beim
Onanieren überhaupt anfasst. Welche Teile beziehst du
dabei ein – den ganzen Penis, nur die Eichel oder auch die
Hoden? Mit wie viel Druck reibst du und wie schnell? Wie
atmest du gerade? Und beim Blick auf den übrigen Körper:
Streichelst du dabei auch Bauch, Brust, Kopf oder Nacken? Setzt du
dein Becken ein? Die meisten Männer bewegen beim Masturbieren
nur eine Hand und kommen gar nicht auf die Idee, es mal anders zu
machen. Dabei könnte man das Becken dazunehmen, genau wie beim
Geschlechtsverkehr. Jeder Mensch kann die eigene Methode, sich zu
erregen, verfeinern und verbessern, indem er mit Druck, Tempo und
Bewegungsraum spielt. (Was der Bewegungsraum ist, wird im folgenden Kapitel genauer erklärt.)

> Das Gute an der Masturbation ist, dass man sich dafür nicht extra fein anziehen muss.
> *Truman Capote*

Pflege dein Prachtstück

Stell dir vor, in deinem Hosenstall steht ein Silberpfeil – einer dieser
heiß begehrten Oldtimer, die von ihren stolzen Besitzern hingebungs-
voll gewachst und poliert werden. Andere dürfen ihn gern bewundern,
aber du lässt nur wenige an ihn heran, denn nur du weißt, welche
Pflege er braucht.

Ein guter Schmierstoff könnte dir und deinem Prachtstück Vergnügen bereiten: Vielleicht umschließt du deinen Penis einmal mit
eingeölten Händen und fängst an, ihn leicht zu kneten und zu streicheln. Was nimmt er wahr? Wie würde er die Handinnenflächen
beschreiben? Achte darauf, ab und zu dein Becken zu bewegen, und
beziehe die Hoden und deinen ganzen Körper mit ein. Betrachte
deinen Penis weiter und finde heraus, wie er in den verschiedenen

Erregungsstufen aussieht und sich anfühlt, angefangen bei weich und gänzlich unerregt bis zum Zustand kurz vor dem Kommen. Variiere den Druck, mit dem du dich stimulierst. Wechsle zwischendurch immer mal wieder zu deiner alten Methode, dich zu erregen; manchmal braucht das Gehirn ein bisschen Zeit, um sich daran zu gewöhnen, dass du jetzt auch das Becken statt nur die Hand einsetzt, und deine Erektion lässt deswegen zwischendurch etwas nach. Vielleicht denkst du auch über die Spannung in deinem Körper nach. Bereits durch ein minimales Pulsieren der Muskulatur, zum Beispiel im Becken, verändert sich etwas, und das kann den Genuss steigern.

Im Brustbereich geht es bei den meisten Männern eher darum loszulassen, um besser wahrnehmen zu können – und das ist eng an die Atmung gekoppelt. Spiele deswegen mit deiner Atmung, indem du zwischendurch bewusst ein paar Mal tief Luft holst. Was passiert außerdem, wenn du versuchst, deine Muskeln im Oberkörper – in Nacken, Hals und Kiefer – beim Stoßen anzuspannen?

Verändert sich etwas? Probiere auch, dein Becken so zu bewegen, dass dein Penis von kaum bis tief in die Hand eindringt. Finde einfach deinen eigenen Stil und vor allem jede Menge Genuss! Und schließlich ist es wichtig, sich bewusst zu machen, dass nicht die *Konzentration* auf den Penis den Erfolg bringt, sondern das *Genießen* der Empfindungen dort.

Lege beim Einschlafen und nach dem Aufwachen eine Hand auf deinen Penis und freue dich einfach, dass er da ist. Wiederhole euer Zusammensein mehrmals pro Woche und nimm dir noch mehr Zeit dafür, ihn neu zu entdecken.

Sich aus dem Stress heraus in die Entspannung zu bewegen schafft überhaupt erst die Voraussetzung dafür, dass Erregung entstehen kann. Stress manifestiert sich unter anderem in Form von hochgezogenen Schultern, zusammengebissenen Zähnen, einem angespannten Kiefer und flacher Atmung. Diese Anspannung hat einen vermeintlichen Vorteil: Das Risiko, im unpassenden Moment von Gefühlen überwältigt zu werden, ist deutlich geringer, wenn man »sich im Griff« hat – und sei es durch die eigene Muskelspannung. Für Mutige, die sich trauen und die mehr spüren wollen, folgt an dieser Stelle eine Übung, um ganz entspannt Druck abzulassen nach dem Motto: »Lernen, bewusst loszulassen« – und das gilt natürlich sowohl für Frauen als auch für Männer.

Sex ist niemals falsch, wenn darin Liebe liegt. Aber zu oft benehmen sich die Leute dabei wie bei einer Fitnessstunde, mechanisch.
Marilyn Monroe

KÖRPERLICHKEITEN

Ent-Spannung

Du liegst auf dem Rücken und atmest einige Minuten lang ruhig ein und aus. Deine Beine sind leicht gespreizt, die Arme liegen locker neben dem Körper. Versuche, in den Bauch zu atmen. Um den Gegensatz zu spüren, hole ein paar Mal schnell und kurz Luft, danach atme wieder ruhiger weiter. Hebe jetzt das rechte Bein um etwa 10 bis 15 Zentimeter und krümme auch die Zehen Richtung Gesicht. Spanne kräftig an. Nach ungefähr einer halben Minute lässt du wieder locker, dein Bein fällt zu Boden. Spür jetzt nach, wie es sich im Vergleich zum linken Bein anfühlt. Ist es wärmer oder schwerer? Wie ist die Bodenhaftung? Kribbelt etwas? Wiederhole die Übung mit dem anderen Bein, spanne an und lasse fallen. Sind beide Beine jetzt ausgeglichen?

Nun sind die Arme dran. Du hebst den linken Arm etwa 20 Zentimeter und hältst ihn ausgestreckt, während du eine Faust machst. Spanne den gesamten Arm fest an. Dann lasse los, der Arm fällt zu Boden. Was hat sich verändert? Spürst du Wärme? Ist es angenehm? Kannst du eine Emotion damit verbinden? Merkst du deine Muskeln? Nun lasse den anderen Arm in den Genuss der Entspannung nach der Anspannung kommen. Mach ihn steif, lass ihn fallen und spüre nach. Weiter geht es mit deinem Becken: Hebe es möglichst weit hoch und spanne maximal an. Dann lasse wieder locker. Hast du die Pobacken zusammengekniffen? Kribbelt es irgendwo? Hast du ein bestimmtes Gefühl dabei? Presse als Nächstes deinen Rücken kräftig in die Unterlage, so als wolltest du einen Abdruck im Sand hinterlassen. Halte die Spannung einige Augenblicke lang und lasse dann bewusst los. Achtung, nun wird es anstrengend: Du spannst jetzt die Beine, die Arme und den Schulter-Nacken-Kopf-Bereich an, indem du alle genannten Körperteile vom Boden hebst und ausstreckst, am besten auch deine Zunge – und zwar so weit es geht. Halte diese Position etwa zehn Sekunden, bevor du, wenn möglich mit einem lauten Seufzen oder Stöhnen, die Spannung loslässt. Fühlst du die Durchblutung? Bist du ins Schwitzen geraten? Konntest du deinen Penis in der Anspannung oder beim Loslassen wahrnehmen? Wie nimmst du ihn jetzt wahr?

Zum Abschluss der Übung richtest du deine Füße auf und atmest ruhig weiter in den Bauch und das Becken. Nimm dir Zeit. Auch der Penis braucht Sauerstoff. Was könnte dir helfen, noch mehr mit ihm in Kontakt zu kommen? Wenn du magst, lege deine Hand auf ihn. Vielleicht hast du auch Lust, ihn zum Wippen zu bringen. Das gelingt, indem du mit dem Beckenboden pumpst. Wieder steigerst du die

Durchblutung. Bleibe einfach liegen und spüre nach. Fühle, wie sich die Entspannung in deinem ganzen Körper ausgebreitet hat. Wenn du so weit bist, kannst du dich langsam zur Seite rollen und aufsetzen. Warte ein paar tiefe Atemzüge ab, bevor du aufstehst. Dann spüre einen Moment lang nach, wie sich dein Körper anfühlt, Oberkörper, Unterkörper, Becken – und Penis.

BUSENWUNDER

»Von einem schönen Teller kann man nicht essen. Wichtig ist, wie eine Frau rüberkommt. Perfekt muss sie gar nicht sein. Aber wenn sie richtig geil ist, macht mich das wild.« Frauen können solche Aussagen von Männern meist nicht nachvollziehen. Sie selbst sind oft unzufrieden mit ihrem Körper, aus verschiedenen Gründen. Der stilisierte, auf das Erscheinungsbild verengte Blick von Gesellschaft und Medien auf den Frauenkörper erzeugt Erwartungs- und Leistungsdruck. Das sind keine guten Bedingungen dafür, den eigenen Körper anzunehmen und schön zu finden. Wenig Gefühl für Sinnlichkeit, Unlust, die nicht entwickelte Fähigkeit, sich hinzugeben, und eine generelle sexuelle Passivität vieler Frauen sind weitere Faktoren, die für beide Geschlechter die Freude am Sex verringern. Nur in der pornografischen Parallelwelt machen Frauen scheinbar gerne mit. Sieht man aber genauer hin, fällt auf, dass die meisten doch ziemlich passiv sind. Sie *reagieren* in den realitätsfernen Pornofilmen mehr, als dass sie *agieren*. Lautes Stöhnen entweicht ihren aufgespritzten Lippen, während sie sich silikongefüllt und mit gebleichtem, komplett enthaartem Intimbereich herumräkeln, wie es im Drehbuch steht. Wer will schon Zuschauerin oder bestenfalls Begleiterscheinung beim eigenen Sex sein? Zum Glück scheint es auch einigen Männern allmählich zu viel des Absurden: Sie bevorzugen natürliche Frauen mit weniger Make-up, nicht operierten Brüsten, normaler Figur – und nach wie vor wollen sie, dass ihre Frau echte Lust zeigt. Sie wollen die Fantasien, Vorlieben und Wünsche ihrer Frauen erfahren.

Die Amerikanerin Diana Richardson beschreibt in ihrem Buch *Zeit für Weiblichkeit*, wie wenig Frauen über ihren Körper und dessen sexuelles Potenzial wissen. Der vorherrschende Sexstil und der daraus resultierende Druck haben dazu geführt, dass Frauen den Signalen des eigenen Körpers kaum noch trauen, wenn sie diese

Ich würde euch ja meinen Passierschein für den Hockeyraum leihen, aber von denen wollt ihr ja nichts, der Sex ist schnell vorbei, und danach haben sie nur den Spruch auf Lager: »Gutes Mädchen, gutes Mädchen.«
Golden Girls

überhaupt wahrnehmen. Sex ist Mittel zum Zweck geworden, nur der Orgasmus zählt. Deswegen wird sich auf die Klitoris beschränkt, und das Einführen des Penis hat eine unnatürliche Wichtigkeit erlangt, die alles andere in Vergessenheit geraten lässt.

Richardson ist demgegenüber der Auffassung, dass weibliche Erregung sich zunächst nicht genital abspielt, sondern an den Brüsten. Über die Brüste, so Richardson, öffnet sich eine Frau vaginal, auch gegenüber dem Partner, und bekommt das Gefühl, dass sie ausgefüllt werden möchte. Diesen Zusammenhang können viele Frauen nachvollziehen, wenn sie ans Stillen denken: Wenn das Baby an der Brust saugt, zieht sich die Gebärmutter zusammen. Das erfüllt einen biologischen Sinn und löst manchmal Lustgefühle aus, die Frauen im Zusammenhang mit ihrem Kind meist nicht annehmen möchten. Viele Frauen mögen es außerdem nicht, wenn der Partner beim Vorspiel direkt an die Brustwarzen greift, hineinbeißt, daran zieht oder sie zwischen den Fingern dreht wie im Porno. Selbst wenn Frauen die Richtigkeit von Richardsons Theorie ahnen mögen, bemerken sie doch zugleich, dass sie selbst keinen positiven Bezug zu ihrem Busen haben. Dem vorherrschenden Schönheitsideal verpflichtet, finden sie ihre Brüste wahlweise zu klein, zu hängend, zu unförmig oder die Brustwarzen zu groß. Nie haben sie gelernt, ihre Brüste anzunehmen und zu lieben, wie sie sind. Dabei geht es zunächst um ein Gefühl der inneren Verbundenheit. Eine Frau kann zum Beispiel damit anfangen, ihre Brüste beim Sex, vor dem Einschlafen oder wann immer es gerade passt, zu streicheln oder sie mit den Händen zu halten, zu wärmen und zu massieren. Durch liebevolle Berührungen wird dem Körper vermittelt, dass er sich entspannen kann, dass er geschätzt und geehrt wird, und der Körper reagiert, indem er lebendiger und empfänglicher für Berührungen wird. Vor dem Computer, beim Fernsehen und während der Arbeit, überall und immerzu kann der Körper Beachtung erfahren. Ist die innere Aufmerksamkeit erst einmal geweckt, entsteht ein neues Körpergefühl und eine andere Umgangsweise mit dem Körper. Ohne eine solche Sensibilisierung ist eine Frau einfach nicht offen für ihren Partner. Ihr Körper nimmt als ungefühltes Instrument an den Handlungen wie unbeteiligt teil, und im Kopf verbindet sie Sex eher damit, etwas tun zu müssen, als mit dem eigentlichen Spüren, Genital, Gefühl und Herz sind nicht dabei. Die Männer dieser Frauen haben sich daran gewöhnt, dass ihre Partnerin sich ganz nach ihnen richtet. Sie wissen nicht mehr – oder haben es

Für viele Männer ist Autofahren wie Sex: Die Frau sitzt teilnahmslos daneben und ruft immer: »Nicht so schnell, nicht so schnell!«
Harald Schmidt

Es gehört viel Erfahrung dazu, wie eine Anfängerin zu küssen.
Zsa Zsa Gabor

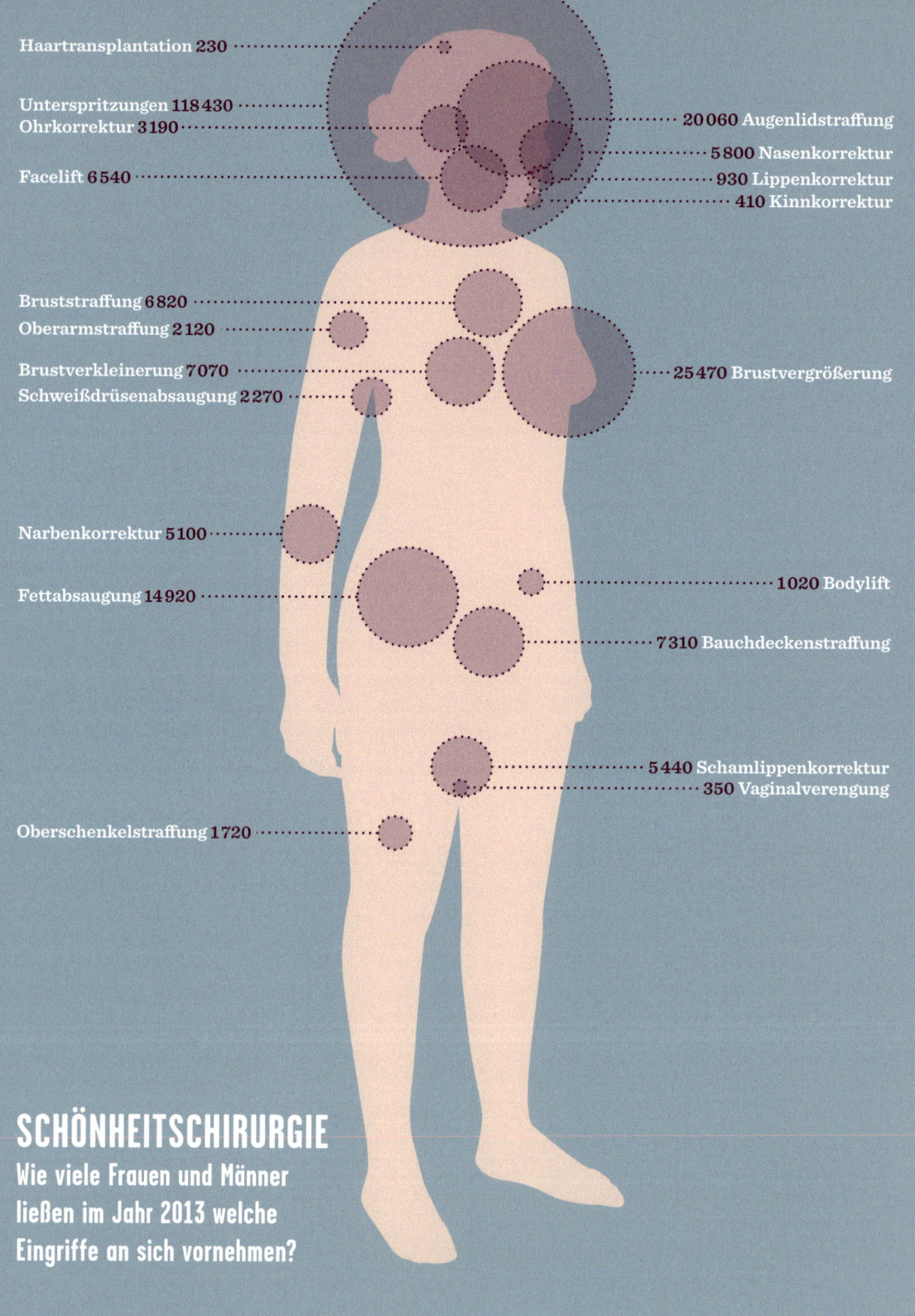

Haartransplantation 230

Unterspritzungen 118 430
Ohrkorrektur 3190

Facelift 6540

20 060 Augenlidstraffung

5 800 Nasenkorrektur

930 Lippenkorrektur

410 Kinnkorrektur

Bruststraffung 6820

Oberarmstraffung 2120

Brustverkleinerung 7070

Schweißdrüsenabsaugung 2270

25 470 Brustvergrößerung

Narbenkorrektur 5100

Fettabsaugung 14 920

1020 Bodylift

7310 Bauchdeckenstraffung

5440 Schamlippenkorrektur

350 Vaginalverengung

Oberschenkelstraffung 1720

SCHÖNHEITSCHIRURGIE
Wie viele Frauen und Männer
ließen im Jahr 2013 welche
Eingriffe an sich vornehmen?

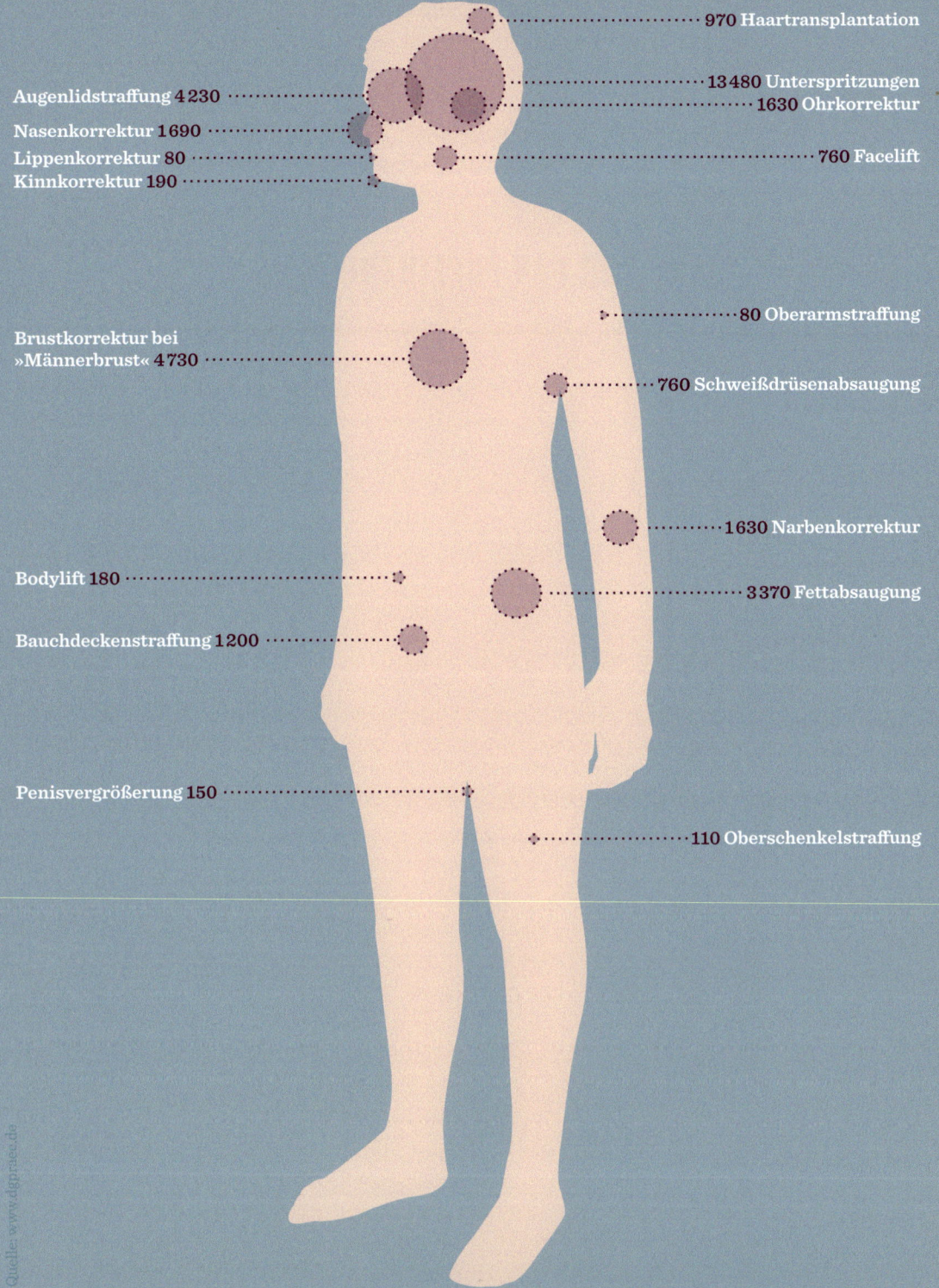

970 Haartransplantation

13 480 Unterspritzungen

1630 Ohrkorrektur

Augenlidstraffung 4 230

Nasenkorrektur 1690

Lippenkorrektur 80

Kinnkorrektur 190

760 Facelift

80 Oberarmstraffung

Brustkorrektur bei »Männerbrust« 4 730

760 Schweißdrüsenabsaugung

1630 Narbenkorrektur

Bodylift 180

3 370 Fettabsaugung

Bauchdeckenstraffung 1 200

Penisvergrößerung 150

110 Oberschenkelstraffung

Quelle: www.dgpraec.de

vielleicht noch nie erlebt –, wie sich das Flair eines gemeinsamen sexuellen Erlebens anfühlt. »Wenn männliche und weibliche Sexenergien in Balance sind und die Frau mit leidenschaftlicher Sinnlichkeit mitmacht, dann verwandelt sich die ganze Erfahrung in einen wellenförmigen, auf- und abklingenden Tanz beider Körper«, bringt Diana Richardson es in *Zeit für Weiblichkeit* auf den Punkt.

GANZ UND GAR FÜREINANDER DA

Sexuelle Energie kann auf vielfältige Weise entstehen. Es geht darum, den eigenen Körper oder den des Partners auf möglichst angenehme Art zu berühren und zu *öffnen*, sei es durch Blicke oder durch direkten Körperkontakt. Grundsätzlich sind das Herstellen von Nähe und das Spüren der Wärme eines anderen Körpers menschliche Grundbedürfnisse, deren Befriedigung zum Beispiel für Wohlbefinden, Entspannung, körperliches Selbstvertrauen und auch Lust sorgt. Vielen fällt es jedoch schwer, innige Berührungen auszutauschen und Körperkontakt zu genießen.

Berührungs-Möglichkeiten

Klopfe mit den Fingern leicht über die Haut des Partners – wie ein Schwarm Schmetterlinge, der nur kurz landet und dann gleich wieder auffliegt. Dabei streifen sie hier und da die Haut mit den Flügeln. Du kannst dich auch behutsam am Körper *entlangzupfen*. Immer wieder nimmst du sanft etwas Haut zwischen Daumen und Zeigefinger und bahnst dir deinen Weg. Besonders an den Lustlippen der Frau lässt sich auf diese Weise einiges in Wallung zupfen. Oder du fährst mit den *Fingerkuppen* langsam über die Haut und hinterlässt unsichtbare Straßen darauf. Jedes Detail des anderen Körpers wird dabei untersucht, Leberflecke nachgezeichnet und Knochen umrundet, zum Beispiel an Ellenbogen, Knöcheln oder Handgelenk, mal drückend und ein anderes Mal sanft streichend. Setze dabei deine *Blicke* ein. Schau genau hin, um deinen Partner, aber auch dich selbst zu spüren. Für die Intensität des Erlebens macht es einen großen Unterschied, ob du hinschaust und hinfühlst oder scheinbar nur nebenbei streichelst. Das *Streicheln* wird mit der ganzen Hand oder einzelnen Fingern ausgeführt, die flach über den Körper des anderen gleiten wie beim Streichen. Mitunter kann das auch zu einem *Kneten* wie bei einer Massage werden. Viele mögen es besonders, an Schultern,

Rücken, Taille, Hüfte oder am Po mit etwas mehr Druck angefasst zu werden. Gerade die größere Muskelanspannung beim Drücken und Massieren kann Intensität und Leidenschaft zum Ausdruck bringen – spiele damit!

Sehr gefühlvoll und intensiv kann es übrigens sein, den Partner nicht nur mit der Hand, sondern vielleicht auch mit dem Unterarm, einem Schenkel oder einem Fuß zu berühren oder mit dem *ganzen Körper* über ihn zu gleiten. Dabei kann man sich praktischerweise auch selbst Streicheleinheiten abholen. Wie eine Katze drückt man sich gegen den Körper des anderen. Wer Lust hat, legt sich einfach auch mal eine Zeitlang mit seinem ganzen Gewicht auf den Partner, genießt seine Wärme, schnuppert vielleicht am Hals, haucht ihm ein paar Küsse in den Nacken oder atmet hörbar in sein Ohr. Spürt die Energie, die dabei entsteht. Es geht nicht darum, möglichst schnell zur Sache zu kommen, sondern vielmehr darum, euch beide *langsam* kommen zu lassen. Seid unbefangen und neugierig, bleibt im Moment. Entwickelt eure eigene »Sex-Choreografie«. Lasst den Geschehnissen ihren Lauf und entdeckt gemeinsam das Spüren – je kleiner die Räume, auf die ihr euch konzentriert, desto intensiver die Wahrnehmung. Schöne Beispiele dafür sind Augenlider, Nasenrücken oder Kniekehlen. Einmal angefangen, lässt diese *Allmählichkeitserregung* euch nicht mehr los.

So kann alles berührt werden, der gesamte Körper ist eine erogene Zone, an der vieles unentdeckt bleibt, wenn man sich nicht auf Erkundungstour begibt. Feine Berührungen wie die schmetterlingshaften sind manchen vielleicht zu kitzelig, anderen hingegen verursachen sie eine zauberhafte Gänsehaut. Gerade Frauen mögen es auch, wenn ihr Gesicht mit Küssen bedeckt und dabei in die Hände genommen wird. Es kann sogar ein Penetrieren angedeutet werden, wenn ein Finger dabei leicht in den Mund eindringt. Auch Tücher oder Federn können dazu dienen, den Körper aufzuwecken.

TANTRA

Eine weitere Möglichkeit, die eigene Sexualität neu zu entdecken, ist Tantra. Es gibt viele verschiedene Richtungen des Tantra – und mindestens ebenso viele Missverständnisse, worum es sich dabei wirklich handelt. Für die einen ist Tantra eine Art Religion, für andere eine Lebenseinstellung oder einfach eine Massagetechnik. Die ursprüngliche Bedeutung des Wortes Tantra im Sanskrit ist *Gewebe*, *Zusammenhang*, *Erweiterung* oder *Ausdehnung*. Demnach beschreibt es eher eine innere Haltung, eine Lebensweisheit. Und obgleich viele meinen, es drehe sich bei der tantrischen Berührung speziell um Sex, geht es vielmehr um ganzheitliche Lust. Dafür wird die sogenannte Kundalini-Energie geweckt und aufgebaut. Ihr zuliebe verzichten Tantriker oft auf den klassischen Höhepunkt. Das Ziel ist, die aufgebaute sexuelle Energie dadurch zu halten und beim nächsten Mal erneut zu spüren und vielleicht sogar noch zu erhöhen.

Wie wäre es zum Beispiel, Sex zu haben und den Höhepunkt auszulassen, mit voller Erektion und erregter Vulvina aus dem Bett zu steigen und das Ganze für ein paar Tage oder Wochen durchzuführen? Die Belohnung sollte mehr Freude, Energie und Kraft sein – und vielleicht ist da tatsächlich etwas dran, wenn man bedenkt, wie viele nach ihrem sexuellen Höhepunkt erschöpft einschlafen. Für intensiveres Spüren und ein neues Kennenlernen des eigenen Körpers und den des Partners schadet es jedenfalls nicht, zur Abwechslung eine Zeitlang auf den Orgasmus zu verzichten.

Tantra ist weder eine Liebestechnik noch ein Ritual. Vielmehr ist es die Erkenntnis und die Erfahrung, dass Schöpfung und Zerstörung, weiblich und männlich, gut und böse, Sexualität und Gebet, Eros und Religion letztlich ein und dasselbe sind. In den tantrischen Lehren geht es darum, Körper und Leben mit allen Sinnen und in allen Aspekten zu genießen, anzunehmen und zu feiern. Während in vielen Religionen Spiritualität und Eros streng voneinander getrennt werden, verweist die tantrische Lehre auf die ursprüngliche Verbundenheit von Bewusstheit, Lust und Liebe. Es geht nicht darum, mühevoll nach Erleuchtung zu streben, sondern die eigene Vollkommenheit zu erkennen, wie sie schon vorhanden ist. Der Augenblick spielt dabei eine zentrale Rolle: Jeder Moment wird wach und klar mit allen Sinnen erlebt, ohne bewertet zu werden. So entsteht Größeres, weil Anspannung, Urteile und Meinungen verschwinden.

Und welche Verbindung besteht zwischen der tantrischen Haltung und Tantra-Massagen? Sie sollten jedenfalls nicht als identisch angesehen werden. Viele Tantra-Institute lehren bestimmte geistige Grundhaltungen, die bei allen geschichtlichen, geografischen und weltanschaulichen Tantra-Richtungen und auch in anderen Weisheitstraditionen zu finden sind: Das Loslassen und die Hingabe stehen

Karl: »Weißt du eigentlich, wie 80-Jährige miteinander vögeln?«
Inge: »Was?!«
Karl: »Sie macht 'n Kopfstand, und er hängt ihn einfach oben rein!«
Wolke 9

Ich bin für das Beibehalten des Handkusses. Irgendwo muss man ja schließlich anfangen.
Sacha Guitry

KÖRPERLICHKEITEN

im Mittelpunkt. Der Massierte gibt sich den Berührungen hin, richtet seine Wahrnehmung auf das Körperinnere und auf die eigenen Empfindungen. Der ganze Körper wird miteinbezogen. Auf diese Weise wird das essenzielle Bedürfnis des Menschen nach Berührung erfüllt. Absichtslose Aufmerksamkeit, große Achtsamkeit, Einfühlung und Nähe sind wichtige Aspekte. Tantra lehrt, die sexuelle Erlebnisfähigkeit präsenter und umfassender zu genießen. Neue Ebenen der Leidenschaft und Ekstase sind oft die spannenden und wohltuenden Folgen. Tantrischer Sex ist Energiearbeit und steht damit im Gegensatz zum Rein-raus-Sex, den viele praktizieren. Stattdessen darf Sex sein, was er immer schon war: sinnlich-übersinnlich, lustvoll und irgendwie auch magisch.

BLAS-INSTRUMENTE UND HAND-WERKZEUGE

Manche träumen davon, wahre Oralakrobaten zu sein und den Partner in den siebten Himmel der Sexglückseligkeit zu katapultieren. Dabei kommt es auf Tricks und Techniken gar nicht so sehr an wie vielmehr darauf, mit Freude und Lust dabei zu sein. Tipps können die eine oder andere Anregung geben, mehr aber auch nicht. Wichtig ist, dass der Partner mitbekommt, wie erregend es für einen selbst ist, ihn oral zu verwöhnen. Dazu bedarf es einiger sexueller Lernerfahrungen. Ist es dir möglich, dich als lustvolles Wesen zu zeigen? Ist das Genital deines Partners mit Lust belegt? Viele Menschen empfinden dabei noch keinen Genuss und lehnen daher erst einmal ab.

Blowjob nach allen Regeln der Kunst

Trau dich, deinen Mann mit einem Blowjob zu überraschen. Wenn sich eine Gelegenheit bietet, fang einfach an, ihn anzufassen, drücke dich zum Beispiel während einer Umarmung mit deinem Becken gegen seines und gleite mit deiner Hand oder mit deinem Körper über die Wölbung in seiner Hose. Spüre, wie sich etwas zu regen beginnt. Genieße es, ihn nach und nach auszupacken. Er wird es mögen, wie du ihm deine Lust auf ihn zeigst – Männer wollen verführt werden wie Frauen. Wenn sein Penis noch weich ist, dann halte und massiere ihn weiter, dein Mann spürt schon etwas, auch wenn sein Penis noch nicht ganz erigiert ist.

Du könntest eine Gleitcreme oder Öl bereithalten, wenn du ihn zu Hause überraschst, oder du benutzt einfach Speichel, um mit schön glitschigen Fingern über sein Glied zu fahren. Dadurch fühlst du auch selbst viel genauer. Spüre die einzelnen Bereiche: Eichel, Strang, Schaft, Hoden – erkunde sein bestes Stück. Schau deinem Mann zwischendurch tief in die Augen, während du weitermachst. Du kannst ihm auch erzählen, was gleich noch alles passieren wird. Wenn du seine Vorhaut bewegst – vorausgesetzt, er hat eine –, denke daran, dass es bei Männern wehtun kann, sie zu weit zurückzuschieben. Andere hingegen lieben es, wenn sie so ein wenig unter Spannung geraten. Du kannst die Vorhaut unten halten, während du mit der anderen Hand auf der freigelegten Eichel und dem Schaft rauf- und runtergleitest. Es kann für ihn auch eine interessante Stimulation sein, wenn du beim Hoch- und Runterbewegen dein sonst gerade gehaltenes Handgelenk zwischendurch locker nach rechts und links mitbewegst, so dass deine Bewegungen fast ein bisschen eierig ausfallen. Auf diese Weise wird die Vorhaut nämlich zur Seite verschoben. Ähnlich funktioniert es, wenn du den ganzen Penis zwischen zwei ausgestreckten Händen hin und her rollst. Wenn der Penis ganz erigiert ist, kannst du ihn auch vorsichtig vom Bauch wegziehen und dann kurz loslassen, so dass er zurückklatscht – aber pass auf, dass dein Partner dabei immer noch genussvoll lächelt. Selbstverständlich funktionieren die meisten dieser Griffe und Bewegungen auch bei beschnittenen Männern.

Vergiss nicht, die Hoden miteinzubeziehen, indem du sie sanft massierst, etwas in die Länge ziehst und sie vielleicht in den Mund nimmst. Sei unbesorgt: Solange du sie nicht zu stark quetschst, kannst du eigentlich nichts falsch machen. Drücke auch mal mit deiner Faust oder dem Daumen fest gegen den Bereich zwischen Hodensack und Anus, den Damm. Manche Männer mögen es, dabei zusätzlich einen Finger in den After gesteckt zu bekommen, so kannst du nämlich seine Prostata stimulieren. Für viele ist das sehr erregend, anderen ist schon der Gedanke daran unangenehm – vielleicht sprecht ihr bei Gelegenheit einfach darüber, oder du tastest dich langsam heran und umkreist mit einem Finger zunächst nur den Eingang. Höchstwahrscheinlich wird er dir dann schon zeigen, was er möchte, und entweder zukneifen oder dir entgegenkommen.

Setze immer wieder deine Zunge ein, während du den Penis massierst. Falls dich Creme oder Öl dabei stören, streiche vorher alles langsam vom Penis herunter auf seine Schenkel. Auch das kann erotisch sein. Lecke manchmal nur mit der Spitze, dann wieder mit der flachen Zunge. Berühre dabei auch mal nur das Bändchen am Peniskopf und fahre vom unteren Ende des Schaftes bis zur Eichel entlang. Versuche, ihn zu erspüren. Wie fühlt er sich an? Nimm ihn auch ganz in den Mund, lass ihn tief verschwinden und dann wieder nur vorn zwischen deinen Lippen rein- und rausgleiten. Lass dich im Mund von ihm nehmen – das lockert die Kiefermuskeln und kann ein Gefühl des lustvollen Loslassens und Sichhingebens auslösen. Wenn du behutsam vorgehst, kannst du auch mit deinen Zähnen über den Schaft gleiten, sogar sanft hineinbeißen. Überlege, wie du selbst gerade liegst. Geht es dir gut? Kannst du dich selbst miterregen? Kann dein Partner deinen Busen oder deine Figur sehen? Positioniere dich so, dass du mit deinem Körper eine schön geschwungene S-Kurve machst. Wenn du vor ihm sitzt, könntest du deine Beine öffnen und dich dabei selbst anfassen. Genieße es, dich so zu zeigen. Liegst du neben ihm, kannst du deinen Hintern lustvoll etwas vorstrecken, damit er ihn sieht. Auch wenn es hauptsächlich um das Spüren geht, schadet ein wenig Optik nicht.

Lass dich, so weit du kannst, in die Situation hineinfallen. Spüre deinen Partner und seine Erregung, genieße, was du tust. Wie eingangs erwähnt, ist wichtiger als jede Technik, dass du ihm zeigst, wie gern du ihn berührst und küsst. Und das machst du am besten, indem du jeden Moment selbst ganz auskostest.

Stellungswechsel und Rollentausch: Irgendwann ist es am Partner, sich für den Blas-Einsatz zu revanchieren. Nun beglückt er sie mit der Zunge, bis sie (fast) durchdreht. Wenn sie offen vor ihm liegt, zeigt sie ihm ihre intimsten Stellen, und dafür muss sie erst bereit sein. Meist tut man daher gut daran, sich Zeit zu nehmen. Wenn sie merkt, dass er sich bloß auf einem Kurztrip durch Vulvina-Land befindet oder diese Gefilde nur auf der Jagd nach einem schnellen Orgasmus durchstreift, wird sie sich kaum entspannen können.

Cunnilingus: Lecker mit und ohne Finger

Du kannst damit anfangen, deine warme flache Hand für kurze Zeit sanft auf die Venuslippen deiner Partnerin zu legen; halte dabei inne und lausche einfach ihrem Atem. Lasse jetzt deine Fingerspitzen hier und da über ihre Vulva tänzeln in Form von kleinen, kaum wahrnehmbaren Berührungen. Zupfe zart an ihren inneren und äußeren Lippen. Sie wird merken, wie alles allmählich wärmer wird und prickelt. Vermeide zu diesem Zeitpunkt, gezielt ihre Klitorisperle zu berühren, und versuche dich stattdessen dem Gefühl hinzugeben, dass du dabei bist, sie genussvoll zu öffnen. Necke sie liebevoll und bringe sie dazu, dass sie von sich aus mehr möchte: Schleiche mit zwei Fingern immer näher kommend um ihren Scheideneingang herum und warte, bis sie sich selbst deinen Fingern entgegenbewegt. Mit zwei Fingern drückst du dann den Eingang ein paar Millimeter auseinander, nur ganz kurz. Baue dieses Element im weiteren Verlauf immer wieder ein. Zupfe und streichle erneut ein bisschen, als würdest du sie liebkosend wecken wollen. Vielleicht legst du zwischendurch auch noch einmal die flache Hand auf wie zu Anfang, damit sie sich dagegen drücken kann. Wenn du das Gefühl hast, dass sie mehr möchte, kannst du mit ein oder zwei Fingern in ihre Vagina eindringen, aber nur kurz, um gleich darauf wieder zu verschwinden. Allmählich streichst du auch nahe an ihrer Klitoris vorbei oder darüber. Wenn du danach wieder mit deinen Fingern in sie eindringst, kannst du jetzt etwas Flüssigkeit aus ihrer Vagina holen, damit sie besser gleiten. Gehe bei allem langsam und vorsichtig, aber auch zielstrebig vor. Zeige ihr, wohin du möchtest. Fange dann damit an, sie überall auf der Vulva innig zu küssen, und streichle gelegentlich mit der Zunge über einzelne Partien. Achte darauf, nicht zu flatterig zu sein, sonst kitzelt es. Erhöhe deine Intensität und erkunde ihre ganze Vulva mit deiner Zunge. Wähle dafür verschiedene Arten von Berührung, variiere zwischen fest und sanft. Deine Zunge fühlt sich nämlich auf der Unterseite anders an als an ihren Rändern oder auf der oberen Leckfläche. Spiele fortwährend mit Druck und Geschwindigkeit und achte dabei immer auf deine Partnerin und ihre Reaktionen: Wann zuckt sie? Wann spannt sie an? Bewegt sich ihr Becken? Räkelt sie sich genüsslich? Wie atmet sie? Stelle dich auf sie ein. Zwischendurch kannst du deine Zunge, ohne sie zu bewegen, gegen ihre Klitoris drücken oder vorsichtig ihre inneren Lippen in den Mund nehmen und behutsam an ihnen saugen. Nimm kleine Umwege, aber beginne nach einiger Zeit damit, dich intensiver um die Klitoris zu kümmern.

In Pornos kommt häufig die »Klapperschlangenzunge« zum Oraleinsatz. Sie ist lang und spitz, und Name und Technik wurden eigens für den Pornodreh erfunden, weil man sonst nicht genug von den Geschlechtsteilen sehen könnte, da immer ein Kopf im Weg wäre. Du hingegen solltest auf die spitze Zunge weitgehend verzichten – diese Technik heißt nicht zufällig auch »den Zaun pinseln«. Überhaupt wäre es gut, wenn du deine Partnerin nicht nur genital berührst, sondern auch den Rest ihres Körpers miteinbeziehst, zum Beispiel ihren Bauch, ihre Innenschenkel, die Schultern und Brüste. Vielleicht lässt du auch irgendwann dauerhaft ein oder zwei Finger in ihre Scheide eingeführt, viele Frauen wünschen es sich, ab einem bestimmten

Zeitpunkt »ausgefüllt« zu sein. Dabei sollten deine Finger nicht rein- und rausjagen wie die Nadel einer elektrischen Nähmaschine. Drücke zum Beispiel einen Finger sanft gegen den Boden ihrer Vagina. Lass ihn einfach ruhig und bewegungslos liegen und halte den Druck. Für deine Partnerin fühlt es sich an, als sei sie ausgefüllt, in ihrer Fantasie vielleicht mit deinem Penis. Schau sie dabei an und zeige ihr mit Blicken, wie sehr du es genießt, mit ihr zu spielen. Und schließe immer mal wieder die Augen, um dich auf das zu konzentrieren, was du spürst.

Eventuell hörst du jetzt auf und machst einen Leckstopp, es sollte ja ohnehin nur ein Intermezzo werden. Möchtest du jedoch weitermachen, kannst du intensiver und gleichmäßiger werden, wenn du spürst, dass sie erregt genug ist. Von nun an solltest du deinen Mund ganz an ihrer Vulva lassen. Bewege deine Lippen, öffne den Mund mal mehr, mal weniger, aber entferne dich nicht mehr völlig. Sauge an ihrer Klitoris oder rubble sie fest mit deiner Zunge, die vielleicht mit der Zeit etwas müde wird, aber dann brauchst du nur die Position deines Kopfes zu verändern. Oder du stellst auf Unterkieferbewegung um, dann folgt die Zunge automatisch, ohne Anstrengung.

Wenn du deine Partnerin gut kennst, wirst du rechtzeitig merken, wann du rhythmischer und zielgerichteter werden kannst. Zum krönenden Abschluss ziehst du vielleicht die Klitorisvorhaut ein wenig hoch, so dass du direkt an ihre nackte Perle herankommst. Wenn sie so erregt ist wie jetzt, klappt das meistens gut. Nun kannst du sie wahrscheinlich zum Höhepunkt bringen, wann immer du möchtest; lasse dich einfach von ihrem Atem und ihrer Muskelspannung lenken. Danach verabschiede dich von der Vulva zärtlich mit Küssen von unten nach oben. Bewege dich langsam über Oberschenkel und Bauch weiter hinauf. Nimm dir Zeit.

Es mag an dieser Stelle etwas unromantisch wirken, aber es muss noch betont werden, dass es aller Wahrscheinlichkeit nach nichts mit dir zu tun hatte, falls deine Partnerin keinen Höhepunkt hat. Denke daran, dass viele Frauen, unabhängig von ihrem Alter, nicht gelernt haben zu kommen. Entspannt euch also beide. Vielleicht klappt es schon beim nächsten Mal. Hier sind ein paar Leckmuster, die ihr ausprobieren könnt.

Selbstverständlich können die Lecktechniken für Frau und Mann auch gleichzeitig ausgeführt werden, nämlich in der **69er-Stellung**, bei der beide sich gegenseitig stimulieren. Allerdings finden es einige schwierig, die Aufmerksamkeit auf diese Art zu teilen.

Leckmuster

Klapperschlange
Auch Pornozunge genannt: ein kleines, schnelles Hin-und-Her-bewegen mit der spitzen Zunge. Rechts, links, rechts, links … Geht mit Unterseite und Oberseite der Zunge. Trocknet schnell die Zunge aus, also bitte immer wieder nass machen, im unteren vorderen Bereich des Mundes, wo sich die Spucke sammelt, direkt hinter den Zähnen. Gut, um ziemlich konkret die Klitoris zu stimulieren. Nur kurz einsetzen.

O
Große oder kleine Os zeichnen. Ober- und Unterseite der Zunge, direkt auf der Klitoris. Mal so rum, mal andersrum. Eine weichere Bewegung als die Pornozunge.

8
Zeichne eine Acht mit deiner Zunge. Du kannst wieder Ober- und Unterseite deiner Zunge benutzen. Die beiden Kreise von der Acht müssen nicht gleich groß sein, du kannst frei zeichnen. Aber versuche die Mitte der Acht genau über der Klitoris zu machen.

V
Du lässt die Zunge von der einen Seite runtergleiten, leicht über die Klitoris rüber und etwas zur Mitte, dann gleite die andere Seite hoch, der Seite gegenüber, wo du angefangen hast.

I
Mit der breiten Zunge leckst du ein breites I von unten nach oben und dann wieder nach unten. Auf dem Weg nach oben benutzt du die Oberseite, auf dem Weg nach unten die Unterseite der Zunge.

MASSAGE MIT KÖPFCHEN

In diesem Buch geben wir keine Anleitung für eine Massage des G-Punktes. Diese figürlichen Techniken lassen sich besser zeigen als beschreiben, und dafür bietet der Handel eine Reihe anschaulicher

DVDs. Generell lautet die Devise: »Lieber drücken als reiben.« Ein anderer wichtiger Faktor – ob nun Cunnilingus, G-Zone oder Genitalmassage – ist, dass man nicht nur den Körper seiner Frau zum Orgasmus oder in den Genuss führen sollte, sondern auch ihren Kopf – Gefühle und Verstand. Das ist wichtiger als jede Technik. Wie gesagt haben viele Frauen nicht das beste Verhältnis zu den eigenen Genitalien. Sie meinen, dass sie dort unangenehm riechen und schmecken, und deshalb ist es ihnen unangenehm, dass ihnen jemand genau da zu nahe kommt. Nicht zuletzt deswegen ist es wichtig und richtig, dass eine Frau sich einmal selbst schmeckt. Sie kann das bei verschiedenen Gelegenheiten tun, beispielsweise wenn sie den Slip wechselt, auf der Toilette, beim Duschen oder beim Sex. Auch der Partner kann ihr helfen, indem er immer wieder zeigt, wie toll und erregend er findet, was er da tut: »Du schmeckst so gut«, »Du machst mich so an« oder »Mein Schwanz wird so hart, wenn ich dich lecke.« Es funktioniert wie *Dirty Talk*. Es ist wichtig, beim Lecken einer Frau dafür zu sorgen, dass sie sich wohlfühlt dabei und allmählich ihre Unsicherheiten in Bezug auf ihre Vulvina verliert. So wird auch ihre abwertende innere Stimme leiser, bis sie irgendwann ganz verstummt.

Would you let me kiss you there / You know, down there, where it counts? / I'll do it so good / I swear I'll drink every ounce
Prince

Es gibt noch ein anderes Phänomen, das sich häufig beim Cunnilingus zeigt: Viele Frauen geben lieber, als zu nehmen beziehungsweise zu bekommen, und passen sich nach wie vor der männlichen Sexualität an. In diesem Fall hilft es, wenn er ihr deutlich macht, dass er sie auch zu seinem eigenen Vergnügen leckt, weil sie sich dann besser in die Situation fallen lassen kann. Der Partner hilft ihr damit aus dem Kopf und holt sie in den Augenblick. Wenn sie es schafft, ihren inneren Monolog abzuschalten und sich ganz ihrer Fantasie hinzugeben, kann sie richtig in Fahrt kommen. Übrigens: Die meisten Frauen kommen gar nicht auf den Gedanken, dass es Männern ähnlich gehen könnte, dass sie sich auch manchmal unsicher oder überfordert fühlen. Abhilfe funktioniert in diesem Fall genauso konkret wie für Frauen: Auch sie muss ihm sagen, wie es ihr geht, Stichwort: Bestätigung und Anfeuerung! Sex ist und bleibt auch Kommunikation.

LAURO (51) & TIZIANA (51)

FOTGRAFIEN VON RUTH ERDT

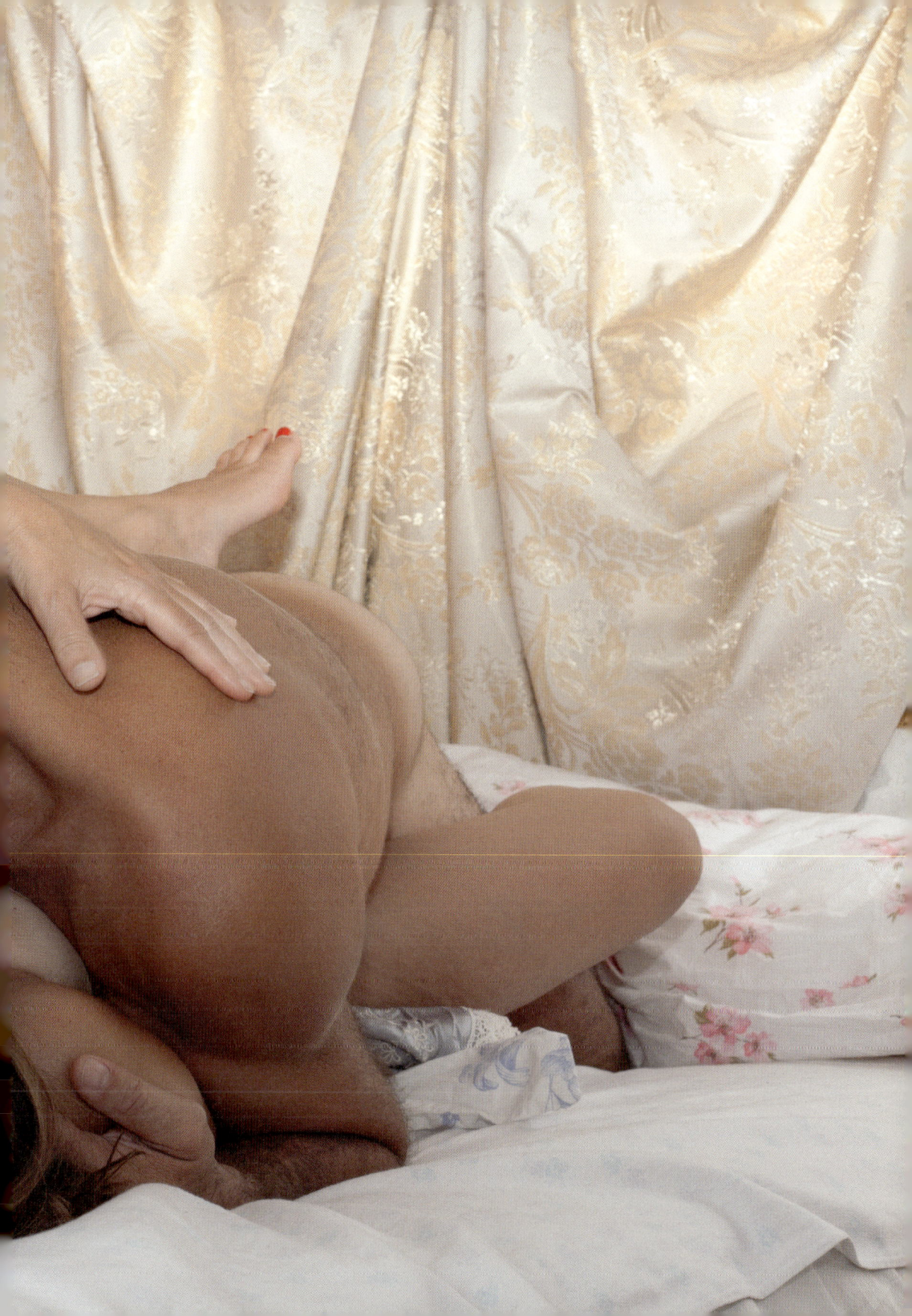

ÜBUNGSFELDER

Auf die Frage »Wo genau im Körper spürst du Erregung?« antworten nicht wenige mit einem zaghaften: »Im Kopf?« Die richtige Antwort liegt etwas weiter unten, und dabei spielt der Beckenboden eine wesentliche Rolle – umso bedauerlicher, dass er für viele Menschen, insbesondere Männer, unbekanntes Terrain ist, denn er könnte ihrem Sexleben neuen Schwung verleihen.

Das Kapitel über sexuelle Hilfsmittel beginnt deshalb mit dem besten, das es gibt: Der **Beckenboden** kostet nichts, und jeder, Mann wie Frau, hat ihn, bloß weiß kaum jemand, wo er sich befindet und wie man ihn bewusst einsetzt. Unbewusst nutzt ihn jeder fortwährend, unter anderem beim Sitzen, Husten, Springen und Sprechen. In drei Schichten zieht sich das komplexe Muskelgeflecht durch den gesamten Beckenraum. Der Beckenboden stützt auch die Körpermitte, die Haltung und die Erektion, hält die Eingeweide an ihrem Platz und wirkt maßgeblich bei der sexuellen Erregung mit. Es empfiehlt sich deshalb, sogsam mit ihm umzugehen.

Ein schlaffer Beckenboden kann Probleme bereiten, und ein überspannter ebenfalls. Bereits erwähnt wurde die funktionale Einheit von Kiefer und Beckenboden: Wenn jemand erzählt, er sei beruflich stark eingebunden, mache sich Sorgen oder sei gestresst, spannt er meistens den Kiefer an – und damit oft auch den Beckenboden. Wer die Zähne zusammenbeißt oder verbissen an eine Sache herangeht, baut nicht nur psychologisch, sondern auch körperlich Druck auf und büßt dadurch Gespür ein, weil sich die Durchblutung verringert. So ein Mensch steht unter Spannung. Schnell lautet die Erkenntnis dann: »Ich habe keine Lust mehr.« Auch sexuell nicht.

Eine große Anspannung im Beckenboden kann bei Frauen – wie bereits unter dem Stichwort *Dyspareunie* geschildert – Grund für Schmerzen beim Geschlechtsverkehr sein, weil die Lubrikation unter diesen Umständen nicht gut in Gang kommt. Oder der Geschlechtsverkehr wird gleich ganz unmöglich, wie beim *Vaginismus* oft der Fall. Sexuell betrachtet ist also nicht, wie viele denken, ein schlaffer Beckenboden das Problem, sondern ein zu strammer. Andererseits kann ein gut trainierter Beckenboden Inkontinenz verhindern und nebenbei für Entspannung im Rücken sorgen. Das Ziel sollte also ein *flexibler* Beckenboden sein, den man *an*spannen und *ent*spannen kann.

Dafür muss man ihn finden, und das ist gar nicht schwer. Die meisten Männer können mit dem Penis wippen und haben dabei bewusste Kontrolle über ihren Beckenboden, weil diese Bewegung mit ihm ausgeführt wird. Ein energischer Physiotherapeut prägte dazu das Kommando »Balls up!«, »Hoden hoch!«. Wer es langsam und genüsslich und vor allem mit intensiver Anspannung befolgt, kann vor dem Spiegel nicht nur seinen wippenden Penis beobachten, sondern auch, wie die Muskeln den Hodensack merklich in die Höhe ziehen. Bei Frauen verhält es sich mit dem Gefühl, etwas mit der Vagina festhalten zu wollen, ähnlich: Dabei machen die Muskeln eine zusammenziehende Bewegung nach innen und oben zugleich, was vielen Müttern aus der Geburtsvorbereitung als »Fahrstuhl« bekannt ist. Auch wenn man beim Wasserlassen den Urinstrahl gezielt unterbricht, ist der Beckenboden im Einsatz. Gleiches gilt, wenn man sich bemüht, mit zusammengekniffenen Pobacken das Entweichen unangenehmer Geräusche und Gerüche zu verhindern. Bereits einfache Bewegungen des Beckenbodens wirken schnell durchblutungsfördernd. Später kann man die Erregung noch verstärken oder verringern, indem man die entsprechenden Muskeln gezielt beim Geschlechtsverkehr einsetzt. Zählt ruhig einmal nach, wie viele Male Anspannen und Entspannen nötig sind, bis ihr den Erregungsreflex spürt. Manchmal braucht es etwas Zeit und hängt auch von der Tagesform ab. Folglich kann getrost behauptet werden, dass der Beckenboden ein Sexmuskel ist.

> Ich war zum letzten Mal in einer Frau, als ich die Freiheitsstatue besucht habe.
> *Verbrechen und andere Kleinigkeiten*

Grob gesagt lassen sich zwei Arten von Bewegungen mit dem Beckenboden üben – entweder viele schnelle, mit denen Kraft trainiert wird, oder wenige langsame, die dafür länger gehalten werden, um die Ausdauer zu verbessern. Man sollte immer darauf achten, die Po- und Bauchmuskulatur dabei entspannt zu halten. Gerade das bereitet vielen Schwierigkeiten und bedarf einiger Übung.

Lass dich hängen

Während du die Bauch- und Beckenbodenmuskulatur sowie eine Pobacke locker lässt, versuchst du die andere Pohälfte einzeln anzuspannen. Damit das besser klappt, kannst du zur Kontrolle einfach die Hände auf den Hintern legen. Nun spannst du auch die andere Pobacke an und kontrollierst erneut, dass nur dein Hintern kontrahiert. Ist das geschafft, versuchst du die zuerst angespannte Pohälfte wieder zu entspannen. Zum Schluss darf die zweite Pobacke ebenfalls wieder entspannt werden. Es kann zu einer mittelschweren Geduldsprobe werden, bis du das hinbekommst, aber mit etwas Konzentration wird es nach ein paar Versuchen klappen. Hast du es geschafft, fängst du mit den eigentlichen Beckenbodenübungen an, indem du nun den Beckenboden anspannst und wieder locker lässt, und zwar po-los, wie du es jetzt gelernt hast. Nach einer Runde schneller, kurzer *Fahrstühle* beziehungsweise *Hodenaufzüge* baust du auf der obersten Etage jeweils einen Stopp ein, indem du etwa zehn Sekunden oder länger den Muskel gespannt hältst, bevor du wieder loslässt. Schon wenige Trainingsminuten pro Tag verändern das Gespür und bauen Muskeln auf.

Wie fast alle Muskeln kannst du den Beckenboden aber nicht nur anspannen und loslassen, sondern auch dehnen, indem du im Vierfüßlerstand *alles hängen lässt*. Dazu machst du zunächst ein Hohlkreuz, der Bauch wölbt sich locker gen Boden. Die Entspannung im Becken stellt sich unmittelbar ein; viele sind überrascht, wie einfach und wohlig sich das auf einmal anfühlt. Nun lässt du noch weiter los, als würdest du im nächsten Moment pinkeln wollen – und schon wird der Beckenboden leicht gedehnt. Wie fühlt es sich an?

Mit diesen beiden Bewegungsarten lässt sich beliebig spielen. Die Dehnungsübungen, die in jeder Position ausgefürt werden können – im Vierfüßlerstand, aber auch aufrecht sitzend oder stehend –, sollten immer zum Abschluss gemacht werden. Wer Muskeln trainiert und anschließend vergisst, sie wieder zu dehnen, riskiert Verkürzungen. Das gilt generell für alle Muskeln, nur wird die Beckenbodenmuskulatur dabei oft vergessen, selbst von Physiotherapeuten. Von nun an gilt es, an jedem Tag immer mal wieder die Aufmerksamkeit Richtung Becken zu lenken und darauf zu achten, was in der unteren Etage eigentlich los ist.

STOSSTECHNIKEN

Ein Partner, der gut, flexibel und variabel stößt, erreicht mittels verschiedener Stoßtechniken, dass sein Penis oder ein Dildo immer wieder über die G-Zone streicht. Bei den meisten besteht der übliche Geschlechtsverkehr jedoch aus vielen gleich schnellen, mechanischen Stößen, die im Laufe des Aktes an Geschwindigkeit zulegen, bis einer kommt – und das ist bei dieser Methode in fast allen Fällen allein der Mann. Kein Wunder, dass für diese Art des Stoßens wenig verheißungsvolle Bezeichnungen wie »Wieselficken«, »Bumsen« oder »Rammeln« benutzt werden. Wenn ein Mann aber anfängt, die Möglichkeiten des Rein und Raus zu variieren, eröffnen sich erstaunliche Möglichkeiten, nicht nur für ihn.

Spatz und Wal, Hubschrauber und Erdbeben

Bei der Technik *Spatz-Wal* geht es darum, mit dem Raum zu spielen, den der Penis in der Vagina einnimmt. Dabei werden zwei Stöße kombiniert: kleine, feine, kurze mit langen, tiefen. Der kurze Stoß heißt »Spatz«, weil die Bewegung an einen kleinen Vogel denken lässt, der auf ruckartige Vogelweise Krümel vom Boden pickt. Der lange Stoß trägt die Bezeichnung »Wal«, weil er lang, tief und kraftvoll ist wie ein Wal, der durch das Meer pflügt. Für den Mann bedeutet der Spatz, dass er gar nicht ganz hineinstößt, sondern sich lediglich mit der Eichel am Eingang der Vagina, wo die Frau am meisten spürt, rein und raus bewegt. Mit dem Wal dringt er tief mit dem ganzen Penis ein. Der Mann kann die beiden Stöße nach Belieben abwechseln. Eine beliebte Variante ist es, neunmal hintereinander den Spatz und dann einmal den Wal zu machen, danach achtmal den Spatz und zweimal den Wal, dann siebenmal Spatz und dreimal Wal und so weiter – je weniger Spatzen, desto mehr Wale. Irgendwann hört man automatisch auf zu zählen, denn es sollte keine starren Regeln geben, sondern nur gute Gefühle. Wer sich eingestoßen hat, kann anfangen, Muskelspannung und Tempo zu variieren und dadurch mehr oder weniger Intensität herzustellen. Und immer schön tief in den Bauch atmen. Spatzen und Wale können natürlich auch von der Frau genutzt werden, sie funktionieren hervorragend beim Blasen und auch, wenn sie auf ihm sitzt oder liegt.

Fortgeschrittene können den Spatz in Form der Eichel im vorderen Bereich der Vagina *kreisen* lassen, dafür bewegt der stoßende Partner das Becken in kreisenden Bewegungen. So wird aus dem Spatz der sogenannte *Hubschrauber*. Am Tisch stehend oder vor dem Bett kniend, verlassen sich die angehenden »Piloten« ausschließlich auf ihr Becken, das auch in dieser Position als Steuerrad des Penis funktioniert. Äußerst anregend lässt sich der Hubschrauber auch mit einem Wal kombinieren. Wer jetzt auf den Geschmack gekommen ist, greift das Becken der Frau und hält es fest, während er mit dem eigenen kräftig schüttelt: Schon ist das *Erdbeben* geschafft, bei dem der Penis regelrecht als Vibrator eingesetzt wird. Der Schwierigkeitsgrad der vorgeschlagenen Übungen steigt von Technik zu Technik an, und niemand sollte enttäuscht sein, wenn es nicht gleich klappt. Gerade für den Hubschrauber und das Erdbeben braucht man eine gewisse Beweglichkeit im Becken.

SCHONENDE STELLUNGEN

Bei gutem Sex geht es nicht um akrobatische Stellungswechsel. Mit diesen Positionen kann man entspannt genießen.

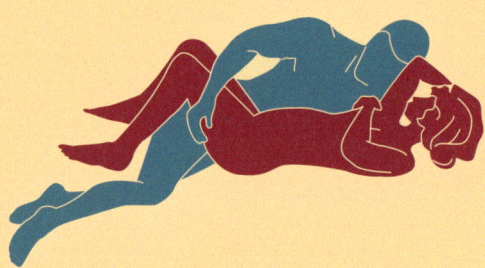

ÜBERKREUZ
Der Mann liegt auf der Seite, die Frau im rechten Winkel zu ihm auf dem Rücken. Ihre Beine sind über seine Oberschenkel gelegt.

ANGESICHT ZU ANGESICHT
Beide Partner liegen einander zugewandt auf der Seite. Sie umfasst mit ihren Oberschenkeln seine Hüften, so als ob sie auf seinem Schoß sitzt. Er hat Hüft- und Kniegelenke leicht angewinkelt, so dass ihr Po auf seinen Oberschenkeln ruht.

LÖFFELCHEN
Diese Position ist sehr bequem. Es ist, als sitzen sie einander auf dem Schoß, während sie auf der Seite liegen.

AUF DEM STUHL
Das Paar umarmt sich auf einem Stuhl. Sie sitzt auf seinem Schoß und hält sich an ihm oder an der Rückenlehne fest.

Quelle: Eigene Recherche

IM PROFIL

Sie legt sich mit angewinkelten Knien auf den
Rücken. Ihr Partner liegt auf der Seite mit
ebenfalls angewinkeltem Hüft- und Kniegelenk.
Die Beine der Frau sollten dann in dieser
Position über der Taille des Partners und
zwischen seinen Oberschenkeln liegen.

IM SITZEN

Die Partner sitzen einander nah gegenüber.
Die Frau sollte dabei leicht erhöht auf einem
Kissen zwischen den Beinen des Mannes
positioniert sein.

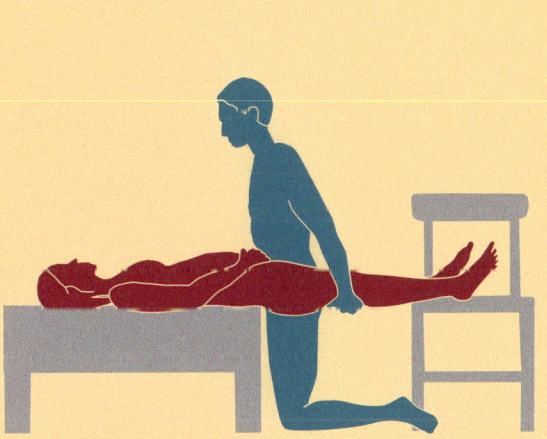

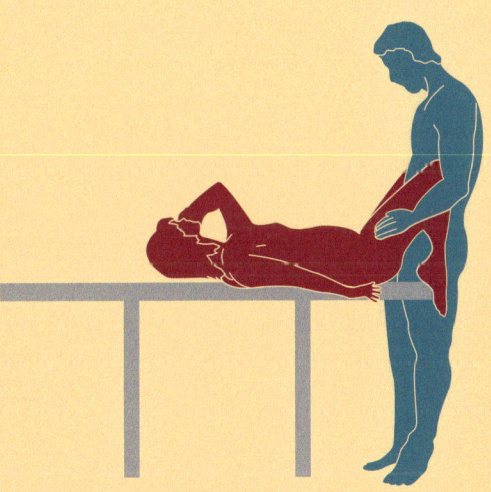

LIEGEND UND KNIEND

Sie liegt mit geöffneten Beinen auf dem
niedrigen Tisch, ihre Unterschenkel auf einem
Stuhl. Er kniet zwischen ihren Schenkeln.

LIEGEND UND STEHEND

Der Mann steht vor dem Tisch, auf dem
die Frau mit angewinkelten Beinen liegt.
Sie stützt sich an der Tischkante ab.

Schaukelübung

Versuche, zentriert und balanciert zu stehen, das heißt, deine Knie sollten nicht ganz gerade durchgestreckt sein, sondern locker, als würdest du leicht in die Hocke gehen. Stelle dir vor, dass ein Faden senkrecht durch deinen Körper läuft, durch deinen Kopf und über ihn hinaus. An diesem Faden hängst du wie eine Marionette. Die folgende Beckenbewegung geht einfacher, wenn du dich dazu minimal nach vorne lehnst, etwas Gewicht auf die Zehenspitzen abgibst und den Po leicht zurückschiebst. In dieser Ausgangsposition kannst du dein Becken gut kippen. Und darum geht es jetzt: Kippe vor und zurück. Probiere dabei, die Pobacken entspannt zu lassen. Versuche, die Bewegung aus dem Rücken heraus zu machen, als würdest du eine Schublade durch die Kippbewegung mit dem Becken oder mit deinem Penis zumachen und mit der Rückwärtsbewegung wieder öffnen wollen. Manchen hilft es, sich vorzustellen, sie hätten ein Stück Kreide im Hintern stecken und wollten damit einen senkrechten Strich an die Wand malen. Wem diese Vorstellungen Unbehagen bereiten, der stelle sich vor, sein Becken schieße gemeinsam mit den zu Revolvern geformten Händen vor und wieder zurück – John Wayne lässt grüßen. Übrigens ist diese Übung für Frauen ebenso gut wie für Männer. Eine pfiffige Therapeutin, die ihr Studium mit Pole-Dancing finanziert hatte, sagte dazu auf einem Seminar, während sie im Stehen beeindruckend das Becken vor- und zurückbewegte: »Einfach so! Als würde da vorn der Brad Pitt und hinten der Clooney stehen.«

Übt diese Bewegung immer wieder, mal klein ausfallend, mal kraftvoll und weit ausladend, und achtet besonders am Anfang darauf, alles sehr langsam zu machen und gut nachzuspüren. Denn schon beim Üben werden die meisten sonst innerhalb der ersten Minute bereits schneller, auch wenn es zunächst noch gar nicht um Erregung geht – einfach weil sie sich zügiges Stoßen angewöhnt haben. Wie fühlt ihr euch dabei? Was empfindest du als stoßender Mann oder du als kraftvoll aufnehmende Frau? Jeder kann die Bewegung auch beim Masturbieren einsetzen. Ob du stehst, sitzt oder liegst: Als Mann stößt du den Penis mit dem Becken in die Hand, als Frau bewegst du deine Vulva mit der Klitorisperle gegen die Hand oder massierst deine Vagina mit einem Dildo, der nicht bewegt wird – lass deinen Beckenboden und dein Becken die Arbeit machen. Probiere auch, während der entspannten Vorwärtsbewegung mit dem Becken auf den letzten Zentimetern einen Extrakick mit dem Beckenboden dazuzugeben, indem du ihn als Mann kräftig anspannst und bis tief in die

Hand beziehungsweise in die Vagina stößt, als würdest du mit deinem Penis bis in die hinterste Ecke kommen wollen, als Frau kannst du das Gleiche machen und dir den Penis vaginal richtig heranholen. Führe alle Bewegungen grundsätzlich sehr langsam aus und denke immer daran, mit Muskelspannung und Tempo zu spielen. So kann ganz nach Lust und Laune Erregung gesteigert oder gedrosselt werden.

STELLUNGEN

Im Grunde gibt es nur drei relevante Stellungen für Sex: die klassische Missionarsstellung, die Hündchenstellung (Mann hinter knieder Frau) sowie die Reiterin (Frau oben, Mann unten). Alle anderen sind Abwandlungen. Umso verwunderlicher, dass es in den Medien beim Thema Sex ständig um wechselnde und immer neue Stellungen geht, die alles besser machen sollen. Dabei kann sich ein Paar eigentlich in fast jeder Stellung so bewegen, dass der Penis in einem Winkel eindringt, der an irgendeiner Stelle in der Vagina prickelnden Druck macht. Zunächst ist es wichtig, ein gemeinsames Tempo zu finden und sich währenddessen überhaupt nicht über Stellungen und Techniken den Kopf zu zerbrechen. Ein langsamer, konstanter Rhythmus gibt ihm und ihr die Möglichkeit, sich und ihn besser zu spüren.

> Männer können zaubern. Sie bringen etwas zum Stehen, ohne dass sie es berühren.
> *Dita von Teese*

In manchen Stellungen, bei denen die Frau unten liegt, hilft es vielleicht, ein Kissen unter ihr Becken zu schieben. Dadurch kommt sie dem Partner körperlich etwas entgegen, und der Winkel des Hineinstoßens beziehungsweise des Hineinnehmens wird verändert. Gerade für ältere Männer kann es auf diese Weise einfacher werden, übrigens auch beim Oralverkehr, weil er sich dann weniger verrenken muss. Mit zunehmendem Alter gewinnt die Frage der Stellung ohnehin an Bedeutung. Was ist, angesichts der großen Anstrengung, überhaupt möglich, wenn Gelenkschmerzen, Erektionsschwäche, Kurzatmigkeit und dergleichen den Sex beeinträchtigen? Viele halten in dieser Situation die *Missionarsstellung* für die optimale Lösung, aber leider spannt der Mann, wenn er oben liegt, in dieser Stellung unheimlich viel und lange an; es ist kaum möglich, das nicht zu tun. Damit gehört sie zu den körperlich anstrengendsten Stellungen. Außerdem kann das Gewicht des Partners schwer auf dem unten liegenden Partner lasten. Besser eignet sich deswegen die *seitliche Missionarsstellung*, bei der die Partner einander gegenüberliegen und sich anschauen, oder die *Löffelchenstellung*, bei der er hinter ihr liegt. Die Frau muss vielleicht ihren Po etwas weiter vorstrecken, weil es sonst

EREKTIONSGRADE
Die gespreizte Hand zeigt anschaulich, wie sich der Grad der Erektion
im Laufe des Lebens verändert. Gemessen wird dabei vom Bauch aus

Teenager
ca. 45 Grad

Zwanziger
ca. 60 Grad

Dreißiger
ca. 90 Grad

Vierziger
ca. 105 Grad

Fünfziger
ca. 135 Grad

bei halbsteifer Erektion oder Übergewicht für ihn schwierig wird, in ihr zu bleiben. Eine andere Möglichkeit ist, dass der Mann vor dem Bett kniend penetriert, eventuell mit flachen Kissen unter den Knien, und die Partnerin bis an die Bettkante herangerutscht kommt. Diese Variante hat den Vorteil, dass sein Becken besonders beweglich ist, und sollte sich doch einmal ein Knie schmerzhaft bemerkbar machen, kann er das Bein einfach aufstellen. Das Becken sollte, wie beschrieben, vor allem aus dem Rücken heraus bewegt werden, nicht durch die Beine beziehungsweise die Oberschenkel. Eine Abwandlung dieser Stellung ist es, wenn sie es sich auf dem Wohnzimmer- oder Küchentisch gemütlich macht und er aufrecht vor ihr steht. Eine weitere einfache Stellung: Der Mann setzt sich auf einen Stuhl und die Frau sich auf seinen Schoß, mit dem Gesicht ihm zugewandt. Sie kann sich mit den Füßen abstützen, keiner trägt das volle Gewicht des anderen, Umarmungen und Berührungen gehen leicht vonstatten, und beide können sich frei bewegen.

> Die Fantasien vieler Männer sind leider von der Pornografie geprägt. Sie glauben, dass die Frau in zwei Sekunden kommen sollte. Dabei ist es wie in der Musik: Man muss üben!
> *Kim Cattrall*

Bei allen Stellungen spielen Bewegungsmöglichkeiten, Gewicht und Erektionsstärke eine große Rolle – gerade für ältere Paare. Der Mann sollte im Allgemeinen entspannt penetrieren und die Frau ihn gelassen aufnehmen können. Wenn die Becken sich zueinanderbewegen wie in einer Schaukel, können beide beim Ausatmen, wenn er gerade am tiefsten stößt und sie sich gegen ihn presst, wieder mit dem beschriebenen Extrakick des Beckenbodens nachlegen, so dass der Penis noch etwas tiefer eindringt; das ist wie eine kurze zusätzliche Anspannung am Ende der Bewegung. Dazu machen beide einen Katzenbuckel (wer sich ein Bild davon machen möchte, googelt »Yoga-Katze«). Aus dem runden Rücken heraus mit dem Beckenboden zu stoßen schont nicht nur die Gelenke, sondern vermeidet überflüssige Anstrengung, weil insgesamt weniger Muskeln beansprucht werden. Den Katzenbuckel kann jeder auf dem Bauch liegend mit einem Kissen unter dem Becken üben. Es lohnt sich auszuprobieren, wie unterschiedlich sich die Bewegung anfühlt, je nachdem, ob sie mit dem Po oder dem runden Rücken ausgeführt wird. Die unterschiedliche Anstrengung bei den beiden Stoßarten überrascht Männer wie Frauen. Diese Übung kann übrigens für viel Frohsinn sorgen, wenn der Partner danebensitzt und alles kommentiert: »Neeeeein, du spannst schon wieder die Pobacken an!«

HELFERLEIN UND WERKZEUGE

Nicht nur Entspannung regelt den fließenden Verkehr: Mangelnder Gleitfähigkeit kann mit **Gleitgel** oder **Silikon** begegnet werden, beides funktioniert gleich gut. Manche meinen allerdings, dass es peinlich sei, überhaupt Gleitmittel zu benutzen, weil damit indirekt zugegeben werde, nicht feucht und also nicht erregt genug für Geschlechtsverkehr zu sein, und das würde den Partner enttäuschen. Aber eine Frau kann, wie schon beschrieben, sehr wohl erregt sein, auch wenn die Lubrikation noch nicht überall in der Scheide verteilt ist. Und weshalb das Risiko eingehen, Schmerzen beim Verkehr zu bekommen? Besser ist es, sich gar nicht erst den Kopf zu zerbrechen und in solchen Fällen einfach stets Gleitmittel zu verwenden. Dabei sind Gele auf Wasser- oder Silikonbasis – aus der Drogerie, der Apotheke, dem Sexshop oder dem Internet – in Verbindung mit Kondomen besser geeignet als die auf Ölbasis, weil Öl das Gummi angreift und die Sexspielzeuge aus Silikon auflösen kann. Gele auf Wasserbasis trocknen schneller auf der Haut und machen dabei meist einen etwas klebrigen Eindruck, außerdem lassen sie es nicht so lange flutschen wie die silikonhaltigen Mittel. Diese bilden genau wie die Öle einen Film, der so lange bestehen bleibt, bis man ihn mit Seife entfernt. Ob sich ein Öl-Gleitmittel mit Latexkondomen oder Diaphragmen verträgt, sollte auf der Packung deutlich vermerkt sein; bei vielen ist das aber leider nicht der Fall. Wenn kein Latex im Spiel ist, kann Speiseöl eine sehr schöne Abwechslung darstellen, weil es auch zur Ganzkörpermassage gebraucht werden kann und beim Oralsex auch noch gut schmeckt.

Kaffee fördert die Potenz. Nach zehn Tassen Kaffee kann man die zitternden Hände sehr gut beim Vorspiel einsetzen. *Harald Schmidt*

Ein Treibstoff, der an anderer Stelle ansetzt, sind **Lustworte**. Sie können beim Sex sehr erregend wirken, wenn sie auch bei vielen im ersten Moment eher schamhaftes Erröten auslösen. In jedem Fall enttarnt das erste »Ich bin so geil auf dich!« oder »Ich dringe tief in dich ein ...« jeden als lustvolles, sexuelles Wesen. Es ist sicherlich nicht jedermanns Sache, sich so zu zeigen, aber ein Versuch in puncto *Dirty Talk* lohnt sich, wenn es gerade heiß hergeht. Gegen ein lasziches »Ich spüre dich« oder ein simples »Dein Mund macht mich so geil« ist nichts einzuwenden. Auch ein »Ich reite dich ab, bis du kommst« kann überraschende Wirkung haben. Manchmal bedarf es auch gar keiner Worte – ein tiefer Seufzer, ein Stöhnen oder einfach etwas schwereres Atmen dicht am Ohr des Partners können es prickeln lassen. Letztlich geht es nur darum, sich zu trauen, vor allem die ersten

Male, danach wird es nämlich ganz von selbst immer leichter. Auch **Dildos** können beim Sex gute Dienste leisten, aber viele wollen die erforderlichen 20 Euro und mehr für **Sex-Toys** nicht investieren. In diesem Fall bietet die heimische Küche wunderbare Alternativen: Karotte, Gurke, Zucchini und Co. harren im Gemüsefach auf ihren Einsatz als einfache, vielleicht sogar erregende und kostengünstige Möglichkeit, mit verschiedenen Größen und Längen zu experimentieren. Im Handel gibt es, neben allerlei gewagten Ausführungen in schreienden Farben und animalischen Formen, auch Dildos, die wie ein Penis aussehen. Wenn eine Frau eine erotische Beziehung zum Glied des Mannes hat, träumt sie nicht von grünen Gummihasen oder pinkfarbenen Delfinen.

Wer sich aus welchen Gründen auch immer nicht mehr auf seine Erektion verlassen mag, der kann einen dazu bereitgelegten Ersatz einsetzen, wahlweise mit der Hand oder einem Strap-on benutzt. Ein **Strap-on** ist eine Art Gürtel, in den der Dildo geschnallt wird. Damit bewegt sich der Mann oder die Frau wie sonst auch, nur dass nicht der eigene Penis, sondern der aus Silikon, Gummi oder die Gurke die stehende Arbeit verrichtet. Auf diese Art muss niemand auf das Penetriertwerden verzichten – und auch nicht auf das Penetrieren: Der Mann hat das gute Gefühl, stoßend Sex zu haben. Gleichzeitig kann er selbst mit einer Hand seinen Penis massieren.

Vibratoren sehen meist aus wie Dildos, haben aber einen Motor, der manchmal ganz schön laut sein kann; schon deswegen lohnt sich eine hochwertige Ausführung. Generell sind sie mit Vorsicht zu genießen. Das Rütteln und Brummen hat einen Gewöhnungseffekt, die Erregungssteigerung und das Kommen *mit* dem Partner können gerade für Frauen dadurch erheblich erschwert werden – Zunge, Finger und Penis des Partners vibrieren eben nicht. Nützlich an Vibratoren ist, dass sie mancher Frau eine erste Möglichkeit bieten, sexuelle Erregung überhaupt zu spüren, und auch dabei helfen können, den Weg zum Orgasmus zu erlernen; auch dieses betrifft eher Frauen. Männer können sich mit Vibratoren jedoch genauso amüsieren, viele mögen es, wenn es an den Eiern oder zwischen Hoden und Anus brummt. Bei Dildos wie Vibratoren gilt übrigens stets: Immer den Körper mitbewegen.

In der Reihe der Helferlein darf auch der **Cockring** nicht fehlen. Er kann bei fehlender Steife Abhilfe schaffen. Der Ring aus Gummi oder Silikon wird um die Peniswurzel gelegt, wodurch ein gewisser Blutstau hervorgerufen wird, der dem einen oder anderen ein besseres Gefühl in Bezug auf sein Stehvermögen vermittelt. Leider hält

»When did you first begin masturbating?«
»I *invented* masturbation.«
Kinsey – Die Wahrheit über Sex

diese Wirkung oft nicht lange an, oder der Ring engt sogar so sehr ein, dass das ursprüngliche Problem sich verschlimmert.

An dieser Stelle könnte noch viel mehr Spielzeug beschrieben werden, aber abschließend soll nur noch eine – dafür aber große und interessante – Gruppe erwähnt werden: **erotische Filme, Spiele und Bücher**. Mittlerweile gibt es ein riesiges Sortiment aller möglichen Genres, allerdings von sehr unterschiedlicher Qualität. Das Schöne dabei ist, dass durch einen gemeinsam angeschauten Film, das Vorlesen eines erotischen Buches oder frivole Kartenspiele der Scham ein Schnippchen geschlagen werden kann – gerade mit Spielen. Oft entstehen während des Spielens ganz unerwartete Stimmungen, wird Neugierde geweckt, und man hat jede Menge Spaß. Manche sexuellen Brett- und Kartenspiele gehen allerdings zu forsch vor: Ausziehen, Geilwerden und Sex werden zu schnell angeleitet, zu früh wird dazu aufgefordert, Dinge zu tun, für die man (noch) nicht bereit ist. Es gibt aber auch gute Varianten zum Ausprobieren. Und wenn auch das neue Spiel kein Dauerbrenner wird, sorgt es allemal für Abwechslung.

Was dir jetzt am besten stünde, wär' 'ne kleine Sünde.
Das kleine Arschloch

LEBE DEINE RÄUME

In Verbindung mit Liebe und Sex bewohnt das Leben manche Räume: die ganz konkreten wie Haus oder Wohnung, aber auch die unseres Körpers und die Räume für Gedanken und Zeit. Da viele Menschen in dieser Hinsicht Potenzial verschenken, wird es Zeit für ein paar Anregungen.

Den Anfang macht der Raum, der im Zusammenhang mit Sexualität wahrscheinlich auf der Hand liegt: der **Schlafraum**. Meinungsforscher haben herausgefunden, dass es in Deutschland einen Trend zu getrennten Schlafzimmern gibt. Fast jede zweite Frau und jeder vierte Mann leiden unter dem Schnarchen ihres Partners, offenbar schnarchen Männer häufiger. Untersuchungen belegen, dass betroffene Frauen durch das Schnarchen ihres Partners bis zu anderthalb Stunden Schlaf pro Nacht einbüßen. Im Laufe der Zeit kommen weitere Veränderungen dazu, die den gesunden Tiefschlaf beeinträchtigen: Männer müssen aufgrund von häufiger werdenden Prostatabeschwerden nachts mehrfach auf die Toilette oder werden von ihrem eigenen Schnarchen geweckt.

Auch das unterschiedliche Temperaturempfinden kann im gemeinsamen Schlafzimmer Grund für Auseinandersetzungen sein: Frauen frieren in der Regel eher als Männer, sie will das Fenster zuhaben, er will es lieber auf Kipp – und zwar die ganze Nacht. In getrennten Zimmern hingegen kann jeder seine Bedürfnisse ausleben, ohne Störenfried zu sein: Jeder sorgt für sich und tritt zur gewollten Zeit in Kontakt mit dem Partner. Distanz und Nähe im Wechsel machen den Reiz aus und können die Beziehung ungemein bereichern. Wie wäre es zum Beispiel, in verführerischer Pose an die Tür des Partners zu klopfen? Oder einen nächtlichen Überraschungsbesuch zu unternehmen, bei dem heimlich unter die Decke des anderen geschlüpft wird? Und man kann sich auch zu Schäfer- oder Kuschelstündchen verabreden. Leider betrachten viele das Getrenntschlafen als Bedrohung der Partnerschaft und fürchten, den anderen zu verlieren. Dabei geht es den meisten nur um Ruhe und die nötige Entspannung.

Wichtige Details, zum Beispiel schöne Bettwäsche oder gutes Licht im Schlafzimmer, werden oft vernachlässigt, dann findet Sex im Neonlicht und unter vergilbter Bettwäsche statt. Dabei kommt niemand gut weg. Es sind Kleinigkeiten, aber ein Schnurdimmer an der Nachttischlampe und frische Wäsche, nicht nur fürs Bett, schaffen eine andere Atmosphäre und damit erst die Voraussetzung für angenehme Erlebnisse. Das Schlafzimmer sollte ein Raum zum Wohlfühlen sein, wenn es zur Sache geht.

Es gibt weitere Räume, an die jedoch üblicherweise kaum jemand denkt. Einer von ihnen ist der **Atemraum**: Vor allem beim Sex kann aktive Atmung einen enormen Lustgewinn herbeiführen. Die meisten Menschen neigen dazu, hierbei den Atem anzuhalten oder nur flach zu atmen. Das signalisiert Körper und Hirn aber Flucht oder Kampf, Erregung ist dabei nicht vorgesehen. Tiefe Atmung hingegen suggeriert Entspannung, schärft das Bewusstsein für Berührungen und bedeutet mehr Genuss, denn Atem ist ein hervorragender Erregungsverteiler. Gerade die vorzeitige Ejakulation und unsichere Erektionen werden von der Atmung sehr beeinflusst. Wer denkt, dass er zu früh kommen wird oder die Erektion verliert, hält in der Regel automatisch die Luft an, weil er das Gefühl hat, die Sache damit hinauszögern zu können. Es stimmt zwar, dass ein einziger langer Atemzug, bei hoher Erregung, der Tropfen sein könnte, der das Fass zum Überlaufen bringt

Alle ungeschickten Arbeiter schimpfen auf ihr Werkzeug.
Volksmund

und zur Ejakulation führt, aber rechtzeitige ruhige, tiefe Atemzüge verteilen die Erregung besser, und der Druck am Penis lässt nach. Es empfiehlt sich für jeden Mann, durch verbesserte Wahrnehmung bewusst mit Atem, Muskelspannung und Bewegung zu steuern. Alles entspannt sich dann.

Neben der Luftzufuhr spielt im **Mundraum** der Kiefer eine tragende Rolle beim Sex, weil er mit dem Beckenboden korrespondiert. Ein angespannter Kiefer verdirbt oft das Vorhaben, »länger durchhalten zu können« (Männer) oder »unbedingt kommen zu wollen« (Frauen). Besser wäre es, mit offenem Mund und entspanntem Kiefer einige Male tief durchzuatmen. Noch ein Körperraum öffnet sich, und – bloß keine falsche Scham – dabei geht es um haarige Details im **Genitalraum**: »Rasur oder nicht?« lautet die Frage. Einige finden, dass unbehaarte Genitalien irgendwie falsch oder nach »zu jung für Sex« aussehen, andere mögen den Kahlschlag und scherzen beim Gedanken an genitale Haarpracht über den *Müffelmopp*. Tatsächlich haben diese Haare einen Eigengeruch, meistens einen angenehmen und für viele sexuell erregenden, nämlich nach Moschus. Mit und ohne hat Vor- und Nachteile, nachwachsende Haare stoppeln, sehen schnell ungepflegt aus und piken beim Sex. Andererseits lässt das Glatzengenital mehr sehen und erspart einem beim Oralsex die Haare zwischen den Zähnen.

Tiere sind nicht mein Fall. Sonst wüsste ich keine Tabus. Nichts, was ich mir nicht vorstellen könnte.
Iris Berben

Wer möchte, kann sich blind für die Liebe machen: Eine **Augenbinde** wirkt nicht nur auf den **visuellen Raum** ihres Trägers, sondern bringt durchaus auch Abwechslung. Es gibt verschiedene Ausführungen, von der schlichten Schlafbrille bis zur strassbesetzten Maske. Wer dafür nicht in den Sexshop gehen will, bestellt im Internet – die meisten Versandfirmen verschicken ihre Ware diskret. Vor allem Frauen kann die Augenbinde außerdem dabei helfen, die Aufmerksamkeit nach innen zu lenken und sich in die eigene Welt der Fantasie fallen zu lassen, und für einen Orgasmus kann die zeitweise Verdunklung den Ausschlag geben.

Nichts heizt Erregung so an wie heiße **Fantasien**, und dafür ist der **Gedanken-Spielraum** ganz wichtig. Fantasien entstehen im Großhirn und können manchmal so stark sein, dass tatsächliche Berührungen für einen Orgasmus überflüssig werden. Das Ganze funktioniert ohne weiteres im Schlaf, nur mit Muskelspannung und Gedanken. Viele wachen davon auf oder erinnern sich später daran. Allerdings behaupten manche, Fantasien seien schlecht für Paare, angeblich sogar pervers, aber das ist Unsinn: Fantasien können sexuell sehr bereichernd sein, und ausgeschlossen wird dabei nichts und niemand. Es dreht sich manchmal nur um Sekunden, danach kann man sofort wieder beim Partner sein. Fantasien müssen mit niemandem geteilt werden, dürfen aber, was sehr anregend sein kann. Aus ihnen lassen sich nämlich mitunter Vorlieben ableiten und Spiele entwickeln – und dann lässt sich vielleicht sogar das eine oder andere realisieren.

ÜBUNGSFELDER

Erfahrungsgemäß reden viele Frauen nicht über ihre Fantasien. Manche meinen, sie bräuchten gar keine, solange sie einen Partner haben. Aber warum eigentlich nicht, wenn eine heiße Anregung aus dem Gehirn alles noch intensiver machen kann? Auch bei der Selbstbefriedigung funktionieren erotische Gedanken exzellent. Es sind kurze erregende Sequenzen, die immer wieder vor dem inneren Auge ablaufen und das ganze System in Wallung bringen. Eine Idee wäre noch, die Kopffilmchen beliebig zu erweitern, hin und wieder neue Szenen hinzuzufügen. Es lohnt sich, einmal darüber nachzudenken, welche Rolle man selbst darin spielt: Bist du nur Zuschauer des Geschehens? Protagonist oder passiv empfangendes Objekt? Bist du dabei sexuell erregt? Hat Penetrieren oder Penetriertwerden eine Bedeutung? Übrigens spiegeln die Fantasien oft den eigenen Erregungsmodus in Bezug auf Bewegung, Variation oder Raumeinnahme wider. Und wer zum Beispiel etwas in seiner Bewegung oder Atmung ändert, wird feststellen, dass die Fantasien sich ebenfalls verändern, einfach weil die Korrespondenz zwischen Körper und Geist stets gegeben ist.

Der letzte Raum, den wir uns hier vorstellen wollen, ist einer, der häufig viel zu kurz kommt und falsch verstanden wird. Die Rede ist von einem **Zeitraum**, dem **Vorspiel**. Seine Vernachlässigung hängt vielleicht mit der Bezeichnung selbst zusammen, denn »Vorspiel« klingt bereits nach etwas, das vor dem eigentlichen Geschehen stattfindet, wie die mehr oder weniger interessante Vorgruppe beim Konzert. Und ist das Vorspiel beim Sex mehr als eine irgendwie zu füllende Zeit vor dem eigentlichen Akt? Es spricht jedenfalls nichts dagegen, wenn irgendwann das Vorspiel länger, intensiver und vielleicht sogar wichtiger werden sollte als der Geschlechtsverkehr selbst – vor allem im Alter. Erst dann nämlich sind oftmals die Voraussetzungen für ein wirkliches Vor-Spiel gegeben: Die eigenen Wünsche werden ernst genommen und angesprochen, jeder ist mehr bei sich und versucht nicht nur, dem anderen zu gefallen oder zur Verfügung zu stehen, auch ist vielleicht die Jagd nach dem Orgasmus vorbei. Dann ist die Zeit des Spürens gekommen, und das Vorspiel wird zur voll ausgekosteten Hauptsache.

Beim Liebesspiel ist es wie beim Autofahren: Die Frauen bevorzugen die Umleitung, die Männer die Abkürzung.
Jeanne Moreau

Dieser neue Sex kann zu einem Höhenflug ohne Höhepunkte werden, vollkommen ruhig und ohne festes Ziel. Bewegungen passieren einfach, weil beide es so wollen, und finden nicht statt, weil sie für etwas gebraucht werden. Zur Erinnerung: Viele Frauen haben ihr Leben lang Sex, ohne wirklich dazu bereit zu sein. Wenn eine Frau aber irgendwann ihren Partner von sich aus hereinlassen möchte und sich wirklich öffnet, dann erreicht er sie in ihrer

Lust und sie sich selbst wie nie zuvor. Wie wäre es also, etwas Neues auszuprobieren, das ihr noch lange weiterentwickeln könntet?

Die Nähe-Zeremonie

Gut ist es, wenn ihr euch auf den Sex einstimmt. Bereitet das Zimmer vor, geht duschen, zündet Kerzen an, kurz gesagt: Schafft Atmosphäre. Vielleicht habt ihr Lust, vorher zu tanzen oder zu meditieren, zur Massage zu gehen, zum Schwimmen oder in die Sauna, eine Entspannungsübung oder Yoga zu machen – mit alldem bereitet ihr den Körper vor.

Für intensiveren Kontakt miteinander und zueinander könnt ihr die folgende Übung machen. Sie sollte in einem ruhigen Raum stattfinden, ungestört und ohne zu sprechen. Setzt euch einander gegenüber, haltet euch an den Händen und seht euch an. Es geht nicht darum, den anderen anzustarren und möglichst nicht als Erster wegzugucken, sondern um wirklichen Kontakt. Entspannt die Gesichtsmuskeln und lasst euren Blick weich werden. Schaut euch einfach an und lasst zu, dass sich die eigenen emotionalen Grenzen ein Stück weit öffnen. Manchmal wehrt sich etwas dagegen, weil diese Übung verletzbar macht. Ihr blickt in euren Partner hinein und zeigt euch auch selbst. Wem die Übung gelingt, der wird eine neue Nähe spüren, in den Augen des anderen vielleicht Ängste sehen oder längst vergessen geglaubte Trauer, Verletzungen und tiefe Schönheit, es öffnet sich ein Brunnen an Gefühlen. Vielleicht müsst ihr das erst etwas üben, aber es lohnt sich: Irgendwann wird das Anschauen herzlich und einladend. Sollten während der Übung Tränen fließen, lasst sie einfach zu. Legt euch danach nebeneinander und genießt das Gefühl, jemanden so nah zu spüren. Fangt an, euch ganz sanft zu streicheln. In diesem Augenblick wird alles zur gemeinsamen Körpersprache und funktioniert oft ganz ohne Reinstecken – *slow sex unplugged*.

SCHAMHAARENTFERNUNG
Wie viele Frauen enthaaren ganz, teilweise oder gar nicht ihren Intimbereich?
Angaben nach Altersgruppen in Prozent

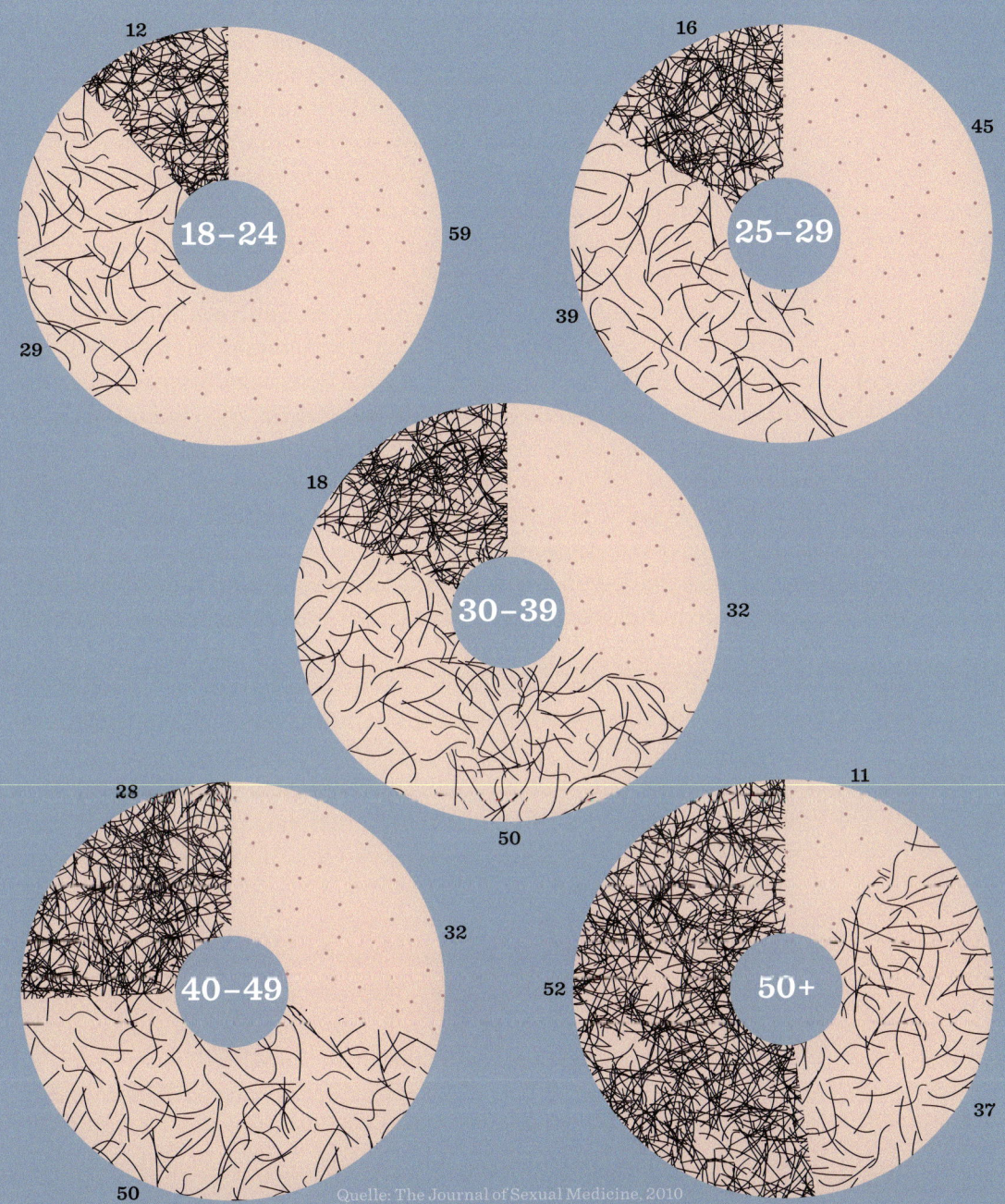

Quelle: The Journal of Sexual Medicine, 2010

DAS DRUMHERUM UMS KOMMEN

Zunächst geht es um das Phänomen der **weiblichen Ejakulation**, dabei spielt die G-Zone eine wesentliche Rolle, sie ist der heilige Gral der weiblichen Anatomie, und die Suche nach ihm hat wohl schon etliche Tafelrunden verschlissen. Allerspätestens nach diesem Buch sollte klar sein, dass jede Frau eine G-Zone hat. Wie man diesen Bereich findet, wurde bereits ausführlich beschrieben. Offen blieb jedoch bisher, ob auch alle Frauen durch die Stimulation dieser G-Zone spritzen können. Die Antwort lautet: Fast jede kann es lernen. Viele haben schon ejakuliert, dabei aber nicht verstanden, was eigentlich los war. Sie sind dann eventuell erschrocken, haben sich geschämt oder gedacht, dass sie aus Versehen beim Sex uriniert hätten. Selten wurde es als positives Erlebnis empfunden, eher wurde das Gefühl vom Gehirn als *unangenehm* abgespeichert und derart vorgewarnt bei nächster Gelegenheit lieber zurückgehalten. Genau hier liegt der Schlüssel: Wer ejakulieren möchte, sollte loslassen, wenn es fast so weit ist. Die Prostataflüssigkeit – manchmal leicht mit Urin vermischt, wenn die Frau zu sehr presst – spritzt übrigens nicht, sondern fließt eher heraus. Es ist wichtig zu wissen, dass weibliche Ejakulation und Orgasmus völlig unabhängig voneinander funktionieren.

Der wahre Jungbrunnen ist eine dreckige Fantasie.
Jerry Hall

Frauen ejakulieren durch die Harnröhre, die von den Drüsen der Prostata umgeben ist. Deswegen ist das erste Anzeichen einer nahenden Ejakulation häufig das Gefühl, zur Toilette zu müssen. An diesem *Pinkelpunkt* angelangt, sollte, wer ejakulieren möchte, es einfach laufen lassen. Das bedeutet zunächst einmal, das dringende Bedürfnis, »an sich zu halten«, zu ignorieren. Schlimme Folgen sind nicht zu befürchten, denn in diesem Moment tritt bei sexueller Erregung normalerweise kein Urin, sondern Prostataflüssigkeit aus, die farb- und geschmacklos ist, wobei ein wenig Harn vorhanden sein kann, wenn die Frau mit den Bauchmuskeln besonders viel Druck ausübt: Urin wird förmlich aus der Blase herausgepresst. Das Ejakulieren kann dann in Form von starken Spritzern, aber auch tröpfchenweise vonstattengehen. Einige Frauen klagen, dass sie, seit sie es gelernt hätten, mit dem Spritzen gar nicht mehr aufhören können, und sind von der Flüssigkeitsmenge regelrecht irritiert.

In anderen Kulturen war die G-Zone schon immer bekannt und wurde sogar als »Heiliger Punkt« oder »Göttinnenpunkt« bezeichnet, das Ejakulat selbst als »Nektar der Götter«. Moderne Untersuchungen belegen, dass der G-Punkt während des Geburtsvorganges eine schmerzreduzierende Funktion hat: Der Druck auf die G-Zone erhöht die Schmerztoleranz bei Frauen um 47 Prozent. Wenn die G-Punkt-Stimulation dazu noch als genussvoll erlebt wird, verbessert sich die Schmerztoleranz um erstaunliche 84 Prozent. Während eines Orgasmus fühlt eine Frau unter normalen Umständen gar keine Schmerzen.

Bekanntlich kommt das Beste oft zum Schluss, vielleicht wird der Orgasmus beim Sex deswegen so hoch gehandelt. Bei Untersuchungen der Gehirnaktivität mittels Magnetresonanztomografie wurde inzwischen nachgewiesen, dass Orgasmen bei der Frau auch durch andere als vaginale oder klitorale Stimulation ausgelöst werden können. So kann das Berühren des sogenannten *A-Punktes* am Gebärmutterhals oder auch der Brustwarzen einen sexuellen Höhepunkt hervorrufen. Was viele nicht wissen: Die Brustwarzen des Mannes können ebenso sensibel sein und Orgasmen auslösen. Zum Glück spielt es keine Rolle, was das schöne Gefühl auslöst, es empfiehlt sich, einfach in den Körper hineinzuspüren und herauszufinden, was angenehm ist – dann kommt's, wie es kommt.

Tu deinem Leib etwas Gutes, damit deine Seele Lust hat, darin zu wohnen.
Teresa von Ávila

Jede und jeder ist für den eigenen Orgasmus verantwortlich. Was sich so simpel liest, ist für viele ein Problem. Nicht wenige Männer definieren ihre Liebhaberqualitäten darüber, ob sie eine Frau zum Orgasmus bringen können. Können sie es einer nicht »richtig besorgen«, fragen sie sich, was sie falsch gemacht haben, und strengen sich noch mehr an – und der Druck auf beide Partner steigt. Doch Orgasmus und Anstrengung passen nicht zusammen. Der umgekehrte Fall, dass ein Mann nicht zum Höhepunkt kommt, ist seltener. In beiden Fällen gibt es nur eine Methode zur Abhilfe: Üben, und zwar zunächst mit sich selbst, bis es klappt, und dann wieder mit dem Partner, denn zu zweit ist es eine ganz andere Sache. Dabei sollte nichts vorgespielt werden. Apropos »vorspielen«: Viele Männer behaupten, dass unter ihrer fachkundigen »Bearbeitung« bisher noch jede Frau gekommen ist. Dem stehen die knapp 90 Prozent der Frauen gegenüber, die auf Nachfrage angeben, schon einmal einen Höhepunkt vorgespielt zu haben. Zweifler, die meinen, ein Orgasmus wäre nicht so einfach zu simulieren, können im Internet »Harry+Sally+Fastfood+Restaurant« googeln und Meg Ryan als »Sally« dabei bewundern, wie sie es leid ist, darüber zu diskutieren, dass Frauen »es« vortäuschen und Männer es nicht merken. Gründe für das Vorspielen gibt es genug: 41 Prozent der Frauen wollen ihrem Partner mit ihrem Orgasmus bestätigen, dass er ein guter Liebhaber ist, 25 Prozent versuchen ihn damit schneller zu seinem Höhepunkt zu bringen, 16 Prozent glauben, dem Partner einen Orgasmus schuldig zu sein, und 15 Prozent trauen sich nicht, ihm zu sagen, dass er es nicht schafft, sie zum Höhepunkt zu bringen. Übrigens tun auch Männer so als ob, nur nicht so oft. Dem Harvard-Urologen Abraham Morgentaler zufolge sind es immerhin 34 Prozent der Männer, die ab und zu einen Orgasmus vortäuschen, und zwar meistens aus ähnlichen Gründen wie die Frauen – hauptsächlich, um dem Partner kein schlechtes Gefühl zu vermitteln.

Unsensibler Übertragungsfehler Wenn es für Generationen von Frauen nicht so unerfreuliche Folgen gehabt hätte, könnte man beinahe darüber lachen, dass die Mär von der unsensiblen Vagina einem winzigen Übertragungsfehler entsprang: Der berühmte Alfred Kinsey selbst beschrieb, dass Frauen in seinen Untersuchungen nicht reagiert hätten, wenn sie mit einem Wattestäbchen vaginal berührt wurden. In seinen ursprünglichen Aufzeichnungen hatte er jedoch genau das Gegenteil notiert: Fast alle Frauen hatten den Druck an den Vaginalwänden gespürt. Irgendwo auf dem Weg zwischen Untersuchung und Veröffentlichung war aus dem *Spüren* ein *Nichtspüren* geworden.

»Kann ich mich eigentlich auch enger operieren lassen?« Manche Frauen kommen, beispielsweise nach den Geburten der Kinder oder später im Alter, tatsächlich auf den Gedanken, ihre Vagina chirurgisch verkleinern zu lassen, weil ihre Partner behaupten, beim Sex nichts mehr zu spüren, und weil sie auch selbst das Gefühl haben, »zu weit« zu sein. Das Gefühl der unangenehmen »Weite«, ein oft erwähntes Phänomen, ist aber in fast allen Fällen auf eine schwache Beckenbodenmuskulatur zurückzuführen. Und die gute Nachricht lautet immer aufs Neue: Den kann man trainieren. An- und Entspannungsübungen helfen, Muskeln aufzubauen und mehr zu spüren. Nicht auszudenken, was für einen Schaden eine entsprechende Operation der Vagina anrichten könnte, wenn man die heutigen wissenschaftlichen Erkenntnisse über vaginal-klitorale Verbindungen zugrunde legt!

Aufschlussreich ist auch ein weiterer Blick auf das männliche Nichtspüren in der Vagina. Gerade alternde Männer machen für die eigene abnehmende Fähigkeit, etwas zu spüren, nämlich völlig unberechtigt ihre Partnerin verantwortlich. Sie empfinden deren Scheide als »zu weit«, weil sie sich selbst so wenig spüren. In diesem Fall können

Wozu sich um das Leben Sorgen machen? Keiner überlebt's.
Truman Capote

Männer dazulernen und ihre Sensibilität entdecken und verbessern. Variiert er sein Eindringen mit Unterstützung des Beckens und durch Bewegungen, wird er den Höhlenraum der Scheide für sich erspüren. Die erwähnten Beckenbodenübungen für die Frau bringen auch mehr Spannung und Druck für den Penis. Ein klassischer Fall von *genitaler Verständigung* und ein großer Gewinn für beide. Wenn ein Mann seine Sexualität in einer breiten, differenzierten Weise entwickelt und mehr beherrscht, als nur »Rein und Raus«, nämlich auch »Ringsherum« und »Hin und Her«, wird er praktisch nie das Problem haben, nicht genug zu spüren, sondern völlig unabhängig vom Partner seine Erregung selbst steuern und zur Befriedigung nutzen.

Kann es auch zu viel des Guten sein? Eine Theorie lautet: Ejakuliert ein Mann zu häufig, besonders vor dem Bildschirm, riskiert er, dass sein Gehirn einen **Neurotransmitter-Hangover** bekommt, er fällt in ein emotionales Loch. Welcher Zusammenhang besteht hier? In Studien wurde zunächst bei Ratten nach Geschlechtsverkehr mit Ejakulation ein Zustand sexueller Gleichgültigkeit beobachtet. Offenbar gibt es einen chemischen Kreislauf von vier Tagen, bis der Hormonspiegel wieder so ansteigt, dass die Ratte nach einer erneuten Kopulationsgelegenheit sucht. Nicht nur die Konzentration der Neurotransmitter und Hormone schwankt in dieser Phase, sondern auch das Gehirn verändert sich strukturell und baut sich nur langsam wieder zurück. Hemmende Synapsen dämpfen in der Zwischenzeit die Lust auf Sex, sozusagen als Schutz gegen eine Überstimulation des Belohnungszentrums: Es tritt eine Sättigung ein. Wenn man im Labor für eine künstliche Überstimulation sorgt, reagiert das Nervensystem der Ratte mit erhöhter Dämpfung. Das Genusszentrum wird dabei regelrecht lahmgelegt, so als gäbe es für den Körper ein Zuviel des Guten.

Was geht mich der Vietnamkrieg an, solange ich Orgasmusschwierigkeiten habe?
Dieter Kunzelmann

Die an den Ratten beobachteten Prozesse scheinen auf den Menschen übertragbar: Auch Männer brauchen Erholungsphasen nach sexueller Befriedigung. Untersuchungen haben gezeigt, dass ihr Interesse am Geschlechtsverkehr nach erfolgter Ejakulation eher gering ist. Der Testosterongehalt im Körper steigt erst nach fast einer Woche sprunghaft wieder an. Das Einzige, was einen derart »gesättigten« Mann, laut Theorie, früher sexuell interessieren könnte, ist der Anblick einer neuen, unbekannten Frau. Den allerdings gab es noch nie so häufig wie heute: Durch die allgegenwärtigen Möglichkeiten, sich jeden Tag im Internet mit immer neuen Körpern zu versorgen und dazu ejakulierend zu masturbieren, wird das Belohnungssystem der Männer weit über jede natürliche Grenze hinaus befeuert. Sie ignorieren ihre Übersättigung und bleiben langfristig unbefriedigt und emotional unzufrieden. Ihre natürliche Libido schwindet nach und nach, und wenn Sorgen und Ängste hinzukommen, nimmt auch die allgemeine Energie ab. Ein emotionales Loch tut sich auf, dessen Sog aus negativen Gedanken manchmal sogar depressive Züge annehmen kann: Das ist der Neurotransmitter-Hangover. Und solange Onanie, vor allem in einem mechanischen Modus, wie bei den Rubblern, als vermeintliches Gegenmittel eingesetzt wird, bleibt das Problem bestehen und verschärft sich. Das Gehirn braucht immer mehr Stimulanz, um seine Belohnung zu bekommen, wie bei einer Drogenabhängigkeit. Normaler Sex kann in diesem Fall längst nicht mehr mithalten, denn Geschlechtsverkehr mit der eigenen Frau ist im Vergleich dazu absolut uninteressant geworden.

Dieses Phänomen ist weit verbreitet – nicht nur bei jungen Männern.

Zumindest bei Älteren lässt sich das Gehirn schnell wieder zur Normalität zurückführen. Das hängt damit zusammen, dass es bei ihnen ein *Davor* gab, an das sich das Gehirn erinnert. Bei Jüngeren ist das »Bildschirm-Wichsen« oft die erste und bislang einzige sexuelle Erfahrung, und das macht eine Umkehr schwieriger. Wer sich in den Beschreibungen wiedererkannt haben sollte, kann sofort damit beginnen, seinen Pornokonsum im Netz einzuschränken und sich mehr auf die Wahrnehmungen in seinem Penis zu konzentrieren – vor allem kann er eine Art der Stimulation beginnen zu üben. Ohne die Bilder auf dem Schirm stellt sich die normale Lust bald wieder ein. Nicht der Penis braucht den Porno, sondern das Gehirn. Aussteiger aus der Bildschirm-Szene beschreiben das als ein Gefühl, als kämen sie aus einem Nebel, und das gilt selbst für diejenigen, die noch nicht abhängig geworden waren. Sie berichten, dass sie generell wieder mehr Energie spürten, eine erhöhte Produktivität hätten und wieder besser auf echte sexuelle Reize reagierten – und das klingt doch sehr nach einem frischen Testosteronschub.

Ich habe mit meinem Arzt darüber gesprochen, aber dieser dämliche Mistkerl verschreibt mir einfach kein Viagra, bloß weil er Angst um mein Herz hat! Aber mein Herz ist mir scheißegal! *Und wenn wir alle zusammen ziehen?*

ÜBUNGSFELDER

GUTE ZEITEN, SCHLECHTE ZEITEN

Eine ganze Reihe von Faktoren stört das zufriedenstellende Sexleben jenseits der fünfzig. Im Lauf der Jahre stellen sich immer mehr Veränderungen ein, über die nicht geredet wird – Spätfolge einer rigiden negativen Sexualerziehung. Die allgemein leistungsbesetzte Vorstellung von Sexualität bescherte lange besonders Frauen weniger Genuss, inzwischen setzt sie auch Männer unter Druck. Wie darauf programmiert, folgen beide der gängigen Meinung, dass der Mann immer können und wollen müsse und die Initiative ergreifen solle, auch müsse er lange und schnell stoßen können. Dazu müsse jeder zum Höhepunkt kommen, sie am besten »ohne Hände«, was ebenfalls in sein Aufgabengebiet fällt.

Das sexuelle Spiel der Gesellschaft   Ein Gedanken-Spiel von Professor Johannes Bitzer, Universitätsfrauenklinik Basel

Anzahl der Spieler	2
Alter der Spieler	18 – 50 Jahre
Organisation	Im Rahmen einer langjährigen Beziehung
Spielmaterial	Ein Bett, Verhütungsmittel und sexuelles Spielzeug
Spielleiter	Der Mann
Einleitung	Vorspiel
Wer beginnt?	Der Mann
Spielstrecke	Erregungsphase, Orgasmus
Art der Fortbewegung	Geschlechtsverkehr
Ziel	Orgasmus
Extra-Gewinnchancen	Gleichzeitiger Orgasmus, mehrfacher Orgasmus
Spielende	Sobald der Mann den Orgasmus erreicht

STÖRFÄLLE

Das Älterwerden geht oft einher mit medizinischen Problemen, die operative Eingriffe und medikamentöse Behandlungen mit zum Teil gravierenden Auswirkungen auf die Sexualität nötig machen. Gerade deswegen wird dieser Lebensabschnitt häufig von negativen Erwartungen und Ängsten bestimmt, die das Erleben jedes Einzelnen stark beeinflussen und sehr unterschiedliche Reaktionen hervorrufen. Einige stehen den Veränderungen eher sorgenvoll oder sogar ängstlich gegenüber, oder sie begegnen ihnen mit klammernder Abhängigkeit vom Partner. Bei anderen kommt Trauer auf und wächst sich mitunter sogar zur **Depression** aus, die keine Erholung zulässt. Jede Heiterkeit und positive Energie scheint für immer verschwunden. Der normale Alltag wird zur Last, auch für den nicht depressiven Partner. Gerade der braucht besonders viel Kraft, um Unterstützung zu sein und dabei nicht selbst auszubrennen.

> Bei älteren Freunden weiß man nie ganz genau, wo die Leidenschaft aufhört und das Asthma beginnt.
> *Vilman Buckley*

Insbesondere **Erkrankungen des Bewegungsapparates** nehmen mit steigendem Alter zu, und entzündete Gelenke (Arthritis) oder Gelenksverschleiß (Arthrose) verursachen häufig Schmerzen beim Sex. Manchmal ist kaum eine Stellung mehr bequem. Operative Gegenmaßnahmen werden aus Angst vor dem Eingriff oft jahrelang vermieden – dabei könnte gerade ein neuer Hüftkopf oder ein Titanknie überraschend schöne Nebenwirkungen haben, zum Beispiel ein neu in Schwung kommendes Sexleben. Dieser Bonus gilt inzwischen als wissenschaftlich belegt: Bei einer Befragung gaben über 80 Prozent der operierten Patienten an, dass sich postoperativ durch die Schmerzfreiheit zunächst ihre Beziehung verändert und dann ihre Sexfrequenz erhöht habe. Sie berichteten, dass Lust und Ausdauer zugenommen hätten und dass es ihnen nun leichter falle, zum Höhepunkt zu kommen, als vor der Operation. Weitere Erkrankungen machen sich unter Umständen bemerkbar: **Herz- oder Lungenerkrankungen**, **Parkinson**, **orthopädische Probleme**, **Diabetes** und auch **Erektionsstörungen** sind nur einige Beispiele.

> Ich möchte nichts mit Naturkost zu tun haben. In meinem Alter braucht man alle Konservierungsstoffe, die man kriegen kann.
> *George Burns*

Generell gilt: Jede chronische Krankheit kann zum Problem auch für die Sexualität werden. Und vor allem Männer spüren die negativen Einflüsse verschiedener Erkrankungen und medizinischer Behandlungen, nämlich an der Potenz. Frauen hingegen scheinen diesbezüglich weniger Probleme zu erfahren, die ihre Sexualität maßgeblich oder direkt beeinflussen.

Biologische Krise   Die wissenschaftliche Auseinandersetzung mit der männlichen Hormonumstellung ist knapp zwei Jahrzehnte alt: 1998 fand in den Vereinigten Staaten der erste medizinische Kongress zum Thema »Das Altern des Mannes« statt, auf dem der Androloge Malcolm Carruthers die Ergebnisse einer Studie präsentierte, die belegten, dass die Potenzkrise um die Lebensmitte biologische Gründe hat. Achtzig Prozent der von ihm untersuchten Männer berichteten, **Erschöpfung**, **verminderte Lust auf Sex** und **Potenzschwierigkeiten** an sich wahrzunehmen. Darüber hinaus klagten 70 Prozent der Untersuchten über **Depressionen**. Anfälle von vermehrter Reizbarkeit und Wut wurden von 60 Prozent berichtet. Ein Viertel der Probanden hatte Angst, zu früh zum Orgasmus zu kommen, und ein weiteres Viertel konnte nicht ejakulieren, weil es an Anejakulation litt.

Mit höherem Alter treten dann zunehmend auch Krankheiten auf, die sich vor allem auf das eigene Empfinden und auf das Zwischenmenschliche auswirken, bekannteste Beispiele sind **Demenz** oder **Alzheimer**. Der Betroffene ist nicht mehr er selbst und bekommt nicht mehr mit, wie es um ihn steht; natürlich ist er in dieser Lage auch nicht mehr empfänglich für ein sexuelles Miteinander. Genauso schwer ist es, wenn der kranke Partner alles bewusst miterlebt. Ein weiteres Beispiel sind Menschen, die einen **Schlaganfall** erleiden. Lähmungen, Sprachstörungen und vieles mehr belasten den Alltag, nicht wenige Patienten sind selbst bei kleinsten Dingen auf Hilfe anderer – oft den Partner – angewiesen. Sexualität zu leben ist unter solchen Bedingungen schwierig und aufgrund der psychischen Befindlichkeit der Patienten oft auch nicht erwünscht. Hier ist übrigens nicht von »besonders alten« Menschen die Rede, denn fast zehn Prozent der männlichen Betroffenen sind unter fünfzig. Auch **Krebserkrankungen** und die folgenden Behandlungen haben häufig starke Auswirkungen auf die Sexualität und die Partnerschaft. Besonders Brustamputationen stellen eine Belastung für das sexuelle Selbstwertgefühl dar. Dazu kommt die Sorge, dem Partner in jeder Hinsicht zur Last zu fallen und ihn in dieser Situation nicht noch mit sexuellen Wünschen behelligen zu wollen. Dabei hat gerade Sexualität einen positiven Effekt auf die Stimmung, bringt ein Gefühl der Zugehörigkeit und Normalität, ja sie wird zum Ausdruck des Immer-noch-am-Leben-Seins.

Du merkst, dass du älter wirst, wenn die Geburtstagskerzen mehr kosten als der Kuchen.
Bob Hope

STEHHILFEN UND MÖGLICHMACHER

Die Hintergründe und unterschiedlichen Erscheinungsformen von **Erektionsstörungen** wurden bereits behandelt. An dieser Stelle soll es nun um mögliche Abhilfen gehen. Dabei ist es zunächst wichtig, sich bewusst zu machen, dass ein Penis beim Mann ab fünfundvierzig generell weniger hart wird und sich sein *maximaler Erektionswinkel* verringert: Nach der Andropause ist die Messlatte eben eine andere als vorher.

Wechselnde Grade der Erektion bei andauernder sexueller Aktivität sind übrigens vollkommen normal und physiologisch notwendig. Schließlich muss die Sauerstoffzufuhr in Form des Blutflusses gesichert sein. Ein praller »Dauerständer« würde irgendwann aufgrund von Sauerstoffmangel blau anlaufen und zu ernsthaften Gewebeschäden führen. Es gibt diesen pathologischen und äußerst schmerzhaften Zustand infolge einer zu hohen Blutzufuhr oder eines verminderten Ablaufs tatsächlich. Der medizinische Ausdruck dafür lautet *Priapismus*. Eine derartige Dauererektion gilt als urologischer Notfall und sollte umgehend behandelt werden. In den meisten Fällen entsteht er allerdings nicht durch einfache sexuelle Erregung, sondern durch Krankheiten, Medikamente oder als Nebenwirkung der Schwellkörper-Auto-Injektions-Therapie (SKAT).

Je älter man wird, desto leichter verwechselt man erhöhten Blutdruck mit Leidenschaft.
Friedrich Hollaender

Aus dem Priapismus lässt sich schließen, dass eine gute, gesunde Erektion auch als *flexible Erektion* bezeichnet werden kann. Aber gerade diese Flexibilität bereitet häufig Probleme: Während junge Männer kaum bemerken, dass sich das Blut im Penis austauscht, kann eine durch diesen Vorgang bedingte leichte Weichheit bei älteren Männern für Verunsicherung sorgen. Obwohl eigentlich alles wie immer funktioniert, wird das Phänomen aus Unwissenheit mit Schwäche und nachlassendem Stehvermögen assoziiert. Die dadurch ausgelösten Befürchtungen beeinflussen das nervöse Nervensystem, das beim nächsten Mal für den vermeintlichen Notfall vorsorgt, und zwar in Form von Adrenalin und vermehrter muskulärer Anspannung. Einer der angespannten Muskel ist der Beckenboden. Da ein Drittel des Penis hier verankert ist, wirkt sich die gesamte Rettungsaktion überaus kontraproduktiv auf die Blutversorgung des Gliedes aus: Es wird regelrecht abgeklemmt, wie ein Schlauch mit einem Knick. Für den Penis bedeutet das: kein Blut-Sauerstoff-Austausch, und damit droht das Ende der Erektion. Das wiederum sorgt bei fast jedem Betroffenen für noch mehr Angst und Anspannung. Die beste Möglichkeit, diesen Teufelskreis zu durchbrechen, ist, mehr über die körperlichen Vorgänge bei Erregung zu wissen und dann zu lernen, bewusst darauf Einfluss zu nehmen.

Auch **Medikamente** können dafür sorgen, dass der Penis auf Halbmast hängt: Dazu gehören blutdrucksenkende Mittel wie Thiaziddiuretika, Calciumblocker und ACE-Hemmer, diverse Präparate gegen Gicht, Medikamente, die bei Magengeschwüren oder während einer Chemotherapie eingenommen werden, antipsychotische Medikamente, Antidepressiva wie SSRI und TCA, Neuroleptika, Präparate aus der Hormonersatztherapie, zum Beispiel Antiöstrogene und Anticholinergika, die zur Beruhigung der Blase verschrieben werden. Auch ein **hoher Blutdruck** selbst wirkt sich langfristig negativ auf die Potenz aus, denn er schädigt die winzigen Gefäße im Penis, so dass sie nicht mehr ausreichend mit Blut versorgt werden und die Erektion automatisch nachlässt.

Als Mittel gegen erektile Probleme wird der Wirkstoff **Alprostadil** gehandelt, der unter den Namen **Caverject** oder **SKAT** erhältlich ist und in den Penis injiziert wird. Die Handhabung ist gewöhnungsbedürftig, blaue Flecken oder ein Brennen an der Einstichstelle können beim Einsatz auftreten. SKAT kann aber helfen, wieder Vertrauen in die eigene Erektion aufzubauen, die übrigens unter dem Einfluss von Alprostadil keine zusätzliche Stimulation oder Erregung braucht, die Spritze allein genügt. Das Verfahren *Medical Urethral System for Erection,* **MUSE,** arbeitet ähnlich wie SKAT, nur wird der Wirkstoff nicht injiziert, sondern mittels eines reiskorngroßen Pellets in die Harnröhre eingeführt. Wer MUSE verwendet, sollte sich auf ähnliche Nebenwirkungen einstellen wie bei SKAT.

Nur als allerletzter Ausweg sollte eine **Operation** des Penis in Betracht gezogen werden. Bei dem selten durchgeführten Eingriff werden genau angepasste, biegsame Kunststoffstäbe in die Schwellkörper eingelassen. Der Penis ist danach dauersteif. Alternativ kann eine **hydraulische Pumpe** eingesetzt werden, die über ein kleines, im Unterbauch platziertes Flüssigkeitsreservoir sowie mit einer nicht sichtbaren, aber gut zu fühlenden Pumpe im Hodensack funktioniert – Aufpumpen genügt. Nach dem Koitus wird die Flüssigkeit einfach wieder ins Reservoir zurückgepumpt. Eine Entfernung ist leider nicht ohne den endgültigen Verlust der Erektionsfähigkeit möglich. Die Verwendung einer einfachen mechanischen **Vakuumpumpe** dagegen ist eine altbewährte Methode, die zwar umständlich ist, dafür aber weniger

Man kann die Erkenntnisse der Medizin auf eine knappe Formel bringen: Wasser, mäßig genossen, ist unschädlich.
Mark Twain

Das Alter hat auch gesundheitliche Vorteile: Zum Beispiel verschüttet man ziemlich viel von dem Alkohol, den man trinken möchte.
André Gide

Nebenwirkungen hat. Der Penis wird in einen luftdicht verschlossenen Zylinder eingeführt, in dem durch Pumpen ein Unterdruck erzeugt wird, so dass Blut in die Schwellkörper strömt. Damit es nicht wieder abfließt, wird ein **Penisring** oder ein einfaches Gummiband benutzt. Allerdings sollte nach höchstens 30 Minuten Schluss sein mit dem Würgeband, damit es nicht zu einem gesundheitsgefährdenden Blutstau kommt. Für den Notfall liegt am besten eine Schere bereit – für den eventuell renitenten Ring oder das widerspenstige Gummi, nicht für den Penis! Durch Vakuumpumpen hervorgerufene Erektionen sind generell eher hängend und kühl. Auch knickt der Penis häufig kurzfristig, aber schmerzhaft an der Wurzel ab und verfärbt sich.

»Was ist das?«
»Tabletten gegen alles. In einer halben Stunde bist du auf Wolke sieben, das garantiere ich.«
About Schmidt

Vielen erscheint es deshalb effektiver, auf Hilfe in Tablettenform zurückzugreifen. **Pillen** wie Viagra, Cialis oder Levitra bedeuten für einige Männer die sorgenfreie Wiederherstellung ihrer Potenz, andere empfinden es in der Selbstwahrnehmung eher als befremdlich. Diese Potenzpillen sorgen seit Jahrzehnten millionenfach für die Erweiterung der Gefäße und damit eine erhöhte Blutzufuhr im Penis – Tatort: Schwellkörper. Allerdings ist bei dieser Erregungsunterstützung zusätzliche sexuelle Stimulation vonnöten, und manchmal klappt es selbst dann nicht, weil überhöhte Erwartungen der Lust im Weg stehen. Eine durch Pilleneinnahme unterstützte Erektion endet genau wie eine nicht-substituierte mit der Ejakulation. Die Wirkung von Viagra und Levitra an sich kann jedoch bis zu 12 Stunden anhalten; durchschnittlich sind es 3 bis 4 Stunden, in denen eine neuerliche Erektion möglich ist. Cialis wirkt etwa 17 Stunden oder länger. Bei Einnahme auf leeren Magen entfaltet sich die stabilisierende Wirkung nach ungefähr 20 bis 30 Minuten. Erektionsverstärker dieser Art sollten nie in Kombination mit Nitraten genommen werden, die präventiv gegen Herzinfarkt wirken. Die Einnahme mit blutdrucksenkenden Mitteln scheint dagegen nach Angaben der Deutschen Herzstiftung unbedenklich.

Altern ist ein hochinteressanter Vorgang: Man denkt und denkt und denkt – plötzlich kann man sich an nichts mehr erinnern.
Ephraim Kishon

Noch mehr Substitution Inzwischen gibt es auch für Männer Tabletten, Kapseln, Injektionen, Cremes und Pflaster, die als Hormonersatztherapie zu funktionieren scheinen: Probanden gaben an, sich nach Hormoneinnahmen besser zu fühlen und mehr sexuelle Lust zu verspüren. Die Erforschung möglicher Hormonersatztherapien mit Testosteron steckt jedoch noch in den Kinderschuhen. Im Jahr 2010 wurde eine Studie zum Thema, *Testosterone in Older Men*, TOM, vorzeitig abgebrochen, als bei den Teilnehmern der Studie jenseits des 65. Lebensjahres die Herzinfarktrate signifikant anstieg. Sie hatten über sechs Monate täglich ein Testosterongel benutzt. Eine aktuelle Untersuchung, *JAMA 2013*, konnte die Bedenken bestätigen und zeigte außerdem, dass unter dem Einfluss von Hormonpräparaten auch das Risiko für Schlaganfälle größer wurde und die allgemeine Sterblichkeitsrate der Probanden höher war als bei unbehandelten Männern dieser Altersgruppe. Auch die Wirkung von Östrogen auf Männer wurde im Zusammenhang mit Untersuchungen von Herz- und Gefäßerkrankungen getestet. Diese Studie musste allerdings auch abgebrochen werden, weil sich auch in diesem Fall die Herzinfarktrate bei den Probanden verdoppelte. Der Forschungsbedarf bleibt hoch.

Trotzdem steht künstliches Testosteron als Hormonsubstitutionspräparat hoch im Kurs, vor allem in den Vereinigten Staaten, wo in den letzten zehn Jahren die Anzahl der Verschreibungen um das Fünffache gestiegen ist. Offenbar ist das unbedingte Verlangen nach Vitalität mit allem, was dazugehört, größer als ein gesundes Maß an Zweifel.

Die neueste Errungenschaft auf dem Markt der Erektionsunterstützer wird derzeit von israelischen Wissenschaftlern getestet und basiert auf einem Stoßwellenprinzip, das die Durchblutung anregt. Dabei schickt ein Apparat Stoßwellen über die Haut, wodurch sich die Gefäße erweitern und das benötigte Mehr an Blutzufuhr ermöglichen. Um den Effekt dort zu erzielen, wo er gewünscht wird, werden Elektroden am Penis angebracht, und nach einer gewissen Zeit steht er – voller, praller und länger, als mancher zu hoffen wagte. Die Ingenieure behaupten, die Wirkung halte über längere Zeit an, sei vollkommen schmerzfrei und auch ohne Nebenwirkungen – wir dürfen gespannt sein.

Sind alle Mittel erschöpft und helfen nicht mehr, oder aber, weil bestimmte Maßnahmen zur Erektionsentstörung vom Betroffenen abgelehnt werden, stehen die meisten vor einer der größten Herausforderungen ihres Lebens: Wie soll Mann ohne vollständige Erektion seine phallische, stoßende Männlichkeit aufrecht erhalten? Nun, mit etwas Fantasie lassen sich durchaus andere Möglichkeiten finden, Sinnlichkeit zu leben; der ganze Körper kann miteinbezogen und dabei gelernt werden, feinere Berührungen mit Lust zu verbinden. So können zum Beispiel die Hände oder die Zunge stellvertretend für den Penis das Penetrieren übernehmen und dort ansetzen, wo er versagt. Oder der im vorigen Kapitel beschriebene Strap-on kommt zum Einsatz.

Wundermittel   Die US-Frauenzeitschrift *MS* hat als Antwort auf Viagra fünf neue Medikamente zur Behandlung weiblicher Sexualstörungen kreiert – allesamt von Männern einzunehmen.

Talkra – belebt das Interesse an ihren oder seinen Worten

Anniversa – aktiviert die rechtzeitige Erinnerung an Geburts- und Hochzeitstage

Flattra – erhöht die Neigung, Komplimente zu machen

Respectra – fördert die Achtung voreinander

Lovra – aktiviert die »wichtigste Sache«

Zu Risiken und Nebenwirkungen fragen Sie bitte nicht Ihren Arzt oder Apotheker!

Die Psychologin Kirsten von Sydow hat dazu auf einem Kongress humorvoll vorgeschlagen: »Vielleicht können diese Präparate, nicht nur von Männern, sondern auch von Frauen eingenommen, sexuell mehr verändern als manches pharmakologische Mittel.«

Auch Frauen könnten übrigens bald Lustpillen schlucken. Überzogen mit Testosteron und Pfefferminzgeschmack, enthält *Lybrido* den Viagra-Wirkstoff *Sildenafil* und sorgt dafür, dass Blut in die Genitalien fließt. Bei *Lybridos* – Achtung, nur der Name klingt gleich, der Wirkstoff setzt an anderer Stelle an – baut der Inhaltsstoff *Buspiron* Hemmungen im Gehirn ab, indem er die Serotoninproduktion beeinflusst. Buspiron wird sonst gegen Angststörungen eingesetzt. Beide Pillen werden nur »bei Bedarf« eingenommen und stammen von der niederländischen Firma Emotional Brain, deren Studien dazu in der abschließenden Phase sind. Lybridos und Lybrido könnten demnach schon bald auf dem Markt sein. In Amerika hingegen erhielten Pharmaforscher kürzlich einen Dämpfer. Die US-Arzneimittelbehörde Food and Drug Administration hat im Dezember 2013 die Zulassung der in den Vereinigten Staaten entwickelten Sex-Pille für Frauen, *Flibanserin*, abgelehnt. Begründung: Die Nebenwirkungen, die von Müdigkeit und Übelkeit bis hin zu Schwindel reichten, seien zu stark und die Wirkung zu gering. In Deutschland stellte ein Forscherteam schon 2010 aus den gleichen Gründen die Studien zu Flibanserin ein. Nachdenklich stimmt in diesem Zusammenhang auch, dass Flibanserin dauerhaft eingenommen werden sollte und nicht, wie Viagra und Co., nur bei Bedarf.

Die Diskussion über das Medikament gegen weibliche Unlust ist kontrovers, weil es dabei nicht nur um genitale Durchblutungssteigerung geht, sondern damit in den Gehirnstoffwechsel eingegriffen wird. Die komplexen Vorgänge dort sind noch nicht ausreichend erforscht, aber sie lösen das weibliche Lustlos-Programm wahrscheinlich nicht grundlos aus. Provozierend ließe sich die These vertreten, dass durch derartige Pillen bloß schlechter Rammel-Sex auch Frauen attraktiv gemacht werden soll. Um diesem Argument zuvorzukommen und eine wissenschaftliche Begründung für solche Medikamente (und das damit verbundene lukrative Geschäft) parat zu haben, werden von der Pharmaindustrie passende Krankheiten erfunden. So hat man sich eine Diagnose ausgedacht, die auf jede zweite Frau zutrifft: »Erregungs- oder Orgasmusstörungen«. Interessant ist in diesem Zusammenhang, dass Studien mittlerweile die Frau als das promiskuitivere Geschlecht identifiziert haben: Ihre Libido falle nach zwei bis vier Jahren mit demselben Partner, während bei Männern im gleichen Zeitraum in dieser Hinsicht noch keine gravierenden Veränderungen nachweisbar seien. Ein Frauengehirn ist also nach der Geburt von Kindern nicht auf Treue programmiert. Demnach stehen nur Erziehung und kulturelle Prägung dem Wunsch nach wechselnden Sexualpartnern im Weg. Eigentlich langweilt sie sich mit nur einem Mann. Der Körper will – nur der Kopf will davon nichts wissen. Das scheinen Frauen zu spüren; sie geben bei Befragungen häufig als Grund für fehlende Lust mit ihrem langjährigen Partner eine gefühlte Sperre im Gehirn an, auch wird Wut auf den Partner, Enttäuschung, zu viel Nähe und das Fehlen von Intimität genannt. Bevor es also die besagte **Pille gegen**

Nichts macht die Liebe zu dir kleiner, auch nicht die Gicht, auch nicht Alzheimer.
Das kleine Arschloch

»Der Vorteil beim Älterwerden ist ja gerade, dass sich auch die ästhetischen Maßstäbe verändern.«
»Es sind nicht die ästhetischen Maßstäbe, die sich verändern, es sind die Augen, die schlechter werden.«
Giulias Verschwinden

GUTE ZEITEN, SCHLECHTE ZEITEN

den Mann gibt, wäre es vielleicht besser, die wahre weibliche Lust zu entdecken und das Erlebnis **Sex** sowohl für den Mann als auch für die Frau genussvoller zu machen, dann bräuchte es sicherlich generell weniger Tabletten. Wer trotzdem gern ein Alles-wieder-gut-Mittelchen zur Hand hätte, der greife zum **Oxytocin-Spray**, das Bindungen verstärkt, Vertrauen fördert und außerdem die soziale Wahrnehmung verbessern hilft.

POSTOPERATIVES SEXLEBEN

Myome (gutartige Wucherungen in der Muskelschicht der Gebärmutter), Krebs oder extrem starke Regelblutungen können Gründe für eine **Entfernung der Gebärmutter** sein. Wenn gleichzeitig die Eierstöcke entnommen werden, wird laienhaft häufig von »Total-OP« gesprochen. Dieser Vorgang hat einen unmittelbaren Einfluss auf mehrere Hormone und kann sehr unterschiedliche Auswirkungen haben, denn jede Frau reagiert ganz individuell darauf: Einige spüren fast nichts, andere leiden in der Folge jahrelang darunter. Manche Frauen berichten postoperativ von Veränderungen in ihrer Sexualität: Der Orgasmus kann anders sein, da eine fehlende Gebärmutter sich nicht zusammenzieht, und der Gebärmutterhals als möglicher Auslöser von Erregung und Orgasmus fällt weg.

Blanche: »Dorothy, du kannst das Rauchen lassen, hör einfach allmählich auf, rauch immer nur nach dem Sex.« Sophia: »Gute Idee, ein Päckchen reicht dann fürs ganze Leben.« *Golden Girls*

Einige berichten außerdem von »fehlender Lust«; der Grund hierfür könnte sein, dass die Eierstöcke als Lieferanten für das Lusthormon Testosteron wegfallen, also sinkt seine Konzentration im Blut, auch wenn die Produktion in den Nebennierenrinden weitergeht.

Die Menge macht's Als Ursache für Prostatakrebs bei Männern wurde lange Zeit ein *erhöhter* Testosteronwert angenommen. In einer Untersuchung mit vermeintlich *gesunden* Männern stellte sich aber heraus, dass eine überraschend hohe Zahl von ihnen schon unentdeckten Krebs im Frühstadium hatte, und zwar durchweg solche Probanden, die einen *niedrigen* Testosteronwert aufwiesen. War er für das Entstehen des Krebses verantwortlich? Mehrere neue Studien lieferten damit übereinstimmende Ergebnisse und belegten bei Männern mit Prostatakrebs im Frühstadium einen positiven Effekt von Testosterongaben. Die Krebsfälle reduzierten sich um zwei Drittel. Auch nach weiteren zehn Jahren Testosterontherapie war keine Verschlechterung eingetreten. Sogar Männer, die von Natur aus einen hohen Testosterongehalt aufweisen, erkranken nicht häufiger als ihre Geschlechtsgenossen. Im Gegenteil: Je ausgeprägter der *Hormonmangel,* desto größer das Krebsrisiko. Und je niedriger der Hormonpegel, umso aggressiver sind oft die Tumore. Dennoch vertreten nach wie vor viele Mediziner die Auffassung, dass hohe Testosteronwerte die Ursache für Prostatakrebs seien, und verschreiben ihren Patienten weiterhin testosteronhemmende Medikamente. Wie Frauen in den Wechseljahren werden Männer damit vor die Frage gestellt, wem sie in Therapiefragen Glauben schenken können. Seit 2009 läuft am National Institute of Aging in Bethesda, Maryland, eine Studie unter Leitung des Arztes und Chemikers Peter J. Snyder, die neue Erkenntnisse liefern wird.

Eine **Prostata-Operation** infolge einer Krebserkrankung kann für Männer Auswirkungen auf das Sexualleben haben. Die Nähe der Prostata zu verschiedenen Nerven, die für die Erektion zuständig sind, macht den Eingriff riskant, und es kann nach der Operation zu einem endgültigen Verlust der Erektionsfähigkeit kommen. Es ist daher wichtig, gleich nach der Prostata-OP wieder Erektionen herzustellen, zur Not auch mit Viagra, um der Schwellkörperschrumpfung vorzubeugen. Damit kann sich die erektile Funktion auch noch ein bis zwei Jahre nach der Operation erholen. Dennoch machen sich viele Männer große Sorgen, dass es schiefgeht, und versuchen, mit diesen Gedanken ganz allein fertig zu werden. Sie vergessen die Partnerin, die sich ausgeschlossen und zurückgesetzt fühlt, wenn sie sich nicht sogar für die Ursache der nicht offengelegten Probleme hält. Es ist aber ungemein wichtig, dass die Partner in dieser Situation miteinander reden, denn schließlich ist die Sexualität beider betroffen. Gespräche könnten beruhigend, erleichternd und erhellend wirken – in diesem Sinne vermindert geteiltes Leid tatsächlich den gefühlten Druck. Steigender Druck hingegen zeigt unmittelbare Auswirkungen – auch in **Herz**angelegenheiten. Gerade deswegen bekommt der eigene Erregungsmodus große Bedeutung: Ein hartnäckiges Bemühen um Erektionserhalt oder Höhepunkt mit hoher Muskelspannung, wie ihn *Druckmacher* und *Rubbler* praktizieren, belastet den Organismus weitaus mehr als lustvoller Geschlechtsverkehr in einem bewegten Modus wie dem der *Fließschlängler* und *Doppelschaukler*. Auch Menschen mit **Übergewicht** spüren diese Zusammenhänge, weil das Herz mit jedem überflüssigen Pfund ohnehin härter arbeiten muss als bei schlanken Menschen – das gilt beim Sex umso mehr. Einige Männer können den Gedanken nicht loslassen, beim Sex durch einen Infarkt zu sterben, eine in den meisten Fällen unbegründete Sorge. Mit steigender Aufmerksamkeit für den Körper verbessert sich in der Regel sowieso das Gespür für die eigene Belastungsgrenze. Wer also die Grundregeln der Erregung und die damit einhergehenden körperlichen Prozesse kennt und die **drei Gesetzmäßigkeiten des Körpers** (Tonus, Tempo und Raum) nutzt, kann die Auswirkungen von Krankheiten auf die Sexualität begrenzen, denn **Wissen** bedeutet Genuss trotz Widrigkeiten.

> »Haben Sie vielleicht ein Problem mit Ihrer Sexualität?«
> »Nein, Ma'am, aber ich habe ein Problem mit meinem Hüfthalter.«
> *Grüne Tomaten*

HEIMWÄRTS

Für immer mehr Menschen kommt im reifen Alter der Tag, an dem sie in ein Altenheim ziehen. Manche entschließen sich freiwillig dazu, weil sie den Alltag allein nicht mehr bewältigen können, andere werden mehr oder weniger gegen ihren Willen »untergebracht«. Alle erleben im Zusammenhang mit ihrer Aufnahme eine Reihe von Gesprächen mit Ärzten und Pflegekräften, in denen Fragen nach Medikamenten, Krankheiten und vielen Details des täglichen Lebens gestellt werden. Nach Sexualität jedoch wird dabei so gut wie nie gefragt, obwohl das Thema eigentlich vorgesehen ist. Viele alte Menschen haben ohnehin nie über Sex geredet, doch in solchen Fällen könnte das Pflegepersonal, nachdem zunächst eine Vertrauensbasis geschaffen wurde, die dabei entstandene persönliche Nähe nutzen, um behutsam ein Gespräch über Sexualität zu eröffnen. Das erfordert allerdings

> »Haben Sie keine Angst vor Sex in Ihrem Alter?«
> »Wenn sie stirbt, dann stirbt sie.«
> *Best Exotic Marigold Hotel*

Lena: »Verlassen Sie mein Bett! Sofort! Und nehmen Sie Ihren Krückstock mit, der sich in meinen Rücken bohrt!«
Johann: »Das ist kein Krückstock.«
Dinosaurier

Einfühlungsvermögen und Takt. Sinnvoll ist es, zu diesem Zweck auch zu versuchen, etwas über die sexuelle Biografie des künftigen Heimbewohners in Erfahrung zu bringen. Ist erst einmal das Eis gebrochen, erzählen Ältere häufig gern von früher, auch über »Eroberungen«, »erstes Kennenlernen«, »jugendliche Sünden« und »Techtelmechtel«. Auch bei alten Menschen dreht sich nämlich noch immer viel um das Gefühl, weiterhin als Frau oder Mann gesehen zu werden und das leben zu dürfen; dafür kann manchmal schon ein Lippenstift und ein Spiegel reichen oder die Möglichkeit, sich frisieren zu lassen. Einfache Fragen haben eine erstaunliche Wirkung: »Was bräuchtest du, um dich noch wie eine tolle Frau zu fühlen?« oder »Würdest du gerne Fußball gucken wie die anderen Männer?« In diesem Bedürfnis unterstützt zu werden kann mit darüber entscheiden, ob ein alter Mensch sich als Individuum, als Mann oder Frau wahrgenommen fühlt oder als geschlechtslose Alt-Last.

Oft herrscht in Altenheimen beim Thema Sexualität Sprachlosigkeit, weil das Personal, männlich wie weiblich, selbst nicht besonders gut mit sexuellen Themen umzugehen vermag. Dann wird automatisch anders berührt, gewaschen und gepflegt. Wer auf den Anblick von steifen Brustwarzen oder Erektionen nicht vorbereitet ist oder ihn als unangenehm empfindet, wird in den meisten Fällen versuchen, sie zu ignorieren, oder mit Ablehnung darauf reagieren. Dabei ist nicht jede vermeintlich sexuelle Reaktion tatsächlich eine solche, geschweige denn eine Aufforderung, etwas damit zu veranstalten. Unsicherheit und Scham auf Seiten der Pflegenden sind groß, der Bedarf an Weiterbildung in diesem Bereich ist hoch, und die wenigen Veranstaltungen dieser Art sind dementsprechend schnell ausgebucht.

Liebe ist eine tolle Krankheit – da müssen immer gleich zwei ins Bett.
Robert Lemke

Es ist selbstverständlich Sache der Pflegenden zu entscheiden, ob und wie sie auf das Nähebedürfnis der Bewohner eingehen möchten. Hier ist nicht von sexuellen Dienstleistungen irgendeiner Art die Rede, sondern lediglich von *ganz normalen Berührungen*. So kann Eincremen beispielsweise zu einer kleinen, wohltuenden Massage werden, einem sinnlichen Erlebnis, statt der Erfahrung, lieblos eingeschmiert zu werden. Bei streichelnden Berührungen ebenso wie beim Kuscheln, auch mit Puppen oder Stofftieren, einem Hund oder einer Katze, werden vom Körper Wohlfühlhormone ausgeschüttet, die einen nachweislich senkenden Effekt auf das Schmerzempfinden haben und sich dadurch positiv auf den Medikamentenkonsum und den Schlaf der Heimbewohner auswirken.

GUTE ZEITEN, SCHLECHTE ZEITEN

Die Fähigkeit, durch innigen Hautkontakt Stress zu dämpfen und Wohlgefühl auszulösen, wohnt dem Menschen inne. Bereits unmittelbar nach der Geburt, wenn das Baby die Mutter zum ersten Mal spürt, wird dieses Vermögen neuronal verfestigt. Selbst wenn bestimmte Sexualfunktionen eingeschränkt oder nicht mehr gegeben sind, bleibt das Thema Sex an sich bestehen. Aus ökonomischen Gründen haben bislang aber nur sehr wenige Einrichtungen Räume für Sexualität oder bieten den Bewohnern die Möglichkeit, zum Beispiel Pornos auszuleihen. Was zunächst vielleicht für Kopfschütteln sorgt, erweist sich nach kurzem Nachdenken als gute Idee: Wer würde bestreiten, dass es sich nach ein wenig Selbstbefriedigung einfach herrlich entspannt, gelöst und zufrieden einschlafen lässt? Allerdings ist der persönliche Raum, die Intimsphäre, die hierfür gebraucht würde, im Heim oft nicht gegeben. Oftmals teilen sich mehrere Bewohner ein Zimmer. Ehepaare, die zu Hause zuvor getrennte Schlafzimmer hatten, liegen nun wieder im selben Zimmer – Alltägliches und Gewohnheiten bekommen eine große Bedeutung. Schließlich sollte jeder sich auch im Heim zu Hause fühlen können, darf sich aber oft nicht mehr so ungestört entfalten wie in den eigenen vier Wänden.

Im Alter bereut man vor allem die Sünden, die man nicht begangen hat.
William Somerset Maugham

Happy End   In den Wirren des Zweiten Weltkrieges hatten sich Magarete M. und Friedrich S. aus den Augen verloren. Sie hatten sich in der Tanzstunde kennengelernt und sich ineinander verliebt. Dem jungen Paar blieb ein halbes Jahr, dann wurde Friedrich an die Front geschickt. Er geriet in Gefangenschaft und kehrte erst Jahre nach Kriegsende in seine Heimatstadt zurück, aus der Magarete und ihre Familie zuvor geflohen waren. Beide hielten einander für tot, beweinten das jäh verlorene Glück und bewahrten die Erinnerung im Herzen. Das Leben ging weiter. Magarete heiratete, und auch Friedrich gründete eine Familie. Jahrzehnte vergingen. Dann kam der Tag, an dem Magarete, inzwischen längst verwitwet, von ihrer Tochter in ihr neues Zuhause, ein Altenheim bei Dresden, gebracht wurde.

Und wenn das hier keine wahre Geschichte wäre, wäre sie definitiv zu kitschig für ein Sachbuch: Friedrich hatte bereits die gleiche Adresse. Im Spätherbst ihres Lebens ging für die beiden noch einmal die Sonne auf. Heute sind sie ein verliebtes Paar, das sein Glück, einander endlich wiedergefunden zu haben, in jedem Moment genießt.

Bei allen Problemen, die ein Heimaufenthalt mit sich bringen kann, wäre schon viel gewonnen, wenn das Pflegepersonal über die Sexualität von Älteren besser informiert würde und auch die 40- bis 60-jährigen Kinder der Heimbewohner verständnisvoll und offen für die Bedürfnisse ihrer Eltern wären. Oft erleben sie das Elternpaar ganz anders als seit Jahren gewohnt: Auf einmal küssen sich die Eltern wieder und halten Händchen – es ist, als wäre eine Last von ihnen abgefallen und sie könnten sich in ihrem neuen Zuhause nun mehr und entspannter miteinander beschäftigen.

PARTNERWAHL

Ein Leben lang bleibt Sexualität ein Thema, das eng verknüpft ist mit der Existenz eines Partners, der aber, falls vorhanden, eventuell gar nicht mehr sexuell interessiert oder interessant ist – und dann? Ist Untreue eine Alternative, macht es einen Unterschied aus, wenn diese vom Partner »legalisiert« wird, oder ist ein Arrangement mit der Situation gefragt? Alle diese Möglichkeiten erfordern einen Neuanfang im weitesten Sinne, und wenn die Entscheidung fällt, einen neuen Sexualpartner zu suchen, zeigt sich, dass der im fortgeschrittenen Alter nicht mehr einfach »von selbst« zu finden ist wie mit Anfang zwanzig.

DIE SACHE MIT DER TREUE

Das Leben bringt manchmal Probleme mit sich, für die ungewöhnliche Lösungswege beschritten werden müssen. Wenn es dabei um unerfüllte Bedürfnisse geht, die sich nur außerhalb der Partnerschaft erfüllen lassen, bekommen viele Menschen erst einmal Angst, die Beziehung könnte darunter leiden oder gar daran zerbrechen. Damit es überhaupt funktioniert, sind große Klarheit und verlässliche Absprachen auf allen Seiten vonnöten.

Was für viele ein absolutes Tabu ist, wird von anderen von Anfang an gelebt: Es gibt Beziehungsmodelle, die prinzipiell mehrere Partner einschließen. Dabei handelt es sich um sogenannte »offene Beziehungen«, die auch mit dem Fachbegriff *Polyamorie* bezeichnet werden. Das bedeutet grundsätzlich, dass ein Mensch gleichzeitig mehrere Partner liebt. Gemeint ist aber in den meisten Fällen, dass mit verschiedenen Menschen Sexualität gelebt wird, während gleichzeitig eine feste Beziehung mit *einem einzigen* Partner besteht. Diesem Hauptpartner gehören das Herz und das tägliche Leben, er soll weder verletzt noch verlassen werden. Die anderen sind Nebenbeziehungen. Für viele mag das Untreue sein, aber im Unterschied dazu passiert hier nichts hinter dem Rücken des Partners. Er kennt die Absprache und hat zugestimmt. Der Wunsch, polyamorös zu leben, gründet meist auf der Auffassung, dass nicht Untreue, sondern *falsch verstandene Treue* Beziehungen zerstört. Der Mensch braucht verlässliche emotionale Bindungen, aber sexuell betrachtet ist er nicht für Monogamie geschaffen. Wer es trotzdem damit versucht, bezahlt mit seiner Libido.

Wer den polyamorösen Beziehungsstil leben will, sollte im Vorwege alle Rahmenbedingungen besprechen, damit möglichst keine

Wie wär's mit einem Drink bei mir? Ganz harmlos, keine halben Sachen, nur guter Sex. *Bridget Jones*

Unklarheiten Unsicherheit schaffen und niemand nur notgedrungen mitmacht. Das Thema wirft viele Fragen auf, und die sollten konkret formuliert werden: Wie oft findet Sex mit anderen statt? Wie viele Treffen darf es geben – mehr als eins? Was möchte der Partner davon überhaupt mitbekommen? Möchte er Details hören? Gibt es Grenzen? Darf er ein Veto einlegen? Darf es auch emotional werden? Bis ins Detail sollten für alle Eventualitäten vertragsähnliche Absprachen gelten, die gewissenhaft eingehalten werden, denn sonst wird schnell ein zäher Kampf daraus: Viel Liebe bedeutet nicht automatisch weniger Eifersucht. Wer sich scheut, mit seinem Partner offen darüber zu reden, dem wird es kaum gelingen, das Mehrpartnermodell zu leben, denn dafür müssen die beiden Hauptbeteiligten besonders reif und differenziert sein. Polyamorie ist aber eine denkbare Lösung, wenn zwei Menschen zum Beispiel ihre Beziehung unbedingt erhalten wollen, obwohl Bedürfnisse vorhanden sind, die nicht befriedigt werden können oder die einer der Partner nicht befriedigen will. Allgemeingültige Richtlinien gibt es dafür nicht, aber verschiedene Möglichkeiten, um glücklich und erfüllt zu leben. Natürlich gibt es immer auch Grauzonen, nicht wenige Paare leben Beziehungen, in denen beide mehrgleisig fahren und nie darüber sprechen. Wer allerdings zu lange dem Partner nicht mitteilt, was ihm fehlt, wird von Frust und unbefriedigter Lust getrieben vielleicht wirklich zum »Fremdgeher«, sobald sich eine Gelegenheit bietet.

Nach wie vor ranken sich um das Thema Untreue viele Vorurteile und Rechtfertigungen, von »Jemand ist untreu, weil er den Partner nicht mehr liebt« über »Jeder macht es!« bis zu »Es ist gar keine Affäre, wenn es keinen Sex gibt«. Untersuchungen zufolge erlebt jedes dritte Paar Untreue, die sowohl sexuell als auch emotional sein kann, nicht immer definiert Sex mit einem anderen den Begriff: Wenn ein Partner sich generell lieber ausgiebig mit einer anderen Person beschäftigt und die eigentliche Beziehung vernachlässigt, kann auch das Untreue sein. Mussten Fremdgeher sich früher treffen, Briefe schreiben oder telefonieren, um in Kontakt zu bleiben, genügt in Zeiten von Internet und SMS ein lautloser Klick. Viele sind überrascht, wie schnell es passieren konnte. Es wird gechattet, getextet, gemailt und geskypt, mit Worten, Bildern und kleinen Filmchen geflirtet und gespielt, und weil so viel Nähe und Intimität nicht ohne Folgen bleibt, ist auf einmal Verliebtheit im Spiel. Abgeschirmt durch Smartphone oder Computer wähnt man sich in Sicherheit, und viel

I don't need to take no trip to outer space / All I have to do is look in your face / And before I know it I'm in orbit around you / Thanking my lucky stars that I found you.
Tom Waits

M. Gustave: »Sie war übrigens eine Granate im Bett.«
Zéro: »Sie war vierundachtzig!«
M. Gustave: »Mmh, ich hatte schon Ältere.«
The Grand Budapest Hotel

intimere Dinge werden mit dem unsichtbaren Dritten geteilt als jemals mit dem Partner zu Hause, der emotional regelrecht verhungert, während der ständige Kontakt mit dem Flirtpartner fortgesetzt wird, von überall und zu jeder Zeit.

Obgleich Untreue zunächst fast immer negative Auswirkungen auf die Beziehung hat, kann sie im Nachhinein durchaus Positives bewirken, denn sie rüttelt auf. Und wer anständig mit der Situation umgeht oder sogar professionelle Hilfe in Anspruch nimmt, um das eigentliche Problem herauszufinden, dem bietet der aufgearbeitete Seitensprung vielleicht eine Chance, den Partner besser kennen- und verstehen zu lernen und endlich eine ehrlichere und intimere Beziehung zu entwickeln.

Die einst verbreitete Überzeugung, nur Männer gingen fremd, ist längst überholt, wenn sie denn je gestimmt hat. Frauen tun es allerdings aus anderen Gründen, so zum Beispiel, wenn sie das Gefühl haben, dass ihr Partner sich sexuell nicht mehr für sie interessiert und ihnen nicht mehr zeigt, dass er sie begehrt. Dann muss der Liebhaber noch nicht einmal besser aussehen oder mehr Geld haben – er braucht sie nur zu bemerken.

Europa geht fremd Das dänische Meinungsforschungsinstitut »YouGov« hat ermittelt: Die Dänen und die Finnen sind die untreusten Europäer. Jeder Dritte von ihnen geht fremd. In puncto One-Night-Stand halten die Dänen die Spitzenposition: 51 Prozent haben auf diesem Gebiet Erfahrung. Die französische Untersuchung *Ifop* hingegen erklärte Franzosen und Italiener zu den größten Fremdgehern Europas: Mehr als jeder zweite Mann und etwa jede dritte Frau bekannte sich in einer Befragung zum Seitensprung. Die französische Studie fand außerdem heraus, dass der Anteil fremdgehender Männer in protestantischen Ländern wie zum Beispiel Deutschland und Großbritannien geringer ausfällt als in katholisch geprägten. Und: Untreue ist im Norden gleichmäßiger auf Männer und Frauen verteilt als im Süden Europas: Während in Deutschland immerhin 43 Prozent der Frauen einräumten, bereits fremdgegangen zu sein, waren es in Italien nur 34 und in Frankreich lediglich 32 Prozent.

Vielen ist nicht klar, wie häufig Frauen ihre Lust in der Dauerbeziehung nicht ausleben können, weil ihre Partner aus unterschiedlichen Gründen keine Sexualität mehr wollen. Das ist vermutlich immer schon so gewesen. Neu ist, dass Frauen ihre Bedürfnisse inzwischen häufiger aussprechen. Sie bestehen vielleicht sogar auf Sex und erklären dem Partner, sich anderweitig umzuschauen, sollte die sexuelle Abstinenz zum Dauerzustand werden. Obgleich das auch für Männer gelten kann, geben untreue Gatten häufig selbst an, dass eine Affäre in erster Linie der Politur ihres Egos diene. Sie fühlen sich zu Hause nicht ausreichend wertgeschätzt und emotional ausgehungert.

Single aus Überzeugung, nur nicht meiner eigenen …
Best Exotic Marigold Hotel

Ein häufiger Beweggrund zum Fremdgehen weiblicher- wie männlicherseits ist die generelle Unzufriedenheit mit dem eigenen Leben. Sex wird dann als Fluchtmöglichkeit und Betäubungsmittel gebraucht wie Süßigkeiten, Shopping, Feiern oder Alkohol und andere Drogen. Ein Seitensprung hat also manchmal gar nichts mit Defiziten in der Beziehung oder Unzufriedenheit mit dem Partner zu tun. Vielmehr geht es darum, sich selbst zu verlassen beziehungsweise den, der aus einem geworden ist, als man damit beschäftigt war, sich auf den Partner einzustellen.

Wer untreu wird und das Gespräch mit dem Partner weiterhin meidet, weil die Angst oder das Unbehagen davor größer ist als das Risiko, durch ein Auffliegen der Untreue alles zu verlieren, verschenkt eine Möglichkeit, eine gemeinsame, differenzierte Entwicklung in Gang zu bringen. Durch all die Vertuschungsmaßnahmen auf Teufel komm raus wird unbewusst das eigene Versorgungssystem geschützt. Untreue ist also in den meisten Fällen eine feige Wahl, die aus egoistischen Motiven getroffen wird. Vertrauensverlust, zerstörte Hoffnungen und gebrochene Herzen sind oft der Preis für die Unfähigkeit, zum richtigen Zeitpunkt miteinander zu reden.

Je weniger Zähne ein Mann hat, desto leichter beißt er an.
Trude Hesterberg

PARTNERSUCHE FÜR FORTGESCHRITTENE

Je älter jemand ist, desto besser kennt er sich und seine Charaktereigenschaften, könnte gemutmaßt werden, doch das Gegenteil ist oftmals der Fall. Nach einer langen Partnerschaft sind viele Menschen nicht mehr sie selbst und wollen auch nicht mehr darüber nachdenken, wer sie mal waren oder was sie heute wirklich ausmacht.

Für die Partnersuche allerdings wäre es hilfreich, sich genau darüber ein paar Gedanken zu machen. Um den eigenen Stärken und Schwächen auf die Spur zu kommen, können Familie und Freunde befragt werden: »Wie würdet ihr mich beschreiben?« Auch die Profile

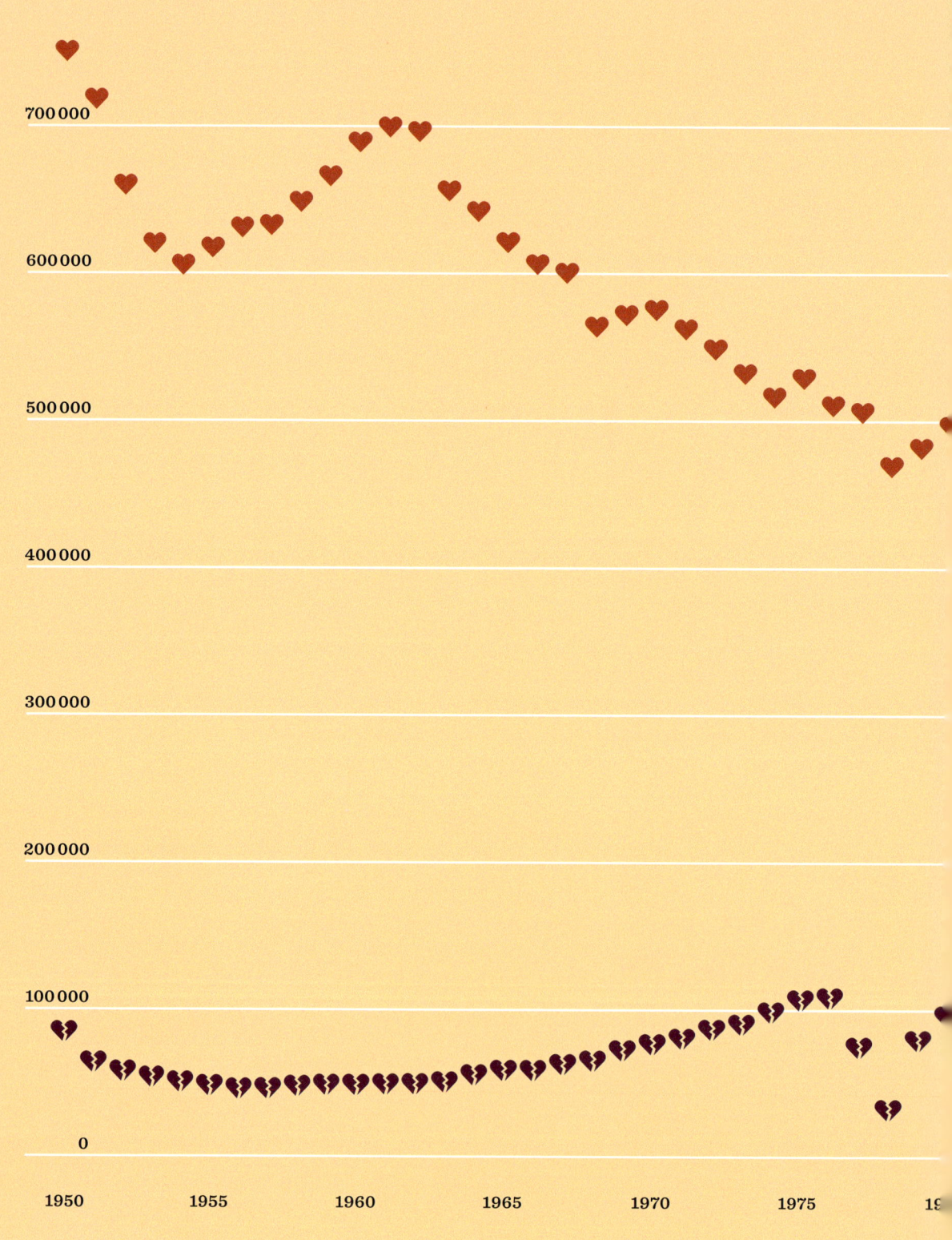

700 000

600 000

500 000

400 000

300 000

200 000

100 000

0

1950   1955   1960   1965   1970   1975   19

EHESCHLIESSUNGEN UND EHESCHEIDUNGEN

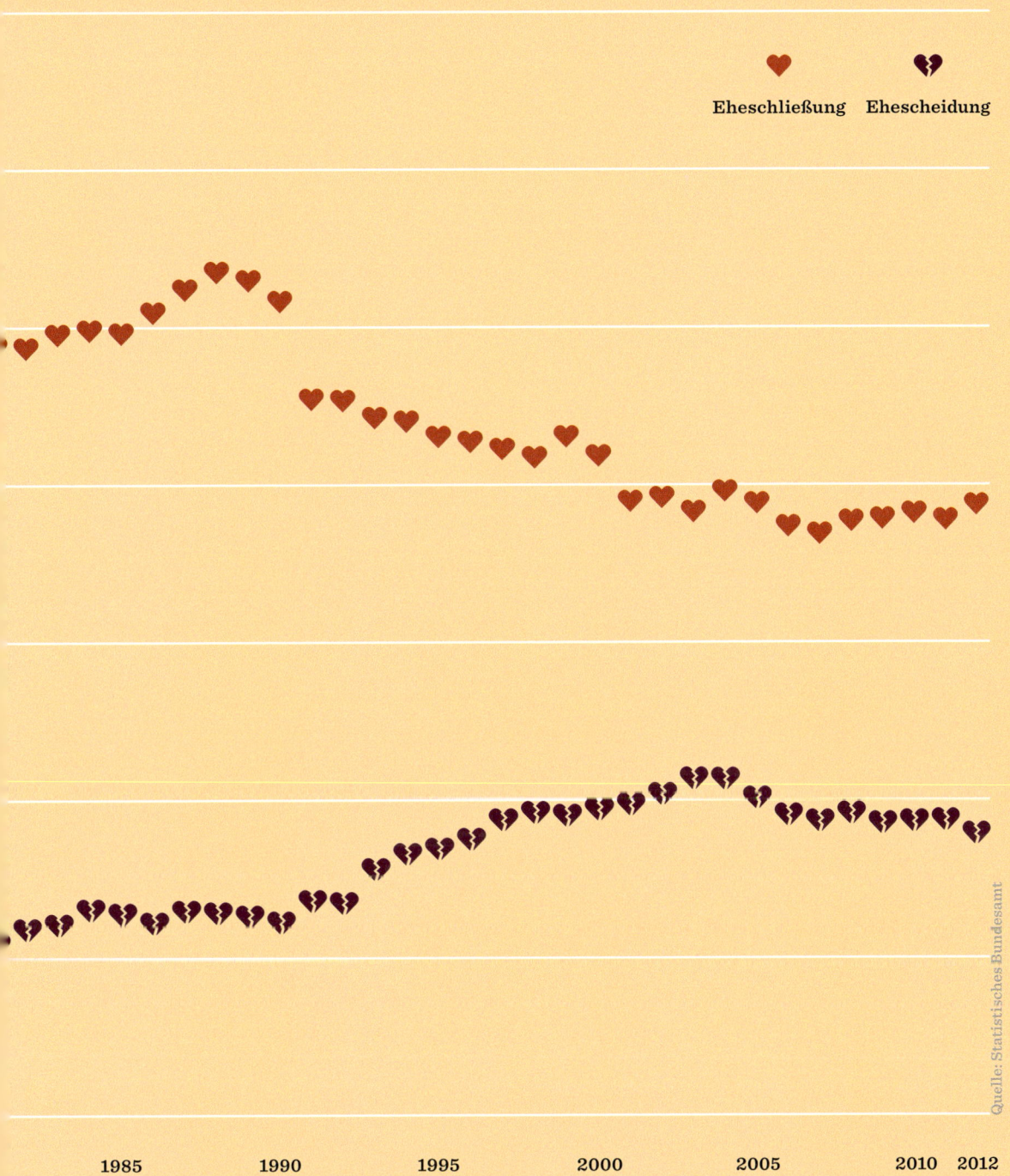

Eheschließung   Ehescheidung

Quelle: Statistisches Bundesamt

1985   1990   1995   2000   2005   2010   2012

anderer auf Dating-Portalen im Internet können anregen und inspirieren: Wie beschreiben sie sich? Dafür ist zwar eine Anmeldung erforderlich, diese kann aber unverbindlich, das heißt ohne Foto und mit Pseudonym, erfolgen – und ist vor allem bei einigen Anbietern kostenlos. Aufschlüsse über die eigene Persönlichkeit kann der angebotene Fragebogen geben, der vorab ausgefüllt werden kann.

Für das Gelingen einer neuen Partnerschaft kann es ausschlaggebend sein, als Nächstes genau darüber nachzudenken, wer zu einem passen könnte. Erstaunlicherweise beschäftigen sich auch damit nur wenige – sie lieben, wen oder was das Leben mit sich bringt. Jeder Mensch entwickelt im Laufe des Lebens Vorlieben. Ebenso wichtig wie die Eigenschaften, die ein Partner *nicht* haben sollte, sind die, die er *auf jeden Fall* mitbringen muss. Die Annahme, dass Gegensätze sich anziehen, trifft nur in der Werbungsphase zu. Untersuchungen belegen immer wieder, dass Beziehungen nach dem Motto »Gleich und Gleich gesellt sich gern« eine deutlich längere Haltbarkeit haben. Bei der Suche nach einem passenden Partner bieten Dating-Foren den Vorteil, dass Wünsche hinsichtlich der Beziehung, aber auch sexuelle Vorlieben angegeben werden können, bevor irgendein Kontakt stattfindet. Es lohnt sich, Zeit zu investieren, um seine Vorstellungen möglichst genau zu beschreiben – je klarer, desto größer die Wahrscheinlichkeit, sein Glück zu finden.

Was heißt schon für uns Frauen, mit Anstand alt zu werden? Lieber unanständig jung bleiben. *Olga Tschechowa*

WIE BEIM ERSTEN MAL

Es kommt der Tag, an dem das erste Treffen vor der Tür steht, und du selbst stehst vor dem Badezimmerspiegel, voller Verwunderung, dass sich alles fast genauso anfühlt wie damals vor der ersten Verabredung mit fünfzehn. Wie wird der andere mich finden? Wird schon beim ersten Date geküsst? Kommt es heute Abend zum Sex? Fragen über Fragen: Wie soll das überhaupt gut gehen? Es ist schließlich schon so lange her! Müssen Kondome besorgt werden? Meine Güte, mein Körper sah auch mal anders aus.

Dabei lässt sich alles genießen, angefangen bei den Vorbereitungen auf das erste Treffen bis hin zum ersten Sex. Wenn die Stunde dann endlich gekommen ist, kann es sein, dass alles, was in der Vorstellung spannend und romantisch war, wie weggeblasen ist. Die Unsicherheit stellt einem auf der Zielgeraden noch einmal ein Bein. Hoffentlich stimmt die Chemie, denn genau darum geht es bei der ersten Begegnung zwischen zwei Menschen: In Sekundenschnelle läuft im Gehirn ein Pheromontest ab, der ermittelt, wie gut die potenziellen Partner zueinanderpassen. Fällt der Test negativ aus, wird das Treffen garantiert kein Erfolg, aber das Gute daran ist, dass auch nichts schiefgehen kann: Man geht eben einfach wieder auseinander.

Es zahlt sich aus, von Anfang an authentisch zu sein und dem Partner in spe zum Beispiel davon zu erzählen, wie man sich in der Situation gerade fühlt – schrecklich nervös, unsicher oder überglücklich. Ehrlichkeit lässt oft Intimität entstehen, und genau die ist Voraussetzung dafür, sich fallen zu lassen. Die Sorge, dass der andere bei solchen intimen Dingen lieber weghören würde, kann man vergessen, denn dann ist er oder sie ohnehin für das Projekt *Partnerschaft* ungeeignet – und vielleicht auch für den Sex. Entscheidend ist, eigene Grenzen zu kennen und zu respektieren, aber auch Wünsche preiszugeben, damit im Anschluss nichts bereut wird. Kannte der frühere Partner viele der eigenen Bedürfnisse aus langjähriger Erfahrung, beginnt nun alles wieder bei null. Der andere kann schließlich keine Gedanken lesen, und es passiert gerade beim sexuellen Miteinander schnell, dass etwas mitgemacht wird, nur um dem anderen zu gefallen. Dieses Risiko, sich selbst nicht treu zu bleiben, besteht übrigens in jedem Alter. Es braucht Mut, um eine Stimmung oder Situation zu unterbrechen, wenn sich etwas nicht richtig anfühlt – zum Beispiel Sex ohne Kondom.

Apropos »Kondom«: Präservative schützen in jedem Alter vor Geschlechtskrankheiten. Neuere Untersuchungen zeigen, dass in der Altersgruppe der über 70-Jährigen die Rate der Aids-Neuerkrankungen gestiegen ist. Übrigens sind Kondome längst nicht mehr Männersache, auch die Frau von heute darf sie durchaus in der Tasche haben. Und wenn es mit dem Überziehen des Kondoms nicht gleich klappt, weil die Erektion nicht mehr ist, was sie früher einmal war, nicht enttäuscht aufgeben, hier schlummert Potenzial: Das Überziehen und die Stimulation des Penis mit Kondom können beim Onanieren geübt und das Verbinden der neuen Empfindungen mit Lust gelernt werden. Wenn alles »im Alleingang« klappt, wird auch der Partner für einen spielerischen Umgang damit gewonnen.

> Fairy tales can come true, it can happen to you / If you're young at heart. / For it's hard, you will find, to be narrow of mind / If you're young at heart.
> *Frank Sinatra*

SEXY FÜR SICH

Wer im Alltag sexy bleibt, beschert sich oft selbst schöne Momente und Begegnungen. Es ist wichtig, sich attraktiv und auch mal wie ein sexuelles Wesen zu fühlen, Partner hin oder her. Die Gefühle, die jeder

LIEBE UND ALTER IN HOLLYWOOD

Wie alt waren die Hauptdarsteller und Hauptdarstellerinnen in den erfolgreichsten romantischen Komödien der letzten Jahre?

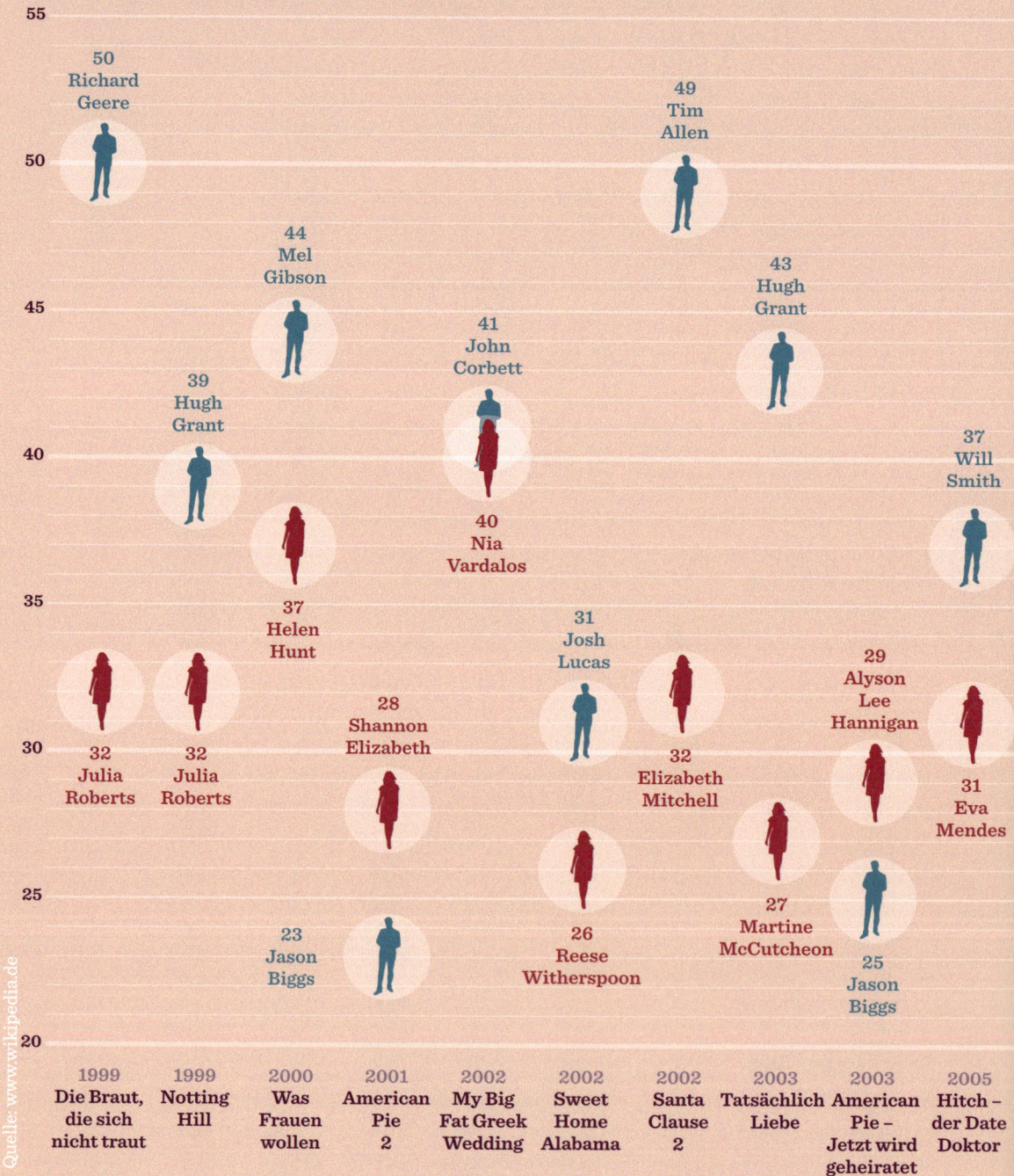

Quelle: www.wikipedia.de

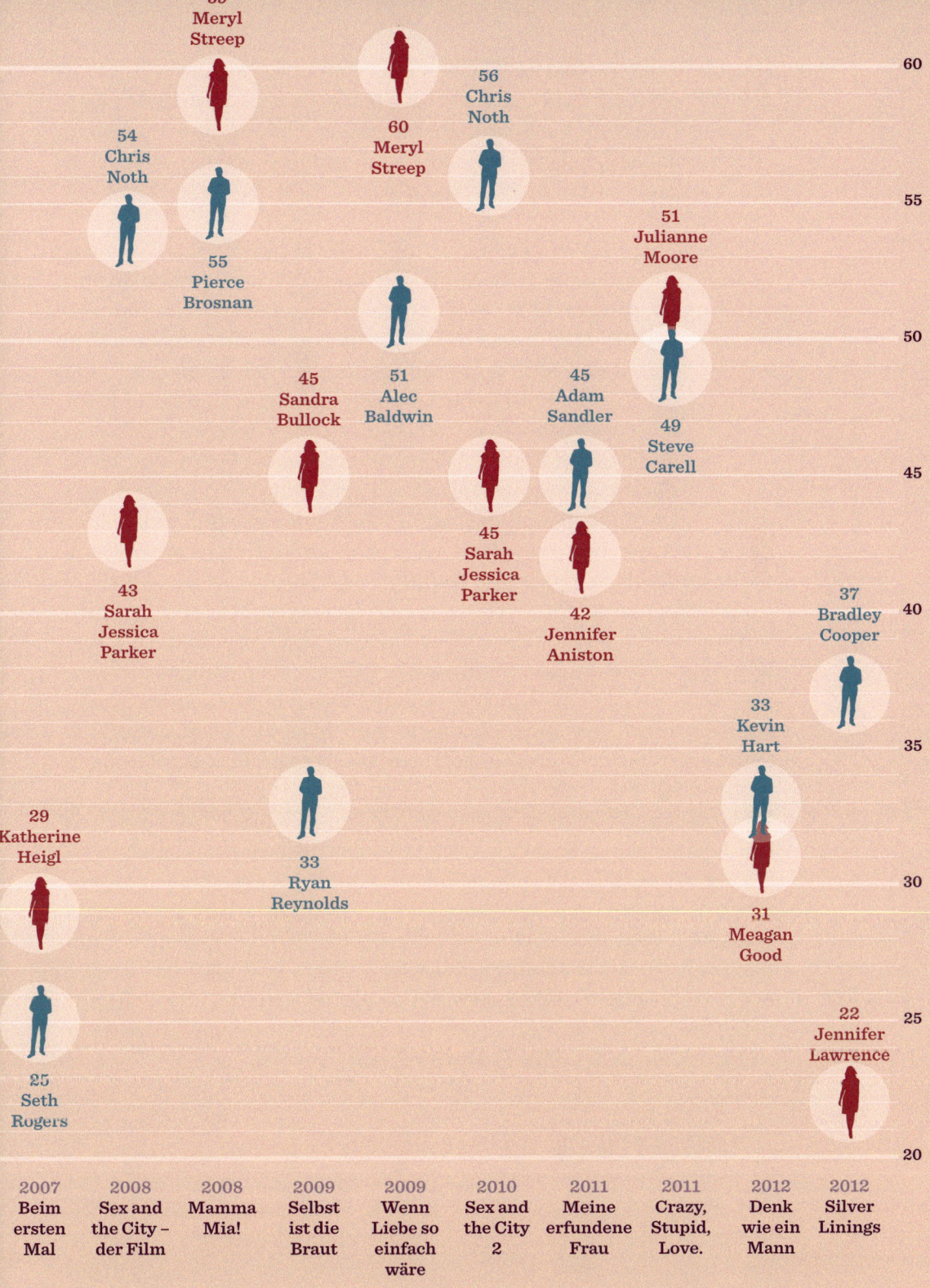

59
Meryl
Streep

60
Meryl
Streep

56
Chris
Noth

54
Chris
Noth

55
Pierce
Brosnan

51
Julianne
Moore

45
Sandra
Bullock

51
Alec
Baldwin

45
Adam
Sandler

49
Steve
Carell

45
Sarah
Jessica
Parker

43
Sarah
Jessica
Parker

42
Jennifer
Aniston

37
Bradley
Cooper

33
Kevin
Hart

29
Katherine
Heigl

33
Ryan
Reynolds

31
Meagan
Good

22
Jennifer
Lawrence

25
Seth
Rogers

60

55

50

45

40

35

30

25

20

2007
Beim
ersten
Mal

2008
Sex and
the City –
der Film

2008
Mamma
Mia!

2009
Selbst
ist die
Braut

2009
Wenn
Liebe so
einfach
wäre

2010
Sex and
the City
2

2011
Meine
erfundene
Frau

2011
Crazy,
Stupid,
Love.

2012
Denk
wie ein
Mann

2012
Silver
Linings

von uns für sich selbst hegt, haben Einfluss auf das eigene Wohlbefinden und die Ausstrahlung. Es tut gut festzustellen, dass die Umwelt einen wahrnimmt. Viele sind überrascht, wie häufig sie ein Lächeln oder einen frechen Blick von anderen ernten, sobald sie darauf achten. Vielleicht ergibt sich auch ein kurzes Gespräch oder sogar ein kleiner Flirt.

Das Gefühl für die eigene weibliche oder männliche Sexyness kann zum Beispiel durch Kleidungsstil, Frisur, Schmuck oder Parfum unterstützt und bestärkt werden. Auch Verhalten, Körperhaltung, Gestik, Mimik und der Gang spielen wichtige Rollen: Wie stehst du? Sitzt du mit übergeschlagenen Beinen da? Wie erhebst du dich? Lachst du viel? Zeichnen sich Gefühle für andere sichtbar in deinem Gesicht ab? Wie bewegt sich dein Gesäß beim Gehen? Was spürst du dabei? Betonst du Merkmale an dir gebührend, die du gern magst? Aufschlussreich ist es auch, sich zu fragen, welcher Schauspieler oder welche Person im Freundeskreis besonders männlich oder weiblich wirkt, und sich zu überlegen, warum.

All the lonely people / Where do they all come from? / All the lonely people / Where do they all belong?
The Beatles

Für Männer bedeutet das, sich die folgenden Fragen zu stellen: Wie nehme ich mich selbst im Vergleich zu anderen Männern wahr? Wie schätze ich ein, wie mich andere Männer im Vergleich zu anderen Männern finden? Wie finden mich Frauen im Vergleich zu anderen Männern? Wie leicht fällt es mir, als Mann zu verführen? Wie drücke ich meine Männlichkeit in meinen sexuellen Beziehungen aus? Bin ich stolz, mich in meiner Männlichkeit zu zeigen? Alle diese Gedanken und Faktoren sollten ganz bewusst bedacht und beachtet werden, um sich selbst zu spüren (gesunder Narzissmus) und im positiven Sinne auf sich aufmerksam zu machen (gesunder Exhibitionismus), beides ist nötig. Dann heißt es, mit Offenheit der Welt zu begegnen. Wer noch zögert, weil die eigenen Kinder vielleicht nicht damit klarkommen könnten, dass der Vater oder die Mutter wieder auf Freiersfüßen wandeln, dem sei gesagt, dass dieses Problem ganz allein Sache der Sprösslinge ist, die man später immer noch überzeugen kann, wenn der neue Partner präsentiert wird.

PARTNERSUCHE 2.0

Partnersuche im Internet kann auf viele Arten betrieben werden: mit viel oder wenig gedanklicher Vorarbeit, einem kurzen oder ausführlichen Profiltext, mit selbst gemachten Schnappschüssen, Fotos vom Profi oder ganz ohne Bild. Die Szene im Netz ist bunt und hält für jeden etwas bereit – Speed-Dating für Gold Agers, Partnerbörsen für Senioren, Singletreffen für Menschen ab fünfzig und viele andere ähnliche Angebote eröffnen Möglichkeiten zur Begegnung in Hülle und Fülle. Es empfiehlt sich allerdings, zum Internet-Dating einen Ratgeber zu konsultieren, um böse Überraschungen zu vermeiden. Selbstverständlich hofft jeder auf einen guten Fang, aber bevor es so weit ist, stehen sonst vielleicht ein paar unerwartete Begegnungen bevor. Es gibt Leute, die sich in ihren Profilen als toller Hecht oder flinke Sprotte präsentieren mit Bildern, die tatsächlich nicht sie selbst zeigen, oder die sich selbst so darstellen, dass ihr Bild mit der Realität sehr wenig zu tun hat. Natürlich fliegt der Schwindel dann spätestens beim ersten Treffen auf.

Ein Weib, das zum ersten Mal wahrhaft liebt, wird zur Jungfrau – sei sie 16 oder 30 Jahre alt.
Wilhelmine von Hillern

Es empfiehlt sich zwar, auch im übertragenen Sinne, ein schönes Bild abzugeben, aber dabei sollte nicht übertrieben werden, um allen Seiten Enttäuschungen zu ersparen. Auch Untertreibung ist nicht ratsam: Wer sein Profil auf »Nummer sicher« anlegt und inhaltlich nicht viel offenbart und auch auf Mails und Fragen von anderen später eher diffus antwortet, um nicht anzuecken oder aufzufallen, kann nicht davon ausgehen, echtes und anhaltendes Interesse bei einem anderen zu wecken. Lieber authentisches Profil zeigen – so kann der Richtige einen überhaupt erst finden, die Wahrheit kommt sowieso immer heraus. Am besten wird der Profilentwurf einem Vertrauten gezeigt: »Komme ich ungefähr so rüber, wie ich wirklich bin?« Genauso sollte es bei den anschließenden Verabredungen gehandhabt werden: Sei einfach, wie du wirklich bist.

Manche allerdings tun genau das, indem sie sich *nicht* zeigen: Um Reinfälle und Enttäuschungen zu vermeiden, schicken sie einen persönlichen Späher in Form einer Freundin oder eines Freundes vor, um die Lage zu peilen. Entspricht der erste Eindruck dann nicht den Erwartungen, schleichen sie sich klammheimlich und gar nicht höflich davon. Andere haben überhaupt nicht vor, jemals ein Treffen wahrzunehmen, und versetzen die bestellten Kandidaten ein ums andere Mal. Und: Auch Heiratsschwindler treiben sich heute mit einer ganzen Reihe von Profilen und Namen im Netz herum.

Johann: »Darf ich Sie küssen?«
Lena: »Warum wollen Sie mich denn küssen?«
Johann: »Also das weiß ich auch nicht.«
Dinosaurier

Wird überhaupt ein Beziehungspartner gesucht oder eher eine Bettgeschichte – oder vielleicht beides? Es gibt Agenturen, die ausdrücklich damit werben, keine Partnerschaften zu vermitteln, sondern nur für sexuelle oder kurzfristige Begegnungen zuständig zu sein. Vor allem Frauen empfinden es offenbar als angenehm, sich via

Internet einen Sexualpartner herunterzuladen, weil sie auf diese Weise auf aufwendiges Zurechtmachen und Sichpräsentieren verzichten können. Und es gibt eine ganze Reihe weiterer Möglichkeiten: Von Live-Chats und Nackt-Skypen bis zu Swingerclubs oder Mottopartys.

Die digitale Technik bringt also viele Vorteile mit sich: Konnte mancher eine neue Liebe früher nur auf dem Dorfball treffen, steht einem nun virtuell die ganze Welt offen. Abschließend sei noch auf einen Punkt hingewiesen, den zu beachten unnötige Enttäuschungen vermeiden hilft: Menschen ab vierzig sollten sich im Internet am besten gleich in einer Rubrik speziell für die eigene Altersgruppe umsehen – gerade Frauen, denn in der Rubrik »alle Altersstufen« kann es für sie nahezu unmöglich werden, einen gleichaltrigen Mann zu finden.

> Die Liebe ist das Werk der Jugend. Dennoch lohnt es sich, es im Alter noch einmal zu kopieren.
> *Franz Blei*

Double Standard of Aging   In dem Film *Was das Herz begehrt* mit Diane Keaton und Jack Nicholson in den Hauptrollen gibt es eine Szene, in der die Schwester der weiblichen Hauptperson die Dating-Aussichten einer Frau jenseits der fünfzig mit denen eines etwa gleich alten Mannes vergleicht und zu dem Ergebnis kommt: »Alleinstehende ältere Frauen haben demografisch die Arschkarte gezogen.« Das bringt die Lehrerin für feministische Studien so richtig in Fahrt: Sie ereifert sich darüber, dass männliche Singles um die sechzig, die nie verheiratet waren, allgemeine Bewunderung und beinahe Heldenstatus genießen, während für eine Frau gleichen Alters eine derartige Biografie als Super-GAU gelte: Sie wäre dann nichts weiter als eine bemitleidenswerte alte Jungfer. In ihrem Monolog beschreibt die wortgewaltige Mittfünfzigerin dann das Dilemma ihrer Altersgenossinnen, die erfolgreich, selbstversorgend, geschieden und intelligent jeden Abend alleine zu Hause verbringen, weil gleich alte Männer nach einer Partnerin Ausschau hielten, die ihre Tochter sein könnte. Die ganze Dating-Szene werde dominiert von älteren Männern, die kein Interesse an gleich alten Frauen hätten. Das Resultat seien produktive, ältere Frauen, die, weil sie so viel Zeit haben, noch produktiver und dadurch auch noch interessanter würden, was sie aber noch weniger begehrenswert mache, weil speziell ältere Männer eine höllische Angst vor solchen Frauen hätten.

GETRENNT ZU ZWEIT ODER GEMEINSAM?

Oft können Menschen nicht recht unterscheiden, ob sie noch aus Liebe oder eher aus Gewohnheit zusammen sind. Sie bleiben in Beziehungen gebunden, die längst keine Freude, Geborgenheit und Liebe mehr bieten. Unter diesen Voraussetzungen findet auch kein Sex mehr statt. Sind Menschen in solchen sexabstinenten Beziehungen weniger glücklich? Die Antwortet lautet: »Meistens ja.« Es gibt tatsächlich einen Zusammenhang zwischen *Sex haben* und *Zufriedenheit*. Leute in sexlosen Partnerschaften denken zum Beispiel häufiger über Trennung nach, denn Sex ist auch ein Beziehungsklebstoff.

Wenn Paare nach längerer Abstinenz wieder Sex miteinander haben wollen, ist das oft nicht so einfach. Je mehr Zeit seit dem letzten Mal vergangen ist, desto schwieriger wird es. Irgendwo auf dem gemeinsamen Weg haben die Partner das Gefühl dafür verloren, körperlich aufeinander zuzugehen, und nun ist der andere sexuell ein Fremder. Wie den ersten Schritt machen? Wie verführen? Wo und wie anfassen, und wann geht es weiter? Unsicherheiten behindern selbst die kleinsten Schritte auf dem Weg. Hier kommen heutzutage glücklicherweise Paar- und Sexualtherapeuten zum Zuge, die beinahe jeden in puncto Verführung und allem, was dazugehört, wieder zum Sex inspirieren können. Bevor es aber so weit ist, muss das Paar womöglich erst seine Ziele und Motivationen erneut definieren, damit beide wieder »Ja« zueinander sagen können. Dann erst lohnt es sich wirklich, den Sex zurückzuerobern.

> Solange man neugierig ist, kann einem das Alter nichts anhaben.
> *Burt Lancaster*

Es kostet Mut und Überwindung, wahrzunehmen und anzuerkennen, wie anders der Partner ist, und herauszufinden, dass er eventuell nicht mehr zu einem passt. Sollte es keinen gemeinsamen Weg aus der Beziehungskrise geben, ist es das Schwierigste für viele, die Tatsache auszuhalten, selbst derjenige zu sein, der die Trennung ausspricht. In vielen Köpfen steckt der Gedanke, dass, wer sich trennt, aufgibt und gescheitert ist. Auch schreckt das Gefühl ab, bald allein zu sein. Im Grunde aber geht es darum loszulassen, und wer das fertigbringt, ist schon auf dem besten Weg. Spätestens jetzt gilt die Devise: »Ich liebe mich, lass uns Schluss machen.«

Jeder Mensch wird in einer Paarbeziehung über kurz oder lang an bestimmte Grenzen stoßen: Attraktivitätsverlust, Routine, Langeweile, Aversion gegen Sex, Schonhaltung, Streit, Verlustangst, Bedürfniskontrolle, Temperamentsunterschiede, Zugehörigkeitskonflikte, Untreue, unterschiedliche Entwicklungen und Reaktionen auf

TIERISCHE LIEBE

Sex und Beziehungen gestalten
sich auch im Tierreich vielfältig —
und manchmal gefährlich

Albatrosse
führen Fernbeziehungen,
die oft ein Leben lang halten

Blaumeisen
führen saisonale Einehen, wobei das
Weibchen heimlich fremdgeht

Gibbons
20 Prozent leben in langjährigen Ménages-à-trois
mit zwei Männchen und einem Weibchen

Pinselschwanzbeutler
Männchen sterben nach der
Paarungszeit vor Erschöpfung

Goldwespenspinne
Männchen sterben kurz nach dem
Geschlechtsakt an Herzstillstand

Schwäne
leben in einer lebenslangen,
sozial monogamen Partnerschaft

Biber
bleiben das ganze Leben über mit
demselben Partner zusammen

Pinguine
nisten fast immer mit dem
Partner des Vorjahres

Fruchtfliegen
Männchen verfallen dem Alkohol,
wenn sie keinen Sex bekommen

Gottesanbeter
Weibchen beißen ihrem Partner beim
Geschlechtsakt oft den Kopf ab

Bienen
Der Unterleib der Männchen reißt
bei der Paarung ab, der Drohn stirbt

Quellen: www.n-tv.de, www.wikipedia.de, www.focus.de, www.sciencev1.orf.at, www.nationalgeographic.de, www.ard.de

das Alter, Bedeutungs- und Wertekonflikte und umfassende Kommunikationsstörungen. Es gibt aber auch die angenehme Seite der Langzeitbeziehungen: Vertrautheit, Zuneigung, Erfahrung, Aufgehobensein, eine gemeinsame Lebensgeschichte, weniger Leistungsdruck und Anforderungen, Zugehörigkeit, Geduld und Gelassenheit, Vorhersehbarkeit und neue Wege, die gewagt werden, gerade weil beide sich so lange kennen.

Jedem sollte die Frage erlaubt sein, wie es weitergeht, wenn in einer Partnerschaft etwas Wichtiges fehlt beziehungsweise verloren gegangen ist. Wird man jemals wieder Sex und Zärtlichkeit in der vorhandenen Beziehung erleben, oder sollte dieser Wunsch lieber aufgegeben und Stabilität durch Verzicht gewählt werden? Wäre ein Neuanfang tatsächlich eine Alternative, oder ist die Angst vor einer Enttäuschung mit einem neuen Partner zu groß? Wie auch immer die Entscheidung ausfällt, ob das Unternehmen »Erhalt der Beziehung« als hoffnungslos eingeschätzt wird oder nicht – herausfinden wird es nur, wer sich selbst treu bleibt und dabei ehrlich zu sich ist. Manchmal ist eine Trennung die einzig richtige Lösung.

Oh, as long as I know how to love, I know I'll stay alive / I've got all my life to live / And I've got all my love to give / And I'll survive / I will survive.
Gloria Gaynor

Für einen Großteil der Älteren allerdings erübrigt sich die Frage nach einem funktionierenden Beziehungsmodell, dem Umgang mit Untreue oder einer eventuellen Trennung, weil das Schicksal zuschlägt und der Partner stirbt. Manche Frauen erfahren diese Art von Verlust sogar mehrmals, überleben vielleicht den zweiten oder dritten Mann und sehen sich wiederholt vor Herausforderungen gestellt, die ihnen zuvor abgenommen wurden. Versicherungsunterlagen, Verträge, Bankgeschäfte, eben »typische Männerangelegenheiten«, kommen plötzlich auf die Witwe zu und erzeugen mitunter das Gefühl der totalen Überforderung. Andere Menschen reagieren hingegen auf neue Situationen im Alter mit Organisationstalent und passen ihr Leben an, statt sich selbst – ohne auf irgendetwas zu verzichten: »Ambulant kommt mir vielleicht mal eine ins Haus, aber stationär in keinem Fall mehr!« Mit dieser Aussage beschrieb ein 70-jähriger Mann, Jahre nach dem Tod seiner Ehefrau, seinen Umgang mit Damenbesuch und fügte mit Bestimmtheit hinzu: »Ich lasse mir meine Fernbedienung nicht mehr wegnehmen.« Viele verwitwete Menschen entschließen sich, nicht noch einmal die Rolle zu spielen, auf die sie jahrzehntelang in ihrer Ehe festgelegt waren, sondern wollen sich endlich nur noch um sich kümmern. Wenn überhaupt, dann möchten sie eine Beziehung auf Distanz. Die veränderte Lebenssituation kann

Our love needs a transfusion, so let's shoot it full of wine / Fishin' for a good time starts with throwin' in your line.
Tom Waits

PARTNERWAHL

also auch zu einer ganz neuen, lange ersehnten Selbständigkeit und Freiheit führen. Und vielleicht findet sich dann ja doch noch unerwartet jemand, der zu einem passt: »ein Verrückter, der nach dem Sex nackt auf Inlineskatern durch den Flur fährt, obwohl der Hintern nicht mehr ganz so stramm ist wie früher«, wie eine 63-jährige frisch verliebte Klientin einmal in der Sexualberatung ihren neuen Partner beschrieb.

Es lebe die Liebe. Es lebe der Sex. *Make More Love.*

ANHANG

DIE AUTORINNEN

Ann-Marlene Henning, geboren 1964 im dänischen Viborg, studierte Neuropsychologie in Hamburg und schloss dann in ihrer Heimat das Studium der Sexologie ab. Seit 2010 arbeitet sie nach dem Konzept des Sexocorporel als niedergelassene Psychotherapeutin mit den Schwerpunkten Paar- und Sexualtherapie in ihrer Praxis in Hamburg-Eppendorf. Ihr erstes Buch *Make Love. Ein Aufklärungsbuch* erschien im Mai 2012 bei Rogner & Bernhard. Im folgenden Jahr realisierte sie in Zusammenarbeit mit der Gebrüder Beetz Filmproduktion Berlin die fünfteilige Dokumentarfilmreihe *Make Love. Liebe machen kann man lernen* für den SWR und den MDR.

Anika von Keiser wurde 1977 in Bad Oldesloe geboren und schloss in den Niederlanden ein Studium zur Diplom-Physiotherapeutin ab. Nach einer Tätigkeit als Texterin für eine Werbeagentur in Hamburg arbeitet sie seit 2012 mit ihrer *Maßschreiberei – Manufaktur für Wortschätze* freiberuflich, unter anderem als persönliche Assistentin von Ann-Marlene Henning.

WEITERFÜHRENDE LITERATUR

Judith Alwin: Ins Netz gegangen. Partnersuche im Internet: Mein Online-Tagebuch, 2008

Daniel G. Amen: Sex on the brain, 2007

Margot Anand: Tantra oder Die Kunst der sexuellen Ekstase, 1995

Robin Baker: Krieg der Spermien. Weshalb wir lieben und leiden, uns verbinden, trennen und betrügen, 1997

René Borbonus: Respekt! Wie Sie Ansehen bei Freund und Feind gewinnen, 2011

Elmar Brähler, Hermann J. Berberich: Sexualität und Partnerschaft im Alter, 2008

Joachim Braun: Schwul und dann? Ein Coming-out-Ratgeber, 2006

Stephanie Brill, Rachel Pepper: Wenn Kinder anders fühlen – Identität im anderen Geschlecht: Ein Ratgeber für Eltern, 2011

Louann Brizendine: Das weibliche Gehirn. Warum Frauen anders sind als Männer, 2007

Louann Brizendine: Das männliche Gehirn. Warum Männer anders sind als Frauen, 2010

Monika Büchner: Alles über guten Sex. Erotik entdecken und lustvoll lieben!, 2011

Malcolm Carruther: The Testosteron Revolution, 2013

David Deida: Der Weg des wahren Mannes. Ein Leitfaden für Meisterschaft in Beziehung, Beruf und Sexualität, 2007

David Deida: Sex als Gebet. Leitfaden für Frauen und Männer zu ekstatischer Liebe und Leidenschaft, 2012

Jed Diamond: Der Feuerzeichen-Mann. Wenn Männer in die Wechseljahre kommen, 1997

Carolin Emcke: Wie wir begehren, 2012

Stefanie Ernst: Machtbeziehungen zwischen den Geschlechtern.Wandlungen der Ehe im Prozess der Zivilisation, 1996

Rhonda Findling: Ruf bloß nicht an! Wie Sie Ihren Ex-Partner loslassen und stattdessen das Leben genießen, 2010

Cordelia Fine: Die Geschlechterlüge. Die Macht der Vorurteile über Mann und Frau, 2012

Helen Fisher: Anatomie der Liebe, 1995

Helen Fisher: Warum wir lieben ... und wie wir besser lieben können, 2007

Johannes Gernert: Generation Porno. Jugend, Sex, Internet, 2010

Suzi Godson, Mel Agace: Das Buch vom Sex, 2003

John Gray: Mars, Venus & Eros. Männer lieben anders. Frauen auch, 1996

John Gray: Mars und Venus – die Liebe siegt!, 2010

John Gray: Mars, Venus und Partnerschaft: Vertrautheit, Nähe und Liebe durch offene Kommunikation, 2000

Dennis Greenberger, Christine A. Padesky: Gedanken verändern Gefühle. Fertigkeiten, um Stimmungen, Verhalten und Beziehungen grundlegend zu verbessern, 2007

Harville Hendrix: So viel Liebe wie Du brauchst. Der Wegbegleiter für eine erfüllte Beziehung, 2009

Tom Hickman: God's Doodle, 2012

Max Hodann: Onanie – Weder Laster noch Krankheit, 1929

Peter Jamin, Prof. Dr. Thomas Vögeli: Männer wollen immer, Frauen können immer. Alles, was Männer über Sexualität wissen sollten, 2005

Nick Karras: Das weibliche Geschlecht. Eine ziemlich ungenierte Bildersammlung, 2010

Stefan Lautenbacher, Onur Güntürkün, Markus Hausmann: Gehirn und Geschlecht. Neurowissenschaft des kleinen Unterschieds zwischen Mann und Frau, 2007

Björn Thorsten Limbach: Männlichkeit leben. Die Stärkung des Maskulinen, 2007

Josephine Lowndes Sevely: Eves' Secret, 1987

Laura Méritt: Frauenkörper neu gesehen. Ein illustriertes Handbuch, 2012

Désirée Nick: Gibt es ein Leben nach fünfzig? Mein Beitrag zum Klimawandel, 2011

Christiane Northrup: Weisheit der Wechseljahre. Selbstheilung, Veränderung und Neuanfang in der zweiten Lebenshälfte, 2001

Silvy Pommerenke: Küsse in Pink. Das lesbische Coming-out-Buch, 2008
Stephan B. Poulter: Der Ex-Faktor. 6 Strategien für ein neues Leben nach der Trennung, 2010
Kenneth Purvis: Das große Buch vom kleinen Mann, 1993
Diana Richardson: Zeit für Weiblichkeit. Der tantrische Orgasmus der Frau, 2010
Mary Roach: Bonk. Alles über Sex – von der Wissenschaft erforscht, 2009
Dinah Rodrigues: Hormon-Yoga – Das Standardwerk zur hormonellen Balance in den Wechseljahren, 2005
Mithu M. Sanyal: Vulva. Die Enthüllung des unsichtbaren Geschlechts, 2009
David Schnarch: Intimität und Verlangen. Sexuelle Leidenschaft wieder wecken, 2009
Grit Scholz: Das Tor ins Leben, 2007
Annelise Schwenkhagen, Katrin Schaudig: Kompass Wechseljahre, 2009
Stefanie Stahl: Jein. Bindungsängste erkennen und bewältigen, 2008
Matthias Stiehler, Theodor Klotz: Männerleben und Gesundheit. Eine interdisziplinäre, multiprofessionelle Einführung, 2007
Karl F. Stifter: Die dritte Dimension der Lust. Das Geheimnis der weiblichen Ejakulation, 1988
Björn Süfke: Männerseelen. Ein psychologischer Reiseführer, 2008
Deborah Sundahl: Weibliche Ejakulation und der G-Punkt, 2003
Rachel Swift: Ich komme, wann ich will! Wege zum weiblichen Orgasmus, 2010
Ruth Westheimer: Silver Sex. Wie Sie Ihre Liebe lustvoll genießen, 2008

WISSENSCHAFTLICHE VERÖFFENTLICHUNGEN

Werner Hartinger: Vegetarisch leben? Medizinische Aspekte des Vegetarismus
Ingeborg Jahn (Hg.): Wechseljahre multidisziplinär: Was wollen Frauen – was brauchen Frauen, 2004
Martin Merbach, Elmar Brähler, Antje Klaiberg: Partnerschaft und Sexualität in der zweiten Lebenshälfte, 2004
Kirsten von Sydow: Sexuelle Probleme und Störungen bei älteren Menschen, 2009
Kirsten von Sydow: Die Sexualität älterer Frauen: Der Einfluss von Menopause, anderen körperlichen sowie gesellschaftlichen und partnerschaftlichen Faktoren, 2000

ZEITSCHRIFTEN

Bild der Wissenschaft 8/2010: Geschlechtsorgan Gehirn: Was uns wirklich zu Mann und Frau macht
Gehirn und Geist 6/2014: Was Paare zusammenhält
GEO Wissen 41/2008: Pubertät: Auf der Suche nach dem neuen Ich
GEO Wissen 50/2012: Die Lebensmitte
Spiegel Wissen 2/2012: Liebe – Was Paare zusammenhält

DVDS & CDS

Gitta Arntzen: Wie sie's mag: Eine Anleitung zur Selbstbefriedigung für Frauen (CD) 2013
Klitoris, die schöne Unbekannte (DVD), 2007
Make Love – Liebe machen kann man lernen (2 DVDs), 2013
Make Love – Liebe machen kann man lernen (1. und 2. Staffel, DVD), 2014

INTERNETADRESSEN

www.doch-noch.tv

Hier erklärt Ann-Marlene Henning per Video direkt, humorvoll und informativ bekannte und unbekannte Phänomene rund um Partnerschaft und Sexualität.

www.make-love.de

Die Seite der Fernseh-Dokumentation *Make Love – Liebe machen kann man lernen!*. Moderatorin: Ann-Marlene Henning.

www.ziss.ch

Seite des Züricher Instituts für klinische Sexologie & Sexualtherapie. Weiterbildungen nach dem Konzept von Sexocorporel.

www.netzwerk-sexualtherapie.de

Adressen und Profile von sexualtherapeutischen Behandlern und Praxen in Deutschland, Österreich und der Schweiz.

www.therapeuten.de

Ein großes Portal mit Adressen von Therapeuten, unter anderem auch Sexualtherapeuten.

www.profamilia.de

Die Homepage bietet umfangreiche Sexualberatung.

www.sextra.de

Eine Seite von pro familia für Jugendliche und Erwachsene. Foren, Beratung und umfangreiche Informationen zu den Themen Liebe, Freundschaft und Sexualität.

www.aidshilfe.de

Alle Informationen über HIV und Aids. Umfangreiche Beratung und Anlaufstellen.

www.lsvd.de

Die Homepage des Lesben- und Schwulenverbandes in Deutschland (LSVD). Hier gibt es zahlreiche Informationen rund um das Thema Homosexualität.

www.homosexualitaet.de

Auf der Homepage vom Lesben- und Schwulenverband finden sich umfangreiche Informationen sowie weiterführende Anlaufstellen.

www.meine-wechseljahre.info

Eine private Seite über die weiblichen Wechseljahre.

www.wechseljahre-des-mannes.de

Informationsportal für Männer in der Mitte ihres Lebens.

www.pflege-deinen-schwanz.de

Eine Seite mit Themen rund um die männliche Sexualität.

www.yourbrainonporn.com

Internetpornografie und das menschliche Gehirn.

www.tantramassage-verband.de

Im TMV sind renommierte Tantramassage-Praxen und Tantramassage-Ausbildungsinstitute organisiert.

SACH- UND PERSONENREGISTER

ANHANG